ENTRE AMIS
THIRD EDITION
AN INTERACTIVE APPROACH

Cahier d'activités

Workbook
Larbi Oukada, Indiana University, Indianapolis
Didier Bertrand, Indiana University, Indianapolis

Lab Manual
Kathleen E. Ford, University of California, Los Angeles
Anne C. Cummings, El Camino Community College

with Pronunciation Activities by
Didier Bertrand, Indiana University, Indianapolis

Vignettes
Michael D. Oates, University of Northern Iowa

Video Workbook to accompany *Pas de problème!* video
Rick Altman, University of Iowa

HOUGHTON MIFFLIN COMPANY   **BOSTON**   **NEW YORK**

Director of Modern Language Programs: E. Kristina Baer
Development Editor: Hélène de Portu
Editorial Assistant: Ingrid Kristan
Senior Manufacturing Coordinator: Florence Cadran
Marketing Manager: Elaine Uzan Leary
Electronic Production: Esther Marshall

Illustrations by Commonwealth Printing, Timothy C. Jones, and G. S. Weiland.
Pas de problème! Video produced by special arrangement with Video Publishing Group, Inc.

ISBN: 0-395-87271-5

6 7 8 9 – VG – 04 03 02 01

Contents

ANSWER KEYS

To the Student:

The four sections of the *Cahier d'activités*: the workbook, the lab manual, the *vignettes,* and the *Pas de problème!* video workbook, are bound together for your convenience. The pages have been perforated so they can be handed in. Answer keys can be found at the end of the *Cahier d'activités.*

The workbook contains a variety of activities intended to review and reinforce what has been presented in the classroom. A textbbok icon next to an activity title refers you to the appropriate chapter section in your textbook. A blank textbook icon refers you to the *Coups d'envoi* dialogue in the chapter in your textbook. There are also review and written assignment icons. The activities in the workbook have been created specifically to supplement the vocabulary and grammar exercises in the text and to provide additional written practice for the material in each chapter. They range from simple, fill-in-the-blank exercises to personalized written tasks based on situations that you might face in the real world. All activities are designed so they can be done without the assistance of an instructor. Many are based on authentic documents and art. Each chapter ends with a *rédaction* related to the theme of the chapter.

The lab manual accompanies the cassette program for **Entre amis,** Third Edition. The chapters in the lab manual are correlated to the chapters in the textbook. Part A in each chapter contains speaking and pronunciation activities that can be done in the language lab or at home. Part B contains original, varied listening comprehension activities that allow you to verify your understanding of French as it is spoken in real life.

The *Vignettes* section of the *Cahier d'activités* contains fill-in-the-blank exercises for each short skit *(vignette)* recorded on the Homework Cassette. The homework cassette is shrink-wrapped with your text and also includes recordings of the dialogues from the *Coups d'envoi,* the presentation material for each language function *(Buts communicatifs),* the *Conversations-Lettres,* and examples from the *Prononciation* sections of each textbook chapter.

The video workbook contains activities designed to be used in conjunction with the *Pas de problème!* Video, which consists of twelve modules shot on location in France. The video workbook offers you a variety of pre-viewing, viewing, and post-viewing activities designed to guide you through each video module. There are two types of activities, one to be completed with sound, one to be completed without sound. Each activity type is identified by an icon. By watching the video and by completing the video workbook activities, you will learn about daily life in France and you will be challenged to apply what you have learned to realistic situations that you might actually encounter while in France or in other French-speaking countries.

WORKBOOK

NOM _____ *Meriegh* _____ DATE _____

Chapitre préliminaire: Au départ

20 ~~20~~ **/20** (~~20~~ corrections)
(even if they're correct, I'd like you to mark them)

A. En classe. What would you say to ask someone to . . .

1. sit down?   *Asseyéz - vous* !   Asseyez-vouz
2. stand up?   *Levez - vous* ! ✓
3. go to the door?   *Allez à la Porte* ! ✓
4. open the door?   *Ouvrez La Porte* ! ✓
5. leave?   *Sortez* ! ✓
6. shut the door?   *Fermez La Porte* ! ✓

B. Les nombres. Spell out the following numbers.

☐ (2) *deux*

1. (9) *neuf* /
2. (11) *onze* /
3. (4) *Quatre* /
4. (13) *treize* /
5. (1) *un* /
6. (28) *vingt-huit* /

7. (15) *quinze -* /
8. (29) *vingt-neuf* /
9. (10) *dix* /
10. (6) *six* /
11. (8) *huit* /
12. (21) *vingt et un* /

C. Les mathématiques. Spell out the answers to these math problems.

☐ quatre + cinq = *neuf*

   seize – trois = *treize*

1. vingt-deux + quatre = *vingt-six* /
2. dix-huit – deux = *seize* /
3. quatorze + six = *vingt* /
4. cinq × cinq = *vingt-cinq* /
5. dix-sept – dix = *sept* /
6. trois × cinq = *quinze* /
7. vingt-six – douze = *quatorze* /
8. dix-neuf – quatre = *quinze* /
9. neuf × trois = *vingt-sept* /
10. sept × deux = *quatorze* /

D. Il est... Tell what time it is. Spell out the times given.

❑ 1 h 30   *Il est une heure trente.*

1. 2 h 30   Il est deux heures trente   /

2. 3 h 10   Il est trois heures dix   /

3. 6 h 15   Il est six heures quinze   /

4. 10 h   Il est dix heures   /

5. 4 h 30   Il est quatre heures trente   /

6. 5 h 20   Il est cinq heures vingt   /

7. 11 h 30   Il est onze heures trente   /

8. 11 h 45   Il est douze heures moins quinze   /

9. 9 h 45   Il est dix heures moins quinze   /

10. 12 h   Il est douze heures   /

E. Quel temps fait-il? Look at each drawing and describe the weather.

❑   *Il pleut.*

1.   Il fait du soleil   /

2.   Il neige   /

3.   Il fait du vent   /

4. Il fait froid _____ ✓

5. Il fait chaud _____ ✓

F. La météo. Look at the symbol next to the name of each city and tell what the weather is like there today.

❏ Nice

À Nice, il fait beau. _____

1. Paris

À Paris, il fait du vent _____ ✓

2. Marseille

À Marseille, il fait chaud _____ ✓

3. Grenoble

À Grenoble, Il neige _____ ✓

4. Nantes

À Nantes, Il fait froid _____ ✓

5. Rennes

À Rennes, Il pleut _____ ✓

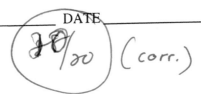

Chapitre 1: Bonjour!

A. À l'hôtel. Create a meaningful dialogue by matching the responses on the right with the appropriate questions or statements on the left.

1. Bonjour, Madame! Vous permettez? __C__   a. Jacqueline Moreau. Enchantée.

2. Vous êtes française? __e__   b. Merci, vous aussi.

3. Je m'appelle Lori Becker. __d__   c. Bonjour! Certainement.

4. Excusez-moi, Madame. __d__   d. Je vous en prie.

5. Bonne journée! __b__   e. Oui, je suis française.

B. Les salutations (*Greetings*). Look at the drawings and write the appropriate greetings.

❑ le soir à 7 heures
Bonsoir, Monsieur.

1. le matin à 7 heures   2. l'après-midi à 2 heures   3. l'après-midi à 4 heures

1. *Bonjour, Mademoiselle*

2. *Bonjour, Monsieur Raoul*

3. *Bonjour, Madame*

4. le soir à 8 heures   5. le soir à 10 heures   6. le matin à 11 h 30

4. <u>Bonsoir, Mademoiselle</u> ✓

5. <u>Bonsoir, Monsieur la presidente</u> ✓

6. <u>Bonjour, Marie</u> ✓

 C. Première rencontre. Write the questions that might elicit the following answers.

❑ — <u>*Qui est-ce?*</u>

—C'est Séverine.

1. — <u>Comment vous appelez-vous?</u> ✓

—Je m'appelle Kristin Hoyt.

2. — <u>Vous êtes française?</u> ✓

—Non, je suis américaine.

3. — <u>Où habitez-vous?</u> ✓

—J'habite près de Chicago.

4. — <u>Vous êtes celibataire?</u> ✓

—Non, je suis mariée.

5. — <u>Vous êtes étudiante?</u> ✓

—Oui, je suis étudiante.

6. — <u>Où étudie-vous</u> ✓

—À la Sorbonne.

D. Quelques personnes *(Some people).* Complete these sentences describing some people with the appropriate form of the verb **être**.

❏ Je _*suis*_ américain.

1. Elle _____est_____ française.
2. Nous _____sommes_____ étudiants.
3. Ils _____sont_____ divorcés.
4. Tu _____es_____ marié(e)?
5. Il _____est_____ professeur.

6. Vous _____êtes_____ célibataire.
7. Elles _____sont_____ à Paris.
8. On _____est_____ fiancé.
9. Pierre Martin _____est_____ français.
10. Ils _____sont_____ au restaurant.

E. En vacances *(On vacation).* Write complete sentences using pronouns to describe where these people are on vacation.

❏ Christophe / Saint-Tropez
   Il est à Saint-Tropez.

1. Marie-Claire / Cannes ___Elle est à Cannes.___
2. Monsieur et Madame Pons / Bordeaux ___Ils sont à Bordeaux.___
3. Lori et Brooke / Lyon ___Ils sont à Lyon.___
4. Le professeur / Paris ___Elle est à Paris.___
5. Marielle et Jean-Luc / Biarritz ___Ils sont à Biarritz.___
6. Mickey et Minnie / Euro-Disney ___Ils sont à Euro Disney.___
7. Jacques Chirac / Strasbourg ___Il est à Strasbourg.___
8. Et vous? Où êtes-vous aujourd'hui *(today)*? ___Je suis à Washington___

F. Fiches de voyageur *(Hotel registration forms).* Answer the questions below with complete sentences. Then, fill out your registration form on the next page, on right.

Questions:

1. Qui est célibataire? ___Mark Junger est célibataire.___
2. Qui est anglais? ___Tony Blair est anglais.___
3. Qui est français? ___Jacques Chirac est français.___
4. Qui est marié? ___George Bush est marié.___
5. Qui habite à Dijon? ___Alan Delon habite à Dijon.___
6. Qui habite à Londres? ___Queen Elizabeth habite à Londres.___

7. Qui est professeur? _Sheila Turek est proffesseur._ /

8. Qui est artiste? _Sofia Loren est artiste._ /

Fiche de Voyageur N° _____	**Le Richelieu** 24, rue du Bac 76000 Rouen
Nom _CUNIN_ (écrire en majuscules)	
Prénom(s) _Sophie_	
État civil _célibataire_	
Profession _artiste_	
Domicile _6, Bd de Brosses_ _Dijon, FRANCE_	
Nationalité _française_	
Signature _Sophie Cunin_	

Fiche de Voyageur N° _____	**Le Richelieu** 24, rue du Bac 76000 Rouen
Nom _McGRATH_ (écrire en majuscules)	
Prénom(s) _Christopher_	
État civil _marié_	
Profession _professeur_	
Domicile _12 Blake St._ _Londres, Angleterre_	
Nationalité _anglaise_	
Signature _Christopher McGrath_	

Fiche de Voyageur N° _____	**Le Richelieu** 24, rue du Bac 76000 Rouen
Nom _Meriesh_ (écrire en majuscules)	
Prénom(s) _Adnan_	
État civil _Marié_	
Profession _étudiante_	
Domicile _3000 Powell La._ _Falls Ch. VA._	
Nationalité _Palestinien_	
Signature _Adnan Meria_	

G. Galerie de portraits. Write a complete sentence identifying each of the following famous persons' nationalities.

❑ Bill Clinton _Il est américain._

1. Rolling Stones _Ils sont anglais_ /

2. Gérard Depardieu _Il est français._ /

3. Elizabeth Taylor et Madonna _Elle sont amévicaines._ /

4. votre professeur de français _Elle est amévicaine_ /

5. Et vous? Quelle est votre nationalité? _Je suis amévicain/Palestinien_ /

H. Chassez l'intrus (*Chase out the intruder*). Cross out the word that does not belong with the others. Base your choice on gender or number.

1. jolie, belle, petite, ~~beau~~ /

2. petite, laide, ~~gros~~, belle /

3. beau, ~~petite~~, vieux, gros /

4. minces, jeunes, jolis, ~~grand~~ /

5. vieille, laide, grande, ~~vieux~~ /

6. ~~jolis~~, laides, minces, belles /

7. grosses, vieilles, ~~petits~~, belles /

8. ~~belles~~, grands, laids, beaux /

I. Quelques descriptions. Combine each group of words into a complete sentence. Add the verbe **être** and make all necessary agreements.

❏ Aurélie / grand / très mince
   Aurélie est grande et très mince.

1. Mireille / vieux ___Mireille est vieille.___ /

2. Françoise / petit ___Françoise est petite.___ /

3. Jean-Luc et Pierre / très grand ___Jean-Luc et Pierre sont très grads.___ /

4. vous / célibataire ___Je suis célibataire.___ /

5. Michel et Delphine / marié ___Michel et Delphine sont mariés.___ /

6. nous / fiancé ___Nous sommes fiancés.___ /

7. tu / grand / assez mince ___tu es grand et assez mince.___ /

8. Bernard et Ghislaine / divorcé ___Bernard et Ghislaine sont divorcés.___ /

9. Béatrice / très mince / très beau ___Béatrice est très mince et très belle.___ /

10. Alice / assez petit / très beau ___Alice est assez petite et très belle.___ /

J. Le Courrier du Cœur *(Personal ads).* Read these personal ads and correct (or agree with) the statements made about the persons in them.

29 ans, 1 m 92, militaire de carrière, célibataire, adore le cinéma, la musique moderne, les sports, les voyages. **Tél. 80 73 65 04, Jacques.**	**Veuve, 40 ans, bonne situation, belle, mince, assez élégante, de caractère jeune. Appartement Île de la Cité (Paris).** **Tél. 40 24 14 18, Monique.**	**Responsable financier, suisse, 75 ans, maison au bord du lac de Genève, chalet à Verbier. Cherche une dame cultivée et sociable.** **Tél. 33 93 61 80, Georges.**

❏ Jacques est vieux.
   Non, il est jeune.

1. Monique est laide. ___Non, Monique est belle___ /

2. Georges est assez jeune. ___Non, Georges est vieux.___ /

3. Jacques est célibataire. ___Oui, Il est célibataire.___ /

4. Monique est mince. ___Oui, Elle est mince.___ /

5. Jacques est petit. ___Non, Il est grand.___ /

6. Georges est français. ___Non, Il est divorcé.___ /

7. Jacques adore les sports. ___Oui, Il est adore les sports.___ /

8. Monique habite à Genève. ___Non, Elle habite à Paris.___ /

K. Les mots apparentés *(Cognates).* Read this application form for an American Express card in France, then answer the questions below.

Demande de carte personnelle American Express

VOS COORDONNEES	T200 20 SE 89

Mme ☐ Mlle ☐ Mr ☒ Nom *MERIESH*

Prénom *ADNAN*

Adresse personnelle *3800 Powell La.*
Falls Church, VA,

Code Postal *2,2041* Bureau distributeur _____

Tel. Domicile *703 820 4847* Nombre de personnes a charge *03*

Etes-vous propriétaire ☒ locataire ☒ de votre habitation ?

Date et lieu de naissance *JUL,12,59* a *Jerusalem*

VOTRE PROFESSION

Profession _____ Anciennete _____

Employeur (nom et adresse) *American Express*

_____ Tel _____

Activite de l entreprise _____

Vos revenus personnels annuels en FF (120 000 F minimum) _____

VOTRE BANQUE

Banque *Citi Bank* Tel banque *202 —*

Adresse banque *1100 Conecticut ave.*

Code Postal *20,043* Ville *Washington*

N° de compte *01010101* Anciennete _____

A NE REMPLIR que si le compte bancaire mentionne a moins de deux ans

Banque precedente _____ Tel _____

Adresse _____

N° de compte _____ Anciennete _____

SIGNATURE OBLIGATOIRE DU DEMANDEUR DE CARTE PRINCIPALE

SIGNATURE : **X**

mention manuscrite obligatoire "lu et approuvé". Date _____

1. Can you guess in most cases what information the form is requesting? **YES** NO

2. Guess what the English equivalents of the following expressions might be:

   1. nom _*Family name*_ ✓
   2. prénom _*First name*_ ✓
   3. adresse personnelle _*Address*_ ✓
   4. code postal _*Zip code*_ ✓
   5. tél. domicile _*home Phone number*_ ✓
   6. nombre de personnes à charge _*number of Persons*_ ✓
   7. Êtes-vous propriétaire? _*do you own*_ ✓
   8. date et lieu de naissance _*date of birth*_ ✓
   9. banque _*Bank*_ ✓
   10. N° de compte _*account No.*_ ✓

3. Now fill in the application using your own identity.

L. *Rédaction:* **Un dialogue au café.** In French cafés, it is not unusual for a French person to sit at your table when all other tables are taken. Write a short dialogue between you and someone who has just sat down at your table. How would you start the conversation? How would you find out his or her nationality? where he or she lives? etc. Before writing the composition, you may want to review the grammar and vocabulary of Chapter 1 in **Entre amis.**

Identités:	*Moi*	*L'autre personne*
Nom:	Adnan	Jacques
Adresse:		
Nationalité:		
État civil:		
Ville:		
Touriste:	Oui Non	Oui Non
Étudiant[e]:	Oui Non	Oui Non

Now, write your dialogue, taking the information above in consideration:

L'autre personne: BonJour, Monsieur! Excusez-moi, s'il vous Plaît, vous Permettez?

Vous: BonJour, Certainement. Asseyez-vous

L'autre personne: Je m'appelle Jacques Je suis français. Vous êtes espagnol.

Vous: Non Je suis allemand, Je m'appelle Adnan.

L'autre personne: J'habite à Nice. Où habitez-vous

Vous: J'habite à washington.

Chapitre 2: Qu'est-ce que vous aimez?

 A. À l'université. Create a meaningful dialogue by matching the questions on the left with their appropriate responses on the right.

1. Comment allez-vous? _e_ ✓   a. À la vôtre!

2. Votre prénom, c'est Christine, je crois? _b_ ✓   b. Oui, je m'appelle Christine Alexander.

3. Vous êtes américaine? _d_ ✓   c. Oui, je veux bien.

4. Voulez-vous boire quelque chose? Un   d. Oui, je viens de Santa Clara en
   coca? _c / e_ ✓   Californie.

5. Un kir, peut-être? _f / c_ ✓   e. Bien, merci.

6. À votre santé, Christine! _a_ ✓   f. Non, merci.

 B. Une promenade. When Monsieur Noiret takes a walk in his neighborhood, he usually greets his neighbors. Look at the drawings and respond appropriately to Monsieur Noiret's questions.

—Bonjour, Madame. Vous allez bien?
—*Oui, je vais (très) bien, merci.*

1. —Comment ça va,   2. —Salut, Pierrot. Ça   3. —Bonjour, Mademoiselle.
   Christelle?   va?   Comment allez-vous?

1. — _Ça va bien, merci_ ✓

2. —Non, _Je suis mal   ça va mal_ ✓

3. — _Je suis un peu malade_ ✓

Chapitre 2: WORKBOOK **13**

4. —Bonjour, Monsieur. Vous allez bien?

5. —Bonjour, Madame. Comment allez-vous?

6. Et vous? Comment allez-vous?

4. — _Comme-ci, comme ça_

5. — _Ça va mal_

6. — _Je vais très bien_

C. Quelques activités. Complete each sentence with the appropriate verb form.

❑ (écouter)   Nous _écoutons_ «France Inter» le matin.

1. (travailler)   Tu _travailles_ beaucoup!

2. (habiter)   J'_habite_ près de l'université.

3. (nager)   Mon père _nage_ comme un poisson.

4. (parler)   Ma mère ne _parle_ pas bien le français.

5. (aimer)   _aimes_-tu le coca?

6. (manger)   Nous ne _mangeons_ pas de pizza le matin.

7. (trouver)   Vous _trouvez_?

8. (regarder)   Mon amie Virginie _regarde_ souvent la télévision.

9. (aimer)   Thibault et Marc n'_aiment_ pas danser.

10. (étudier)   Mes amis _étudient_ l'espagnol.

D. Une carte postale de Biarritz. Some verbs are missing from Marie-Laure's postcard. Select the missing verbs from the following list. Be sure to conjugate them.

étudier	*parler*	*adorer*
jouer	*regarder*	*manger*
nager	*travailler*	*danser*

Chère Céline,

     Biarritz est vraiment super! Benoît et Delphine __Jouent__ souvent au tennis. Jean est un vrai poisson. Il __nage__ le matin et le soir. Moi, j'__étudie__ la biologie marine, et je __parle__ beaucoup avec ma grand-mère. Nous __regardons__ quelquefois la télé ensemble. Quelquefois, Marc et moi, nous __mandgeons__ des spécialités de Biarritz et nous __dansons__ dans une discothèque. Ah! que j'__adore__ les vacances! Et toi? Tu __travailles__ au labo?

                               Ciao!

                               Marie-Laure

E. Compréhension. Reread Marie-Laure's postcard and answer these questions.

1. Qui est à Biarritz?   Benoît, Delphine, grand-mère, Jean, Marc et Marie-Laure.

2. Qui danse dans une discothèque?   Marie-Laure et Marc.

3. Est-ce que vous jouez au tennis?   Non, Je ne joue pas au tennis.

4. Benoît et Delphine aiment-ils le tennis?   Oui, Ils aiment Le tennis.

5. Est-ce que Marie-Laure étudie l'anglais?   Non, Elle étudie la biologie Marine.

6. Qui nage beaucoup?   Jean nage beaucoup.

7. Et vous? Nagez-vous bien?   Oui, Je nage très bien.

8. Est-ce que vous aimez danser?   Non, Je n'aime pas dans

9. Travaillez-vous beaucoup?   Oui, Je travaille beaucoup.

10. Voyagez-vous souvent?   Oui, Je voyage souvent.

         Chapitre 2: WORKBOOK   **15**

F. Chez les Brunet. Monsieur and Madame Brunet are offering their guests something to drink. Write both the Brunets' and their guests' responses in the space below. Vary the responses as much as possible.

—*Voulez-vous une tasse de café?*
—*Oui, Je veux bien.* ou *Non, merci.*

1.

2.

3.

4.

5.

6.

1. — Voulez-vous un verre de coca?
   — Oui, Je veux bien.

2. — Voulez-vous un verre de perrie?
   — Non, merci

3. — Voulez-vous une tasse de thé?
   — Oui, Je veux bien.

4. — Voulez-vous un verre de bièrе?
   — Non, merci

5. — Voulez-vous un verre de jus d'orange
   — Oui, Je veux bien.

6. — Voulez-vous un verre de lait?
   — Oui, Je veux bien

7. Et vous? Voulez-vous boire quelque chose?
   — Oui Je voudrais une tasse de café.

G. Un sondage (*A survey*). Read the following information about the likes and dislikes of a number of francophone students; then fill in your own likes and dislikes on the chart using the same scale.

beaucoup	bien	assez bien	un peu	ne ... pas du tout
+++	++	~	+	Ø

	Seynabou (sénégalaise)	Régine (canadienne)	Mahmoud (tunisien)	Et vous? (_____)
étudier	+	~	++	+++
voyager	+++	+	Ø	+++
danser	~	+++	Ø	+
nager	Ø	++	+	+++
regarder la télé	Ø	Ø	++	+
parler avec des amis	+++	+++	+++	++
l'eau minérale	+	~	Ø	+++
le citron pressé	~	+	++	+++
le coca	Ø	~	Ø	~

Write eight sentences contrasting your likes and dislikes with those of the francophone students.

❑ *J'aime beaucoup voyager et Seynabou aime aussi beaucoup voyager. Je n'aime pas du tout nager mais Régine aime bien nager.*

1. J'aime beaucoup étudier Mais Seynabou aime bien étudier.

2. J'aime un peu danser mais Régine aime beaucoup danser.

3. J'aime beaucoup voyager mais Mahmoud n'aime pas du tout voyager.

4. J'aime assez bien Le coca, Mais Seynabou n'aime pas du tout Le Coca.

5. J'aime beaucoup nager mais Seynabou n'aime pas du tout nager.

6. J'aime un peu regarder la télé mais Mahmoud aime bien regarder la télé.

7. J'aime beaucoup voyager, mais Régine aime assez bien voyager.

8. J'aime beaucoup L'eau minéral Mais Mamoud n'aime L'eau minéral pas du tout.

H. Boissons fraîches *(Cold drinks).* Select five drinks from the menu below and write a sentence describing how you like (or don't like) each drink.

BOISSONS FRAÎCHES

Schweppes	15 F
Canada Dry	14 F
Jus de fruits	14 F
Orange ou citron pressés	15 F
Coca-Cola .... 14 F	Café frappé .... 15 F
avec rondelle de citron .. 15 F	Chocolat froid .... 15 F
Orangina, Ricqlès .... 14 F	Menthe à l'eau .... 15 F
Vichy, Vittel, Perrier .... 13 F	Lait froid .... 12 F
avec sirop de citron .... 14 F	Lait froid aromatisé .... 14 F
Limonade .... 13 F	Cidre .... 14 F
avec sirop .... 14 F	

15% Service compris

☐ *J'aime beaucoup le jus de fruits le matin.*
Je n'aime pas le Perrier.

1. Je n'aime pas le Coca-Cola. ✓
2. J'aime Jus des fruits. ✓
3. Je n'aime pas Chocolat froid. ✓
4. J'aime le café frappé. ✓
5. Je n'aime pas Lait froid. ✓

I. Au café. The owner (**le propriétaire**) of the café Les Grands Ducs often greets his regular customers and exchanges a few pleasantries with them. Select from the list of expressions below the appropriate ones to complete the dialogue.

J'aime beaucoup	vous voulez boire	vous aimez	vous êtes
s'il vous plaît	étudiante	pourquoi pas	assez bien

Le propriétaire: Ça va bien, Jérôme?

Jérôme: _assez bien_, merci, Monsieur. ✓

Le propriétaire: Un petit café?

Jérôme: _Pourquoi pas_. ✓

Le propriétaire: Vous travaillez toujours au labo?

Jérôme: Oui.

Le propriétaire: Et vous, Mademoiselle? Qu'est-ce que _vous voulez boire_? ✓

Ashley: Un coca, _s'il vous plaît_. ✓

18

NOM _Meriesh_ _____ DATE _____

Le propriétaire:	___Vous êtes___ américaine, Mademoiselle? ✓
Ashley:	Non, je suis canadienne.
Le propriétaire:	Vous êtes ___étudiante___, alors? ✓
Ashley:	Oui, à l'université de Bourgogne.
Le propriétaire:	___Vous aimez___ bien l'université? ✓
Ashley:	___J'aime beacoup___ les cours. Les profs sont formidables. ✓

J. Au tribunal (*At the court*). Complete the following exchange between a prosecutor and a plaintiff.

❑ (You write:)   —*Vous êtes Mademoiselle Leblanc?*
(The given answer is:)   —Oui, je suis Valérie Leblanc.

1. — ___Vous habitez à Boston?___ ✓

—Oui, j'habite à Boston.

2. — ___Vous êtes américaine?___ ✓

—Non, je ne suis pas américaine. Je suis canadienne.

3. — ___Vous êtes mariée?___ ✓

—Non, je ne suis pas mariée, je suis veuve.

4. — ___êtes-vous Professeur de français?___ ✓

—Non, je ne suis pas professeur de français.

5. — ___Vous etudiez Le français?___ ✓

—Oui, j'étudie le français.

6. — ___Vous parlez très bien le français?___ ✓

—Oui, je parle très bien le français.

7. — ___Vous voyagez souvent?___ ✓

—Oui, je voyage souvent.

8. — ___Vous travaillez?___ ✓

—Non, Monsieur. Je ne travaille pas.

G'asseyez vous assez bien serze

Chapitre 2: WORKBOOK   **19**

K. *Rédaction:* **Des conversations au téléphone.** Imagine a phone conversation with each of these exchange students. Find out where he or she lives, what languages he or she speaks, what he or she studies, and what he or she likes or does not like. Include four questions and four answers in each dialogue.

☐ —*Comment vous appelez-vous?*

—*Je m'appelle Toundi.*

—*Comment est-ce qu'on écrit « Toundi »?*

—*T-O-U-N-D-I.*

—*Vous étudiez le français?*

—*Non, mais je parle bien le français.*

   J'étudie la géographie.

—*Vous aimez le café, n'est-ce pas?*

—*Oui, j'aime beaucoup le café!*

Bien

Où est-ce qu'vous habitez ?

J'habite à Montréal

Quel temps fait-il ?

Il neige

vous parlez anglais?

Un peu

vous avez de la famille?

Oui, Je habite avec mes parents,

et mon frère.

où habitez-vous   ?
J'habit a Ottawa
vous aimez Le météo (temps) froid ?
Non, Je N'aime pas Le météo (temps) froid
vous êtes Canadien   ?
Non, Je suis Américain

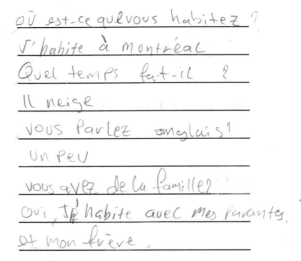

Comment vous appelez-vous?
Je m'appelle Omar
où habitez vous   ?
J'habite à Algiers
vous aimez Le café américan?
Non, J'aime Le café expresso.
vous parlez très bien français ?
Oui,

NOM _Mariah_   DATE _____

Chapitre 3: La famille

18/20 lettre à Bruno
p. 88

 A. À la gare. Create a meaningful dialogue by matching the answers on the right with the appropriate questions on the left.

1. Vous êtes bien Monsieur Masson? __e__   a. Pas trop.

2. Vous êtes fatigué, sans doute? __a__   b. Laure et Céline.

3. Vous avez de la famille ici? __f__   c. Deux.

4. Combien en avez-vous? __c__   d. Oui, elles sont mariées et elles ont des enfants.

5. Comment s'appellent-elles? __b__   e. Oui. Bonjour, Monsieur.

6. Sont-elles mariées? __d__   f. Oui, des sœurs.

 B. Couples *(Pairs).* Write the masculine or the feminine form to complete the pair.

❑ un père / _une mère_

1. une fille / __un fils__

2. un cousin / __une cousine__

3. un frère / __une soeur__

4. une grand-mère / __un grand-père__

5. un beau-frère / __une belle-soeur__

6. une tante / __un oncle__

7. un mari / __une femme__

8. une nièce / __un neveu__

9. une belle-mère / __un beau-père__

10. une amie / __un ami__

C. La famille de Marc Dupin. Marc is introducing his family in an unusual way. Examine Marc's family tree below, and then complete his description of his family.

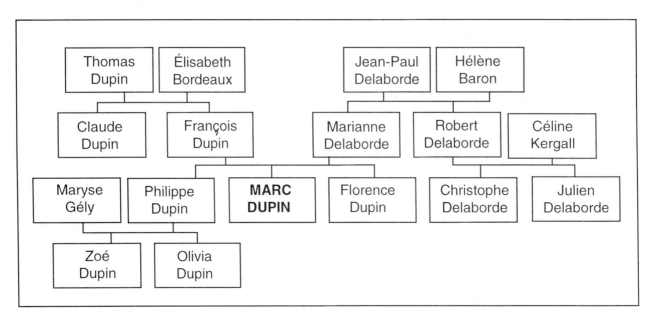

❑ Olivia est la fille de mon frère.
  C'est __*ma nièce*__ .

1. Robert est le frère de ma mère. C'est ___mon oncle___ ✓.

2. Hélène est la mère de ma mère. C'est ___ma grand-Mère___ .✓

3. Jean-Paul est le père de ma mère. C'est ___Mon grand-Père___ .✓

4. Philippe est le fils de mon père. C'est ___mon frère___ . ✓

5. Maryse est la mère de ma nièce. C'est ___ma belle-soeur___ . ✓

6. Thomas et Élisabeth sont les parents de mon père. Ce sont ___des grand-parents___ ✓

7. Céline est la femme de mon oncle. C'est ___Ma tante___ ✓

8. Florence est la fille de mon père. C'est ___Ma Soeur___. ✓

9. Christophe et Julien sont les fils de ma tante. Ce sont ___Mes Cousins___ ✓.

10. Zoé est la fille de mon frère. C'est ___ma nièce___ ✓

 D. Les boissons des amis. Marie-France has invited her friends. She is mentally making sure everyone has something to drink. Complete her monologue using **un, une,** or **des.**

Jacqueline a __une__✓ tasse de thé, Didier a __un__✓ café et Benoît a __une__✓ tasse de chocolat chaud. Est-ce que Karine a __une__✓ citron pressé? Et Marion, __une__✓ bière, non? Oui. Ensuite, Christelle a __un__✓ verre de vin blanc; Mireille et Robert ont __des__✓ cocas; Paulette et François, __des__✓ oranginas. Et moi j'ai __un__✓ kir: j'adore le cassis!

NOM _Merish_ DATE _____

E. Les liens de parenté *(Family ties).* Complete the following sentences using the appropriate forms of **avoir.**

❏ Élisabeth __a__ deux frères.

1. Tu ___as___ des frères ou des sœurs? ✓

2. J'___ai___ un frère mais je n'___ai___ pas de sœur. ✓

3. ___avez___-vous des enfants? ✓

4. Nous n'___avons___ pas d'enfants. ✓

5. Mais, on ___a___ des nièces et des neveux. ✓

6. Deux étudiants de français ___ont___ des enfants. ✓

7. Mon oncle ___a___ trois filles. ✓

8. Elles ___ont___ une grand-mère allemande. ✓

9. Ma tante ___a___ deux fils qui habitent à Québec. ✓

10. Ils ___ont___ des fiancées américaines. ✓

F. Un dialogue avec la concierge. Monique introduces her fiancé, Scott, to the concierge at her building. Decide which form of **avoir** or **être** is appropriate to complete the dialogue.

Monique: Madame Duhamel, voici mon fiancé.

Scott: Permettez-moi de me présenter, Madame. Je m'appelle Scott Miller.

La concierge: Ah! vous ___avez___ un beau fiancé, Mademoiselle. Vous ˅
___êtes___ d'où, Monsieur? ✓

Scott: Je ___suis___ américain. J'habite à San Diego dans l'état de Californie. ✓

La concierge: La Californie. C'___est___ là où se trouve Hollywood? ✓

Scott: Vous aimez sans doute les films américains? ✓

La concierge: Oh oui! C'___est___ beau, l'Amérique, hein? ✓

Scott: Oui. Moi, je trouve que c'___est___ un beau pays. ✓

La concierge: Mon mari ___a___ des neveux qui habitent au Texas. Ils ✓
___ont___ un grand ranch près de San Antonio. Ah! qu'est-ce qu'ils *(how* ✓
they) aiment le Texas!

Chapitre 3: WORKBOOK **23**

Monique: Excusez-nous, Madame. Scott et moi, nous _____auons_____ un rendez-vous à 10

heures.

La concierge: Le français de votre fiancé _____est_____ excellent.

Scott: Pas encore. J'_____ai_____ toujours un accent américain.

Monique: Au revoir, Madame, et bonne journée.

La concierge: Vous aussi.

G. Nous sommes en 1789. How old are these famous people at the beginning of the French Revolution in 1789? Follow the example.

☐ George Washington (né en 1732)
   George Washington a cinquante-sept ans.

Note:
né = born

1. Napoléon Bonaparte (né en 1769)   — Napoléon Bonapart a vingt ans

2. le marquis de Lafayette (né en 1757) 32 — Le Marquis de lafayette a trente-deux ans

3. Georges-Jacques Danton (né en 1759) 30 — Georges-Jacques Danton a trente ans

4. Maximilien de Robespierre (né en 1758) 31 — Maximilien de Robespierre a trente et un ans

5. Honoré-Gabriel de Mirabeau (né en 1749) 40 Honoré-Gabriel de Mirabeau a quarante ans

6. Louis XVI (né en 1754) 35 — Louis XVI a trente-cinq ans

7. Marie-Antoinette (née en 1755) 34 / Marie-Antoinette a trente-quatre ans

8. Thomas Jefferson (né en 1743) 46 / Thomas Jefferson a quarante-six ans

NOM __Meriesh__   DATE _____

H. L'inondation *(The flood).* The Fignons' house was flooded and their belongings have been placed outside to dry. Identify each of the items numbered.

1. _une télévision_   5. _une stéréo_   8. _une chaise_ ∨

2. _un ordinateur_ ✓ 6. _un bureau_ ✓ 9. _un lit_ ✓

3. _des livres_ ✓ 7. _un vélo_ ✓ 10. _un chien_ ✓

4. _un fauteuil_ ✓

I. Contrastes. The Delille family likes modern conveniences, but the Pagnols live more simply. Use the information on the chart and write five sentences contrasting the two families.

Les Delille	Les Pagnol
une maison	un appartement
un garage	—
2 grosses voitures	1 petite voiture
2 télévisions	1 télévision
un chien	1 chat
Madame Delille	**Madame Pagnol**
un grand réfrigérateur	un petit réfrigérateur
un lave-vaisselle	—
Jean-Luc Delille *(le fils)*	**Pierre Pagnol** *(le fils)*
un ordinateur	—
une moto	une mobylette
Sophie Delille *(la fille)*	**Gisèle Pagnol** *(la fille)*
une stéréo	— une radio
des amis qui habitent à Saint-Tropez	une cousine qui habite à Rouen

❑ *Les Delille ont deux grosses voitures, mais les Pagnol ont une petite voiture.*

1. Les Delille ont une maison, Mais Les Pagnol ont un appartement.

2. Les Delille ont deux télévisions, Mais les Pagnol ont une télévision.

3. Madame Delille a un lave-vaisselle, Mais Mme. Pagnol n'a pas.

4. Jean-Marc a une moto, Mais Pierre Pagnol a une Mobylette.

5. Sophie Delille a une stéréo, Mais Gisèle Pagnol a une radio.

J. C'est à qui? Write a sentence stating the owner of each item. Follow the model.

❑ chien / Jean-Luc   *C'est le chien de Jean-Luc.*

1. maison / Thérèse
   C'est La Maison de Thérèse

2. amis / Patrick
   Ce Sont les amis de Patrick

3. voitures / Monsieur et Madame Morel
   Ce sont les voitures de monsieur et Madame Morel.

4. ordinateur / ma camarade de chambre
   C'est l'ordinateur de ma camarade de chambre

5. calculatrices / les étudiants
   Ce Sont les Calculatrices des étudiants

6. mobylette / l'oncle de Didier
   C'est la Mobylette de l'oncle de Didier

7. télé / le frère de Jean-Luc
   C'est la télé du frère de Jean-Luc

8. cousins / Madame Richard
   Ce sont les cousins de Madame Richard.

9. vélo / Laure
   C'est le vélo de laure

10. bureau / le professeur
    C'est le bureau du professeur

K. Louise n'est pas d'accord (*Louise does not agree*). Mireille identifies the owner of each item but Louise disagrees. Write a two-sentence exchange between Mireille and Louise using possessive adjectives. Follow the example.

❑ radio / Liliane / mère
   Mireille: *C'est la radio de Liliane.*
   Louise: *Non, c'est la radio de sa mère.*

1. calculatrice / Raphaëlle / sœur
   Mireille: C'est La calculatrice de Raphaëlle
   Louise: Non, C'est La calculatrice de sa soeur.

2. ordinateur / Fabien / père
   Mireille: C'est Le ordinateur de Fabien.
   Louise: Non, C'est Le ordinateur son père

3. stéréo / Delphine / tante
   Mireille: _Cest la stéréo de Delphine._____ ✓
   Louise: _Non, Cest la stéréo de sa tante._____ ✓

4. voiture / père de Nathalie / grand-père
   Mireille: _Cest la voiture de père de Nathalie._____ ✓
   Louise: _Non, C'est la voiture de son grand-père_____ ✓

5. photo / frère de Madeleine / cousine Isabelle
   Mireille: _C'est la photo de frère de Madeleine._____ ✓
   Louise: _Non, C'est la photo de sa cousine Isabelle._____ ✓

 L. Tartuffe. Look at the playbill of Molière's comedy *Tartuffe,* then answer the questions about the relationships of the characters. Use possessive adjectives whenever possible.

> **TARTUFFE**
>
> **MME PERNELLE,** *mère d'Orgon*
>
> **ORGON,** *mari d'Elmire*
>
> **ELMIRE,** *femme d'Orgon*
>
> **DAMIS,** *fils d'Orgon*
>
> **MARIANE,** *fille d'Orgon et amante de Valère*
>
> **VALÈRE,** *amant de Mariane*
>
> **M. LOYAL,** *sergent*
>
> **FLIPOTE,** *servante de Mme Pernelle*

❏ Combien d'enfants y a-t-il dans la famille d'Orgon? *Il y a deux enfants dans sa famille.*

1. Est-ce que Mariane est la fille d'Orgon? _Oui, elle est sa fille._____

2. Est-ce qu'Orgon est le père d'Elmire? _Non, Il est son mari_____

3. Est-ce que Madame Pernelle est la mère de Damis et de Mariane? _Non, Elle est la mère d'Orgon_

4. Est-ce qu'Orgon et Elmire sont les parents de Damis et Mariane? _____

5. Comment s'appelle la belle-mère d'Elmire? _____

6. Orgon a-t-il un beau-père? _____

M. *Rédaction:* Chez moi *(At home).* Bruno, your pen pal from Geneva, is interested in your daily life. Where do you live? Do you live near or in a major city? Do you live with your parents? Do you have a dog? a computer? a bicycle? etc. Before you write, follow the steps outlined below:

- List the items that can be found in your room:

Un Ordinateur
Un bureau
Une stéréo

- List a few things you do not have, but wish you had. (Start this portion of your letter with *Malheureusement, [Unfortunately]*)

une voiture allemande

- Answer the following questions:

a. Où habitez-vous?
J'habite à fairfax

b. Habitez-vous dans une grande ville *(big city)* ou dans un village?
J'habite dans une grande ville

c. Habitez-vous avec vos parents?
Non, J'habite avec ma femme et deux-enfants

Compose a three-paragraph letter incorporating the information above. [Note for the **Rédaction** exercises: If you need more room, attach extra sheets of paper.]

Cher Bruno,

J'habite à fairfax près une grande ville de Washington D.C. Je n'habite pas avec mes parents. J'ai une voiture Japonaise, mais J'aime avoir une voiture allemande.
J'ai une stéréo et un ordinateur.

Chapitre 4: L'identité

 A. Qu'est-ce que c'est? Identify each item of clothing and describe it with an adjective. Use **c'est** or **ce sont** in your answer.

❑ *C'est une veste élégante.*
Ce sont des chaussures confortables.

1.   2.   3.   4.

5.   6.   7.   8.

1. C'est un imperméable ✓
2. C'est un chapeau ✓ ✓
3. C'est une ceinture ✓
4. C'est un teeshirt canadien ✓
5. Ce sont des gants ✓
6. Ce sont des lunettes ✓
7. C'est une robe ✓ ✓
8. Ce sont des chausettes ✓

B. Les amies de Kelly. Kelly is showing photos of some of her friends to a French exchange student in Michigan. Complete their conversation by inserting the adjectives from the list below where appropriate. Be sure to make the adjectives agree with the nouns.

ennuyeux	généreux	discret	bavard	actif
bon	sportif	intelligent	gentil	travailleur

Kelly: Voici mes amies, Christa et Nicole. Elles sont _____gentils_____✓, sympathiques. Nicole est _____bavarde_____✓ et _____active_____✓: elle aime beaucoup parler au téléphone, et elle a un emploi du temps très chargé. Christa est très _____sportive_____✓: elle nage tous les jours. Elle ne parle pas beaucoup, elle est très _____discrète_____✓. Elle aime donner, elle est _____généreuse_____✓.

Benoît: Et sur cette photo, qui est-ce?

Kelly: Ce sont Brian et Andrew. Ils sont très _____bons_____✓ en français! Brian est _____travailleur_____✓: il étudie beaucoup à la bibliothèque. Andrew est _____intelligent_____✓: c'est un petit génie.

C. C'est Véronique! Véronique is quite different from everybody else. Describe how other people compare to her by replacing the italicized expression with a *contrasting* word. Make all necessary changes.

❑ Véronique est *toujours* bavarde. Et son amie Jacqueline?
Jacqueline n'est jamais bavarde.

1. Véronique est *souvent* bavarde. Et son amie Bérangère?
   Bérangère n'est rarement bavarde. ✓

2. Véronique n'est *jamais* méchante. Et son petit frère?
   Son petit frère est toujours méchant. ✓

3. Véronique est *rarement* généreuse. Et son petit ami?
   Son petit ami est souvent généreux. ✓

4. Véronique pleure *toujours*. Et ses deux sœurs?
   Ses deux sœurs ne sont jamais pleurent ✓

5. Véronique regarde *souvent* la télévision. Et vous?
   Je regarde rarement la télévision ✓

6. Véronique écoute *quelquefois* la radio. Et vous?
   Je écoute toujours la radio ✓

7. Véronique est *généralement* paresseuse. Et vous?
   Je suis d'habitude travailleur. ✓

8. *D'habitude,* Véronique est nerveuse le jour d'un examen. Et vous?
   Je toujours calm le jour d'un examen ✓

D. Mais où est... ? *(But where is . . . ?)* While Ludovic is waiting for Christine near the bus stop, she is waiting for him in front of the museum. They have both been waiting a long time! Describe what they are wearing, and imagine what is the color of each item of clothing.

Voilà Ludovic.

Voilà Christine.

Il porte _Un complet noire / Elle porte __un imperméable___
et une montre et une_____ et des gants et des___
cravate rouge_____ bottes et un chapeau___

E. Les stéréotypes. What are the people described below most likely to wear?

❏ Anne-Marie / 19 ans / étudiante / gentille / active
Elle porte un sweat-shirt, un jean et des baskets.

1. Madame Dupont / 40 ans / secrétaire / travailleuse / discrète
   Elle Porte une robe, un chapeu____

2. Éric / 25 ans / employé de banque / élégant / gentil
   Il porte un Complet, une cravatte et des chaussures

3. Viviane de Bois Laurey / 35 ans / avocate / chic / snob
   Elle Porte un tailleur et un foulard

4. Monsieur Lemaire / 45 ans / cadre / veuf / travailleur / ambitieux
   Il Porte un Complet, une cravate et un chemise

F. Faire du lèche-vitrines *(Window-shopping).* Julie is "window-shopping" in a fashion magazine. Complete her sentences by adding appropriate demonstrative adjectives (**ce / cet / cette** or **ces**).

❏ Mon père aime ___*cette*___ cravate bon marché, mais pas ___*ce*___ foulard chic.

1. Ma mère aime ___*ces*___ gants simples, mais pas du tout ___*ces*___ lunettes noires.

2. Mon grand-père adore ___*cette*___ veste bizarre, mais pas ___*ce*___ sweat-shirt confortable.

3. Fabienne et moi, nous aimons bien ___*cette*___ ceinture, mais pas ___*ces*___ bottes ordinaires.

4. Mes cousins aiment ___*cet*___ imperméable, mais pas ___*ce*___ pantalon.

5. Mes neveux aiment ___*ces*___ baskets chères, mais pas ___*ces*___ chaussures simples.

6. Ma nièce aime bien ___*ce*___ tee-shirt, mais pas ___*ce*___ short.

7. Aïcha et Gaëlle adorent ___*ces*___ chemisiers élégants, mais pas ___*ces*___ blousons.

8. Moi, j'aime tous *(all)* ___*ces*___ vêtements.

G. Tel *(Like)* **père, tel fils: une exception.** Read Lori Becker's letter home describing an unusual family she has met. Then answer the questions.

Je trouve la famille Renaud assez intéressante. Monsieur Renaud est médecin. Il est grand, assez gros et un peu chauve. Madame Renaud est professeur d'anglais. Elle est petite, blonde, et a les yeux bleus. C'est un couple élégant. Madame Renaud porte d'habitude des robes chic. Monsieur Renaud porte toujours des complets gris ou noirs avec des foulards élégants. Les enfants, eux, ne sont pas du tout comme leurs parents. Ils s'habillent à l'américaine: ils portent des jeans, des tee-shirts ou des sweat-shirts, et toujours des tennis. En plus, ils n'ont pas les cheveux blonds et les yeux bleus de leurs parents. Karine, qui a 13 ans, a les cheveux roux et les yeux verts. Les jumeaux *(twins)*, Arnaud et Christian, 11 ans, ont les yeux bruns et les cheveux noirs. Les trois jeunes Renaud sont très sportifs. Ils aiment nager, skier et jouer au tennis. Les garçons sont un peu paresseux aussi. Ils aiment regarder la télévision, mais n'aiment pas faire leurs devoirs.

Questions:

1. Comment s'appellent les enfants des Renaud?

   Karine, Arnaud et Christian

2. Quel âge ont-ils?

   Karine a 13 ans et Arnaud et Christian à 11 ans

3. Quels vêtements portent les enfants d'habitude?

   Ils portent des jeans, des tee-shirts et des tennis

4. De quelle couleur sont les cheveux de Monsieur et Madame Renaud?

   Ils sont les cheveux blonds

5. Et leurs yeux?

   bleus

6. Karine a-t-elle les cheveux blonds comme sa mère?

   Non, Elle les cheveux roux

7. De quelles couleurs sont les cheveux et les yeux des deux fils?

   Ils sont les cheveux noirs et les yeux Bruns

8. Le père a-t-il beaucoup de cheveux?

   Non Il est un peu chauve

❒ **H. Les vêtements.** Combine the following words into complete sentences. Make all necessary changes.

❏ elles / porter / jupes / rouge
   Elles portent des jupes rouges.

❏ je / (ne ... pas) avoir / chaussures / nouveau
   Je n'ai pas de nouvelles chaussures.

1. vous / ne ... pas / avoir / chemisiers / bleu

   Vous n'avez pas chemisiers bleus

2. elle / avoir / imperméable / gris

   elle a un imperméable gris

3. ils / ne ... pas / avoir / pull-overs / beau

   Ils n'ont pas de beaux pull-overs

4. les professeurs / ne ... jamais / porter / shorts / bizarre

   Les Professeurs ne Portent jamais de Shorts bizarres.

5. il / avoir / ceinture / grand

   Il a une grande ceinture

6. tu / avoir / tennis / nouveau

   tu as des nouvelles tennis

7. je / ne ... pas / avoir / chaussettes / violet

   Je n'ai Pas de chaussettes violettes

8. nous / avoir / robes / joli / rouge

   nous avons de Jolies robes rouges.

9. mes amis / ne ... pas / porter / smokings / élégant

Mes amis ne portent pas

10. ma cousine / détester / les personnes qui / porter / vêtements / sale

Ma cousine déteste Les personnes qui portent des vêtements sales

I. Au camping. Every camper is scheduled for chores. Read the assignment sheet and write five complete sentences describing what each person is to do.

	le ménage à 7 h	la cuisine à 8 h	la vaisselle à 8 h 30	les courses à 10 h	la cuisine à midi	la vaisselle à 2 h
Olivia	X					
Hervé et Mehmet				X		
Yann		X				
Nicole			X			
Robert et Loïc					X	
Patricia et Isabelle						X

❑ *Olivia fait le ménage à 7 heures du matin.*

1. *Hervé et mehmet font les courses à 10 heures du matin.*

2. *Yann fait La cuisine à 8 heures du matin.*

3. *Nicol fait La vaisselle à 8 heures trent du matin.*

4. *Robert et Loïc font La cuisine à midi.*

5. *Patricia et Isabelle font la vaisselle à 2 heures après midi.*

6. Et vous? Faites-vous quelquefois le ménage?

Je fais Le ménage a 8 heures du matin.

7. Est-ce que vous faites souvent la sieste? Quand?

Oui, Je fais La sieste à 2 heures après midi

8. D'habitude, que faites-vous le soir?

Je Passe le soir avec mes enfants.

J. Vous êtes journaliste. What questions are you asking Gérard Duval, an exchange student whom you are interviewing for the school paper? Begin your questions with **qui, que,** or **quel(le)s.**

Vous: *Quel est votre nom?*

Gérard: Gérard Duval.

Vous: Quelle est votre nationalité? ✓

Gérard: Je suis français.

Vous: Quelle est votre profession? ✓

Gérard: Je suis étudiant.

Vous: Qu'est-ce que vous étudiez? ✓

Gérard: Cette année *(year)* j'étudie les maths.

Vous: Quel vous voulez faire dans la vie? ✓

Gérard: Moi? Je voudrais être homme d'affaires ou banquier.

Vous: Que font vos parents? ✓

Gérard: Mon père est comptable et ma mère travaille chez un médecin. Elle est infirmière.

Vous: Qui fait le ménage dans votre famille ✓

Gérard: D'habitude, c'est ma mère qui fait le ménage.

Vous: Quelles professions vos amis préfèrent? ✓

Gérard: Mes amis préfèrent généralement les professions de cadre.

K. Rédaction: Les présentations *(Introductions).* Bruno, your Swiss pen pal, would like to know more about your family. Write him a letter in which you describe your family members, what they look like, and what they usually wear. Follow the outline provided.

- List the members of your family (four maximum). What are their names? How old are they?

  1. Othman   49 ans   3. Mofida 54 ans
  2. Ali   32 ans   4. Mayy   27 ans

- List two to three descriptive adjectives that apply to each one (be sure to include physical as well as psychological attributes).

  1. grand   2. Petit   3. Mince   4. assez Petite
     intelligent   bavard   charmante   jolie
     calm   sportif   jentile   généreuse

- List what your family members typically wear on a daily basis.

1. un complet   2. un jean   3. une robe   4. une jupe

    une chemise   un tee-shirt   une écharpe   un chemisier

    une cravate   des tennis   des chaussures   des lunettes

- Answer the following questions about yourself.

    a. Comment êtes-vous physiquement? De quelle couleur sont vos yeux? vos cheveux? Êtes-vous grand(e)? petit(e)? etc.

    YEUX: noiste

    CHEVEUX: noir

    TAILLE: grand

    b. Comment êtes-vous psychologiquement?

    1.   Calm

    2.   travailleur

    3.

    c. Qu'est-ce que vous portez d'habitude?

    1.   un pantalon

    2.   une veste

    3.   des baskets

    4.   une chemise

- Now, compose a letter incorporating the information above. First, introduce your family members (names, ages, . . .). Then, use the information about their description (physical, psychological, usual clothing preferences). Finally, write a paragraph about yourself. Be sure to begin and end your letter appropriately (see *Rédaction* for Chapter 3).

Chapitre 5: Quoi de neuf?

14/20

  A. Un projet de cinéma. Choisissez la bonne réponse.

1. Quoi de neuf?

   _____ a. Cela m'est égal.

   ✓ b. Pas grand-chose.

2. Qu'est-ce que tu fais ce soir?

   ✓ a. Je vais passer deux heures à la bibliothèque.

   _____ b. D'accord.

   bibliothèque

3. Tu as envie d'aller au cinéma?

   _____ a. Ça va bien.

   ✓ b. Quand ça?

4. Demain soir?

   _____ a. Je suis libre.

   ✓ b. Pas grand-chose.

5. Est-ce qu'il y a un bon film au Mirador?

   _____ a. Je crois qu'il est sur la table.

   ✓ b. Il y a deux bons films, un film espagnol et un film américain.

6. Alors, quel film allons-nous voir?

   ✓ a. Cela m'est égal.

   _____ b. C'est parfait.

7. Moi, j'ai envie de voir le film américain.

   ✓ a. Moi aussi.

   _____ b. Sans doute.

8. À quelle heure?

   _____ a. Je ne suis pas libre.

   ✓ b. À neuf heures et demie.

9. Rendez-vous devant le cinéma.

   ✓ a. D'accord.

   _____ b. Merci. Au revoir.

B. Qu'est-ce que c'est? Identifiez les endroits suivants.

1.

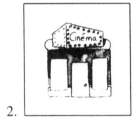

2.

❑ *C'est une épicerie.*

3.

4.

5.

1. C'est une Banque

2. C'est un Cinéma

3. C'est une église

4. C'est un hôtel

5. C'est un Café

C. Chassez l'intrus. Les listes suivantes représentent des catégories d'endroits. Mais dans chaque liste il y a un endroit qui n'appartient pas *(does not belong)* à la catégorie. Rayez *(Cross out)* cet endroit.

1. boulangerie / épicerie / cafétéria / ~~église~~

2. salle de classe / ~~épicerie~~ / gymnase / bibliothèque

3. ~~toilettes~~ / bureau de poste / librairie / bureau de tabac

4. restaurant / bistro / ~~piscine~~ / cafétéria

5. ~~couloir~~ / centre commercial / banque / pharmacie

NOM __Meviesh__   DATE _____

D. Des destinations. Dites *(Say)* où chaque personne va.

❑ Nous / bibliothèque
  Nous allons à la bibliothèque.

1. Monsieur Barbezot / banque __Monsieur Barbezot va à la banque__

2. Laure / aéroport __Laure va à l'aérport__

3. mes petits cousins / école __Mes Petits Cousins vont à l'école__

4. tu / piscine __tu vas à la piscine__

5. je / musée __Je vais au Musée__

6. vous / gare __Vous allez à la gare__

7. ma mère / centre commercial __Ma mère va au Centre Commercial__

8. les étudiants / restaurant universitaire __Les étudiants vont au restaurant universitaire__

9. mon frère / campus __Mon frère va au Campus__

E. Qu'est-ce que tu vas faire? Complétez les phrases avec la préposition **à** + l'article défini (**à la, à l', au** ou **aux).**

1. *Corinne:* Tout à l'heure, je vais aller __à la__ piscine, puis __à la__ bibliothèque pour faire mes devoirs. Ce soir, je vais dîner avec des amis __à la__ *Petite Auberge.* Après le dîner, on va aller __au__ cinéma Rex voir un film. Et toi, Gilles?

2. *Gilles:* Moi? Dans une heure, je vais faire des courses: je vais aller __à la__ banque, __à la__ pharmacie, __au__ bureau de poste et __aux__ grands-magasins pour acheter un nouveau baladeur ("walkman"). Ce soir? Je vais aller __au__ café *Les Grands Ducs* prendre un pot (= *une boisson)* avec des amis. Mimi, Didier, qu'est-ce que vous allez faire?

3. *Mimi et Didier:* À midi, nous allons manger ensemble __au__ restaurant universitaire. Et l'après-midi, nous allons passer quelques heures __à la__ bibliothèque. Le soir, nous avons rendez-vous avec Marc et François pour aller danser la salsa __au__ *Club Rio (masculine),*

4. Et vous? Qu'est-ce que vous allez faire samedi prochain?
   __Le matin, Je vais à la bibliothèque, et le soir__
   __Je vais au cinéma.__

     Chapitre 5: WORKBOOK   **39**

F. Une soirée à Montréal. Lisez ces annonces de spectacles et décidez, d'après l'exemple, où ces personnes vont aller ce soir.

Le Club Fusion
23, Avenue Laurier
368 - 2020

jazz music

De 22h30 à 6h

LE NÉON
121, Bvd. St-Laurent

DJ: Max Mad
Vendredi, Samedi
TOUT LA NUIT
765-4321

CHANSONS
POESIES
HUMOUR
·o·o·o·o·o·o·

BISTRO PARADIS
45, rue Mont-Royal
864 - 4545
·o·   ·o·

St. Laurent
58, av. du Parc
720 - 5847
La Guerre des Étoiles

19h 21h30

LE THÉÂTRE
DU MONT-ROYAL
o   o

HUIS CLOS

« un succès! »
— LE MATIN

o 19h — Salle1 o
747 - 1020

Apollo
15, rue Sherbrooke
622-1822

WOODY ALLEN
HANNAH ET SES SOEURS

17h 19h 21h 23h

LE CLUB
BABA COOL

musique funky
reggae
rock
afro-antillais
102, rue Ste-Catherine
544-8008

❑ Madame Bonot aime beaucoup les films de Woody Allen.
   Ce soir, elle va voir «Hannah et ses sœurs» au cinéma Apollo.

1. Patrick Sertin aime les films de science-fiction.
    Ce soir, Il va voir « la Guerre des Étoiles » au cinéma St Laurent

2. Anne-Marie et Jean Richard adorent le reggae et la musique afro-antillaise.
    Ce soir, Ils vont au Club Baba cool.

3. Gabrielle Herriot aime beaucoup les chansons populaires, l'humour et la poésie.
    Ce soir, Elle va au Bistro Paradis.

4. Germaine Le Page aime le théâtre.
    Ce soir, Elle va voir « Huis clos » au Théâtre Du Mont-Royal

5. Benoît Vuitton adore le jazz.
    Ce soir, Il va au Club Fusion.

6. Martine et Nathalie aiment danser toute la nuit.
    Ce soir, Elles vont au Bistro le Néon.

7. Et vous? Où est-ce que vous allez samedi soir?
    Ce soir, Je vais voir « Hannah et ses Soeurs » au cinéma Apollo.

40

G. Quelle heure est-il? Donnez une réponse possible à la question **Quelle heure est-il?**
Écrivez vos réponses en toutes lettres.

☐ _Il est quatre heures moins le quart._ _(Il est quinze heures quarante-cinq.)_

1. _Il est quatre heures quinze_

2. _Il est huit heures et demi_

3. _Il est huit heures moins dix_

4. _Il est minuit_

5. _Il est midi_

6. _Il est deux heures vingt-cinq_

Chapitre 5: WORKBOOK **41**

H. Quelles sont vos habitudes? Répondez aux questions.

1. À quelle heure est votre cours de français?

   Il est six heures moins cinq ✓

2. À quelle heure déjeunez-vous d'habitude?

   Je déjeune d'habitude à deux heures ✓

3. Est-ce que vous travaillez? Si oui, combien d'heures par semaine?

   Oui, quarante heures par semaine ✓

4. À quelle heure dînez-vous d'habitude?

   Je dîne d'habitude à six heures. ✓

5. Est-ce que vous regardez la télévision le soir? Si oui, quelles émissions *(programs)*? De quelle

   heure à quelle heure? _____

   _____

I. Les corvées ménagères *(Household chores)*. Madame Martin affiche *(posts)* les tâches à faire pendant la semaine. Utilisez le verbe **devoir** pour faire des phrases d'après l'exemple.

lundi	faire la cuisine / David et Sylvie	*Lundi, David et Sylvie doivent faire la cuisine.*
mardi	faire la lessive / Sylvie et Céline	Mardi, Sylvie et Céline doivent faire la lessive.
mercredi	faire la cuisine / moi	mercredi, Je dois faire la cuisine
jeudi	faire la vaisselle / David	Jeudi, David doit faire la vaisselle.
vendredi	laver *(wash)* la voiture / Céline et Pierre	vendredi, Céline et Pierre doivent laver la voiture.
samedi	faire le ménage / Pierre et moi	Samedi, Pierre et moi devons faire le ménage.
dimanche	—	

NOM <u>Meviesh</u>   DATE _____

J. Le centre-ville. Regardez le plan de cette ville imaginaire et indiquez où se trouvent les endroits suivants en utilisant des prépositions de lieu.

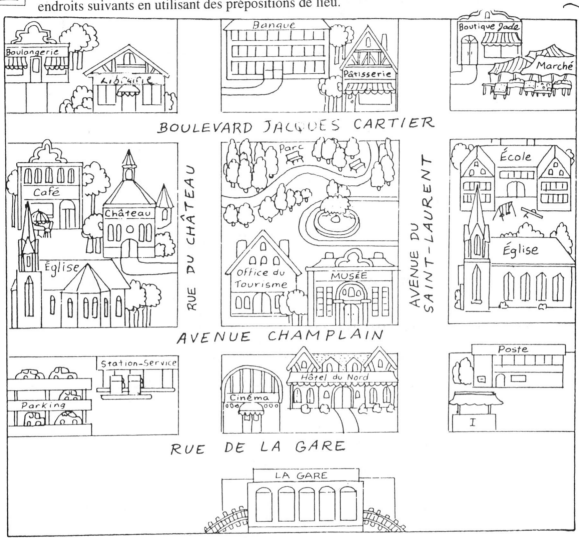

❏ la banque

Elle est à côté de la pâtisserie et en face du parc.

1. la boulangerie   <u>Elle est à côté de la librairie</u>

2. le bureau de poste   <u>Elle est devant l'église</u>

3. le café   <u>Elle est à côté du château</u>

4. l'école   <u>Elle est devrière l'église</u>

5. la gare   <u>Elle est devant l'hôtel et le cinèma</u>

6. l'Hôtel du Nord   <u>Elle est à côté du cinema</u>

7. l'office du tourisme   <u>Elle est devant le parc et à côté du musée.</u>

8. la boutique *Jade*   <u>Elle est à côté de la pâtisserie et derrière le Marché.</u>

9. la pâtisserie   <u>Elle est à côté de la Banque</u>

10. le cinéma   <u>Elle est à côté de l'hôtel et devant de la Gare.</u>

     Chapitre 5: WORKBOOK   **43**

K. Testez vos connaissances en géographie! *(Test your knowledge of geography!)* Toutes les personnes suivantes habitent dans la capitale de leur pays. Écrivez le nom de la ville et du pays où elles habitent. Suivez l'exemple.

Les capitales de quelques pays

Capitales	Pays
Alger	Algérie
Beijing	Chine
Berlin*	Allemagne
Bruxelles	Belgique
Berne	Suisse
Dakar	Sénégal
Londres	Angleterre
Madrid	Espagne
Mexico	Mexique
Paris	France
Rabat	Maroc
Rome	Italie
Stockholm	Suède
Tokyo	Japon

❑ María et Pedro sont espagnols.
   Ils habitent à Madrid, en Espagne.

1. Gina est italienne. <u>Elle habite à Rome, en Italie</u>

2. Heidi et Hanspeter sont suisses. <u>Ils habitent à Berne, en Suisse</u>

3. Ali est algérien. <u>Il habite à Alger, en Algérrie</u>

4. Marcel et Anna sont belges. <u>Ils habitent à Bruxelles, en Belgique</u>

5. Notre professeur est français. <u>Elle habite à Paris, en France</u>

6. Ces étudiants sont chinois. <u>Ils habitent à Beijing, en Chine</u>

7. Mon camarade de chambre est japonais. <u>Il habite à tokyo, en JaPon</u>

8. Mary est anglaise. <u>Elle habite à Londres, en Angleterre.</u>

---

* Berlin is the capital of Germany; Bonn is the seat of government.

NOM _Meriesh_   DATE _____

L. Testez votre connaissance du monde *(Test your global awareness).* Complétez les phrases en ajoutant *(by adding)* le pays et la langue (ou les langues) de ces chefs d'états *(heads of states).*

❑ Jacques Chirac habite à Paris, *en France,* où on parle *français.*

1. Juan Carlos de Bourbon habite à Madrid, _en Espagne_, où on parle _espagnol_ .

2. Hassan II habite à Rabat, _au Maroc_, où on parle _français_ et _arabe_ .

3. Abdou Diouf habite à Dakar, _au Sénégal_, où on parle _français_ et _wolof_ .

4. Baudouin Ier habite à Bruxelles, _en Belgique_, où on parle _français_ et _flamand_ .

5. Bill Clinton habite à Washington, _aux États-Unis_, où on parle _anglais_ .

6. Carlos Salinas habite à Mexico, _au Mexique_, où on parle _espagnol_ .

7. Karl XVI Gustaf habite à Stockholm, _en Suède_, où on parle _suédois_ .

8. L'empereur Akihito habite à Tokyo, _au Japon_, où on parle _Japonais_ .

9. Helmut Kohl habite à Bonn, _en Allemagne_, où on parle _allemand_ .

10. Tony Blair habite à Londres, _en Angleterre_, où on parle _anglais_ .

M. Au campus. À vous d'écrire les questions.

❑ J'habite au 23, rue du Saint-Laurent.
Où habites-tu?

1. Je vais au campus.
   Où est-ce tu vas?

2. Ce soir, je vais à la bibliothèque pour préparer un examen.
   Pourquoi est-ce que tu vas à la bibliothèque ce soir?

3. La bibliothèque est près de la résidence universitaire, en face du Resto U.
   Où est la bibliothèque?

4. J'ai un examen vendredi après-midi.
   Quand est-ce que tu as un examen?

5. Ma camarade de chambre travaille maintenant.
   Quand est-ce que ta camarade de chambre travaille?

6. Le week-end prochain, nous allons faire un voyage.
   Q'est-ce que vous allez faire le week-end prochain?

N. Rédaction: L'emploi du temps. Votre amie Caroline, de Montréal, vous parle de son nouvel emploi du temps. Écrivez une lettre où vous racontez à Caroline votre emploi du temps.

- Faites votre emploi du temps:

	Lundi	Mardi	Mercredi	Jeudi	Vendredi	Samedi	Dimanche
8 – 9							
9 – 10							
10 – 11							
11 – 12							
12 – 13							
13 – 14							
14 – 15							
15 – 16							
16 – 17							
17 – 18							
Le soir							

- Répondez aux questions suivantes:

    a. Où dînez-vous généralement? À quelle heure dînez-vous?

    _____

    _____

    b. Quand étudiez-vous? Où?

    _____

    _____

- Maintenant, écrivez une lettre avec les informations que vous avez écrites plus haut *(above)*. Pour commencer, écrivez au sujet de *(about)* votre emploi du temps à l'université et de vos repas. Ensuite, écrivez au sujet de votre temps libre *(free time)*. Terminez votre lettre avec une formule correcte!

Chapitre 6: Vos activités

 A. Une fille au pair. Complétez chaque phrase avec une des expressions suivantes.

à table	*écrite*	*pour «chaud»*
chez	*garde*	*pour «froid»*
fait le ménage	*se lève tard*	*tant de choses*
différences	*la salle de bain*	*a remarqué*

1. Kristin a déjà passé trois mois en France. Elle travaille _____ les Louviot.

2. C'est une jeune femme très active. Elle a _____ à faire!

3. Elle n'a pas beaucoup de temps libre. Elle _____ et elle _____

   les enfants.

4. Chez les Louviot on mange bien et on passe beaucoup de temps _____.

5. Kristin est un peu fatiguée aujourd'hui. Elle _____.

6. Elle _____ souvent des lettres à ses amis aux États-Unis.

7. Elle explique quelques _____ qui existent entre la France et les États-Unis.

8. Par exemple, elle _____ qu'en France, les toilettes ne se trouvent pas souvent

   dans _____ comme aux États-Unis.

9. Elle a aussi remarqué que les robinets sont marqués «C» _____ et «F»

   _____.

B. Les activités du week-end dernier. Complétez chaque phrase avec le verbe indiqué au passé composé.

❑ *(passer)*   Nous *avons passé* une soirée agréable au bal samedi dernier.

❑ *(ne ... pas danser)*   La plupart des étudiants américains *n'ont pas dansé* le tango.

1. *(téléphoner)*   Est-ce que vous _____ à votre amie?

2. *(ne ... pas avoir)*   Non, je _____ le temps.

3. *(faire)*   Mes sœurs et moi, nous _____ la vaisselle, les courses et

   tout le ménage.

4. *(passer)*   Et toi, tu _____ le week-end chez tes parents?

5. *(travailler)*   Non, j'_____ samedi et dimanche.

6. *(regarder)*   Samedi après-midi, Serge et moi, nous _____ le Tour de

France à la télé.

7. *(jouer)*   Dimanche, les enfants _____ dans le parc avec des amis.

8. *(ne ... pas faire)* Annie et son petit ami _____ leurs devoirs.

9. *(dîner)*   Dimanche soir, on _____ chez des amis.

10. *avoir)*   Ma pauvre grand-mère, elle _____ une grippe terrible.

C. Trop tard *(too late)*. Répondez en employant le passé composé pour indiquer qu'on a
déjà fait les activités proposées.

❑ Tu vas faire tes devoirs maintenant? *Non, j'ai déjà fait mes devoirs.*

1. Tu vas travailler à la bibliothèque ce soir? _____

2. Et Martine? Elle va jouer au tennis? _____

3. Alain et toi, vous allez faire la cuisine? _____

4. Est-ce que Sylvie et Nathalie vont nager à 5 heures?

_____

5. Diane va-t-elle téléphoner à ce jeune homme?

_____

6. Est-ce que Patrick et Suzanne vont regarder le match de foot à la télé?

_____

7. Ta sœur va-t-elle faire du jogging ce matin?

_____

8. Nous allons manger une pizza? _____

D. Le journal *(diary)* **de Paul.** Paul écrit ses activités dans son journal. Complétez le
journal avec les verbes qui conviennent au passé composé. (Il est possible d'employer un
verbe deux ou trois fois.)

avoir	*dormir*	*écouter*	*faire*
manger	*passer*	*regarder*	*téléphoner*

Hier, j' _____ un samedi assez tranquille. D'abord,

j' _____ jusqu'à 11 heures.

Je n' _____ le temps de faire les courses; et

je n' _____ mes devoirs non plus. À midi,

j' _____ un steak au Bistro de la Gare. C'est mon bistro favori!

L'après-midi, Bernard et moi, nous _____ des disques chez

moi et puis nous _____ une heure au centre commercial de

Mériadeck. À 3 heures, j' _____ la sieste. Le soir,

j'_____ à Martin pour aller voir *La double vie de Véronique*,

mais il a dit *(said)* non. Alors, j' _____ un petit sandwich et

j' _____ un film comique à la télévision jusqu'à minuit. Ah

oui! je n' _____ mes devoirs! Peut-être demain soir.

E. Les plaisirs de la lecture. Voilà ce que les personnes suivantes aiment lire. Regardez le
tableau *(chart)* suivant et puis complétez les phrases d'après l'exemple.

	romans	*magazines*	*journaux*	*bandes dessinées*	*poèmes*
Fabien et toi, vous ...				*toujours*	*ne ... jamais*
Robert ...	*toujours*		*ne ... jamais*		
Mimi et René ...		*souvent*		*rarement*	
Paul et moi, nous ...		*quelquefois*	*régulièrement*		
Toi, tu ...	*ne ... jamais*		*toujours*		
Moi, je ...		*souvent*		*ne ... jamais*	
Mylène et toi, vous ...	*quelquefois*				*ne ... pas du tout*

❏ Fabien et toi, vous *lisez toujours des bandes dessinées, mais vous ne lisez jamais de poèmes.*

1. Robert _____

2. Mimi et René _____

3. Paul et moi, nous _____

4. Toi, tu _____

5. Moi, je _____

6. Mylène et toi, vous _____

7. Et vous? Que lisez-vous souvent? toujours? quelquefois? jamais?

_____

_____

_____

F. Un voyage exotique. Jean-Yves décrit les vacances de ses parents. Complétez le texte par les expressions suivantes.

pendant	deux jours	dernière fois	le week-end dernier
~~ce matin~~	quinze jours	hier soir	

Ce matin , mes parents ont téléphoné du Sénégal où ils passent des vacances.

Le Sénégal a beaucoup changé depuis la _____ que mon père a visité

l'Afrique. Mon père a traversé le Sénégal et l'Afrique du Nord _____ la

guerre *(war)*. Il a beaucoup aimé le Sénégal. Alors, il a invité ma mère à faire un voyage à travers

ce beau pays. Pendant ce voyage, ils ont passé _____ à Dakar chez un ami

de mon père qui travaille à l'Ambassade américaine. Après Dakar, ils ont visité Saint-Louis où ils

ont passé _____ dans un hôtel colonial, *La Résidence au Poste,* construit

en 1895. _____ ils ont fait de longues promenades dans les forêts

tropicales de Casamance à l'intérieur du pays. Moi, _____ j'ai rêvé

(dreamed) de faire un voyage comme le voyage de mes parents dans un pays exotique.

G. Qu'est-ce qu'on écrit? Complétez les phrases avec la forme convenable (au présent ou au passé composé) du verbe **écrire** ou d'une des expressions de la liste suivante.

journal	poème	carte postale
dissertation	lettre	pièce

❑ L'année dernière, le professeur _a écrit_ un livre en français.

1. En ce moment, Robert _____ une _____ à ses parents. Hier

   soir, il _____ une longue _____ à sa petite amie.

2. Le semestre dernier, Joël et toi, vous _____ une longue _____

   pour le cours de philosophie.

3. Et toi, Lucien, tu (ne ... rien) _____?

4. Sophie et Marie-Louise (ne ... jamais) _____ de _____ en

   français.

5. Le week-end dernier, Paul et moi, nous _____ une petite _____

   pour le cours de théâtre. J' _____ trois scènes et Paul n' _____

   qu'une seule *(only one)* scène!

6. Tous les lundis *(Every Monday)*, Gisèle et Alice _____ un éditorial dans le

   _____ des étudiants.

7. Et vous? Est-ce que vous écrivez souvent des lettres? À qui?

   _____

8. Est-ce que vous avez déjà écrit une longue dissertation en français?

   _____

9. Écrivez-vous des poèmes à vos ami(e)s?

   _____

H. Quelques questions personnelles. Répondez.

1. Combien d'heures avez-vous étudié hier soir?

   _____

2. À quelle heure avez-vous dîné?

   _____

3. Combien de temps avez-vous passé à table?

   _____

4. Combien de temps passez-vous à faire vos devoirs d'habitude?

   _____

5. Combien de temps avez-vous passé à la bibliothèque la semaine dernière?

   _____

6. À quelle heure vous levez-vous d'habitude?

   _____

7. Combien de fois par mois allez-vous au cinéma?

   _____

8. Combien de fois par mois vous levez-vous tard?

   _____

9. Sortez-vous souvent?

   _____

10. Est-ce que vous vous amusez beaucoup?

   _____

I. Au contraire. Répondez aux questions d'après l'exemple. Faites attention à l'emploi des prépositions **à** et **de.**

❑ Vous avez joué de la guitare chez les Martin? *(basket)*
Non, nous avons joué au basket (chez les Martin).

1. Nadège a-t-elle joué du piano cet après-midi? *(tennis avec Alice)*

   _____

2. Vas-tu jouer de la batterie avec Jean-Luc ce soir? *(foot)*

   _____

3. Daniel et Luc vont-ils jouer au hockey ce week-end? *(accordéon + saxophone)*

   _____

4. Est-ce que tes nouveaux amis américains vont jouer au basket ce samedi? *(cartes avec nous)*

   _____

5. Monique aime jouer au bridge, n'est-ce pas? *(échecs)*

   _____

6. Et Suzanne, a-t-elle joué du piano hier soir? *(violon)*

   _____

7. Est-ce que Kevin Costner a joué à la pétanque? *(golf)*

   _____

8. Et vous? De quoi jouez-vous?

   _____

J. Où sont-ils? Tout le monde est à la maison. Complétez les phrases et utilisez des pronoms accentués. Suivez l'exemple.

❑ François est chez *lui.*

❑ Les étudiants sont chez *eux.*

1. Lisette est chez _____.

2. Le professeur est chez _____.

3. Guillaume et Marcel sont chez _____.

4. Vous êtes chez _____.

5. Je suis chez _____.

6. Tu es chez _____.

7. Nous sommes chez _____.

8. Les filles de Madame Garnier sont chez _____.

NOM _____ DATE _____

 K. Les conformistes. Répondez aux questions suivantes d'après les exemples. Utilisez un pronom accentué pour répondre à la question.

❑ Paul porte toujours un jean, un tee-shirt et des baskets. Et ses camarades?   *Eux aussi.*

❑ Paul ne porte jamais de chapeau. Et son ami Roland?   *Lui non plus.*

1. Charlotte aime les comédies. Et sa meilleure amie?   _____

2. Mais elle n'aime pas du tout les films d'action. Et son petit ami?   _____

3. Quand elle sort le soir, Charlotte porte souvent une robe courte. Et ses camarades?   _____

4. À la pizzeria, Charlotte et Bernard choisissent toujours la pizza aux anchois. Et Thierry et Chantal?   _____

5. Charlotte et Bernard ne font jamais de camping. Et Thierry et Chantal?   _____

6. Charlotte et Bernard détestent le rock. Et leurs parents?   _____

7. Mais ils adorent le reggae et la musique afro-antillaise. Et leurs camarades?   _____

8. Le père de Charlotte n'aime pas la bière hollandaise. Et son oncle?   _____

9. La mère de Charlotte aime beaucoup le citron pressé. Et sa tante?   _____

L. Que font-ils ce week-end? Complétez les phrases suivantes avec le verbe entre parenthèses au présent.

1. (sortir)   —Ce soir, je _____ avec Christophe. Nous allons voir un film. Et vous, qu'est-ce que vous faites plus tard?

2. (sortir)   —Nous _____ dîner avec Éric et Leila.

3. (dormir)   —Le samedi matin, vous _____ tard, en général?

4. (dormir)   —Oui, d'habitude nous _____ tard.

5. (partir)   Mais demain, nous _____ en voyage jusqu'à dimanche soir.

6. (partir)   —À quelle heure _____-vous?

7. (partir)   —Le train _____ à huit heures du matin.

8. (dormir)   Et toi, est-ce que tu _____ tard le samedi matin?

9. (partir)   —D'habitude, oui, mais demain je _____ aussi en voyage.

M. Le Club Med. Regardez le tableau des activités du *Club Med* dans des endroits différents puis répondez aux questions par des phrases complètes.

ACTIVITÉS ÉTÉ MER	MALABATA MAROC·P 78	LES MALDIVES RÉP DES MALDIVES·P 182	MARRAKECH MAROC·P 78	OTRANTO ITALIE·P 94	PAKOSTANE YOUGOSLAVIE·P 134	PALAIS MANIAL ÉGYPTE·P 146	PLAYA BLANCA MEXIQUE·P 178	POMPADOUR FRANCE·P 128	PUERTO MARIA ESPAGNE·P 114	PUNTA CANA RÉP DOMINICAINE·P 165	LES RESTANQUES FRANCE·P 126	ROUSSALKA BULGARIE·P 138	SANTA GIULIA CORSE·P 119	SMIR MAROC·P 68
piscine	●	●	●			●	●	●	●					●
tennis	●		●	●			●	●	●	●	●	●		●
voile	●	●		●	●		●		●	●	●	●	●	●
équitation	●			●			●	●						
yoga	●		●		●			●	●		●		●	●
judo					●								●	●
basket, football, aérobique	AÉRO-BIQUE		AÉRO-BIQUE	FOOT AÉRO-BIQUE	AÉRO-BIQUE		BASKET AÉRO-BIQUE	AÉRO-BIQUE	AÉRO-BIQUE	AÉRO-BIQUE	AÉRO-BIQUE	AÉRO-BIQUE	AÉRO-BIQUE	AÉRO-BIQUE
resaurant annexe	●		●	●								●		●
arts appliqués	●			●	●		●	●	●			●	●	●
location de voitures	●		●						●				●	●
promenades et location de bicyclettes	●						●	●		●				
enfants (sans moniteur) à partir de		6 ANS	6 ANS			12 ANS	6 ANS				6 ANS			
Baby-Club à partir de												1 AN		

Questions:

1. Dans quel pays se trouve le Club Med Pompadour?

   _____

2. Combien de clubs y a-t-il au Maroc?

   _____

3. Où est le Club Med Playa Blanca?

   _____

4. Nommez un Club Med où on fait du yoga, de l'équitation et de la voile.

   _____

5. Quel Club propose un Baby-Club à partir d'un an?

   _____

6. D'après vous, est-ce qu'on s'amuse bien au Club Med?

   _____

7. Vous aimez faire du sport pendant les vacances?

   _____

8. Quelles activités du Club Med préférez-vous?

_____

9. Quelles activités détestez-vous?

_____

N. *Rédaction:* La vie en dehors *(outside)* **de la classe.** Bruno vous a envoyé la lettre suivante: [Note: You may not know all the words Bruno is using; try to guess their meaning from the context or via English cognates.]

Genève, le 20 mars 199...

Cher (Chère) ami(e),

Je suis très heureux d'avoir reçu ta dernière lettre. Aujourd'hui, je vais te raconter ce que je fais d'habitude, et quand j'ai du temps libre.

Le lundi, je n'ai cours que jusqu'à 2 heures, alors après, je vais travailler dans un magasin de sport «Décathlon». Je travaille de 3 heures à 7 heures, et aussi le samedi toute la journée. Cela fait seulement 12 heures par semaine, mais je dois aussi étudier beaucoup, alors c'est suffisant!

Après le travail, le samedi, je sors avec mes amis: nous allons souvent au cinéma ou à la patinoire (skating rink). *Nous nous amusons beaucoup. Le reste de la semaine, je n'ai pas beaucoup de temps libre: j'étudie à la bibliothèque (souvent avec un groupe d'amis), ou je joue de la guitare dans ma chambre pour pratiquer et me relaxer.*

Le dimanche est mon seul vrai jour de repos. Je me lève vers midi, je prends mon petit déjeuner et je regarde un peu la télévision. Quelquefois, mon ami Antoine me téléphone pour me demander de jouer au football avec lui. C'est toujours avec plaisir que je réponds «Oui!», et nous allons ensemble au stade.

Et toi? Qu'est-ce que tu fais? Dans ta prochaine lettre, raconte-moi ta vie en dehors de la classe, s'il te plaît!

J'espère que tu vas bien. À bientôt de te lire! (I'm looking forward to reading your next letter!)

Ton ami,

Bruno

Répondez à sa lettre par un paragraphe où vous décrivez vos activités en dehors de la classe. Suivez le plan suivant:

• Répondez aux questions suivantes:

   a. Travaillez-vous? Où? Combien d'heures par semaine?

_____

_____

b.   Sortez-vous souvent? Quand? Avec qui?

_____

_____

c.   Est-ce que vous vous amusez beaucoup? Quelle est votre activité préférée?

_____

_____

d.   Où allez-vous généralement le week-end?

_____

_____

e.   Vous levez-vous tôt ou tard le dimanche matin?

_____

_____

f.   Faites-vous du sport? Lequel?

_____

_____

g.   Jouez-vous d'un instrument de musique? Jouez-vous souvent aux cartes? etc.

_____

_____

• Maintenant, écrivez une lettre de deux paragraphes avec les informations que vous avez écrites plus haut *(above)*. Dans le premier paragraphe, écrivez au sujet de *(about)* votre travail. Dans le second paragraphe, écrivez au sujet de vos loisirs *(leisure activities)*.

Chapitre 7: Où êtes-vous allé(e)?

 A. Au téléphone. Séverine Thevenot vient de descendre du train à la gare de Laval. Elle téléphone aux Renaud pour qu'ils viennent la chercher. Reconstruisez *(Reconstruct)* la conversation et choisissez la bonne réponse.

1. Allô? _____

2. Qui est à l'appareil? _____

3. Vous êtes arrivée? _____

4. Vous devez être fatiguée, Mademoiselle? _____

5. Restez à la gare. Ma femme est déjà partie vous chercher. _____

a. Non, pas trop.

b. C'est très gentil à vous de vous occuper de moi.

c. Monsieur Renaud?

d. Je viens de descendre du train.

e. Bonjour, Monsieur. C'est Séverine Thevenot.

B. À la gare. Complétez les phrases suivantes avec les verbes entre parenthèses au passé composé.

❏ (arriver)   Est-ce qu'elle *est arrivée* à la gare à l'heure?

❏ (ne ... pas partir)   Non, elle *n'est pas partie* à temps.

1. (aller)   Aline et Marc, est-ce que vous _____ à la gare hier?

2. (arriver)   Oui, et nous _____ à l'avance, à 15 heures.

3. (entrer)   Le train _____ en gare à 15 heures 40.

4. (rester)   Est-ce que Laure _____ avec vous au café de la gare?

5. (rentrer)   Oui. Après le café, nous _____ à la maison.

6. (tomber; aller)   Laure _____ malade pendant les vacances; elle

_____ chez le médecin à Laval.

7. (ne ... pas revenir)   Ses parents _____ de Vancouver.

8. (sortir)   Marc, Laure et toi, vous _____ hier soir?

9. (descendre)   Nous _____ en ville pour dîner.

C. Quel week-end! Sandrine écrit à son amie Stéphanie. Utilisez le passé composé des verbes indiqués pour compléter la lettre de Sandrine. Répondez ensuite aux questions. Attention au choix entre **être** et **avoir!**

Chère Stéphanie,

Samedi soir, Arnaud, Antoine, Delphine et moi, nous (aller) _____ au cinéma. Comme d'habitude, Arnaud (ne pas arriver) _____ à l'heure. Il (arriver) _____ un quart d'heure en retard parce qu'il (avoir) _____ des problèmes avec ses parents. Nous (partir) _____ de chez moi vers 8 heures 20. Mais heureusement (luckily) nous (arriver) _____ au cinéma avant le début du film. J' (trouver) _____ le film très intéressant. Après le film, nous (aller) _____ manger des glaces au Mont Royal où nous (parler) _____ longtemps de nos vacances d'été. Je (rentrer) _____ vers minuit. J' (bien dormir) _____! Je (ne pas dormir) _____ tard dimanche matin. Je (se lever) _____ très tôt et je (aller) _____ à l'église avec mes parents; après j' (faire) _____ quelques devoirs. L'après-midi, j' (jouer) _____ au tennis. Et toi, qu'est-ce que tu (faire) _____ ce week-end?

J'attends ta lettre.

Ciao!

Sandrine

Questions:

1. Qu'est-ce que Sandrine a fait samedi soir?

    _____

2. Comment est-ce qu'elle a trouvé le film?

    _____

3. Pourquoi Arnaud est-il arrivé en retard?

    _____

4. À quelle heure Sandrine et ses amis sont-ils partis?

    _____

5. Qu'est-ce qu'ils ont fait après le film?

   _____

6. À quelle heure est-ce que Sandrine est rentrée?

   _____

7. Et vous? Est-ce que vous vous êtes bien amusé(e) le week-end dernier?

   _____

8. Est-ce que vous êtes allé(e) au cinéma?

   _____

9. Est-ce que vous vous êtes levé(e) tôt dimanche matin?

   _____

10. Est-ce que vous avez écrit une lettre la semaine dernière? À qui?

    _____

D. Quelle coïncidence! Les personnes suivantes ont fait les mêmes choses. Décrivez ce qu'elles ont fait d'après l'exemple.

❑ Brigitte est allée au concert. Et Marc?　　*Lui aussi, il est allé au concert.*

1. Danielle est rentrée vers minuit. Et Christine?

   _____

2. Didier est retourné à Montréal. Et Marianne et sa sœur?

   _____

3. Je suis sorti(e) samedi soir. Et toi, Monique?

   _____

4. Arnaud et toi, vous êtes partis à 8 heures pour aller en ville. Et les autres étudiants?

   _____

5. Mes camarades sont tombés malades la semaine dernière. Et tes camarades de chambre?

   _____

6. Tu es resté(e) dans ta chambre ce week-end. Et Sylvie et Suzanne?

   _____

7. Thierry s'est levé à 7 heures du matin. Et toi, Adèle?

   _____

8. Vos amis sont descendus du train de Québec. Et vous, Antoine et Albert?

_____

9. Mes parents sont revenus hier après-midi. Et tes parents?

_____

10. Le professeur est allé au théâtre jeudi soir. Et ses étudiants?

_____

E. Des lieux publics *(Public places).* Remplacez l'endroit indiqué par le pronom **y.**

❑ Le professeur va souvent <u>en Louisiane.</u>
Il y va souvent.

1. Je vais quelquefois <u>à la bibliothèque.</u>

_____

2. Nous passons deux heures <u>au labo</u> chaque jour.

_____

3. Ma sœur travaille <u>à la bibliothèque universitaire.</u>

_____

4. Mes parents ont fait un voyage <u>au Sénégal</u> il y a cinq ans.

_____

5. La plupart des étudiants ont écrit leurs dissertations <u>au Resto U.</u>

_____

6. Je vais poster une lettre <u>en ville.</u>

_____

7. Elles sont restées <u>à la gare</u> toute la journée.

_____

8. Mon frère a habité <u>en France</u> pendant cinq ans.

_____

9. Vous allez <u>à l'église</u> le dimanche?

_____

F. L'emploi du temps de Sabine. Sabine écrit toujours sur son agenda les courses et les choses à faire. Vendredi soir, sa camarade de chambre examine sa liste et demande à Sabine si elle a fait toutes ces choses. Posez des questions d'après l'exemple et répondez en utilisant le pronom **y.**

Vendredi 9 novembre

9 h	√	aller en classe
11 h	___	descendre en ville trouver un pull
12 h 30	√	déjeuner avec Mathilde au Bistro du Coin
14 h	___	aller au bureau de poste
14 h 30	___	aller à la librairie
15 h	√	nager à la piscine
17 h	√	étudier à la bibliothèque

❑ —*Tu es vraiment allée en classe à 9 heures?*
   —*Oui, j'y suis allée.*

1. —_____
  —_____

2. —_____
  —_____

3. —_____
  —_____

4. —_____
  —_____

5. —_____
  —_____

6. —_____
  —_____

G. D'où viennent-ils? Complétez les phrases suivantes d'après l'exemple.

☐ *Je viens de la bibliothèque.*

 1.

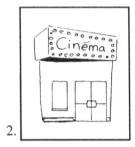 2.

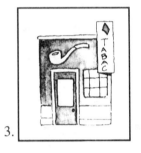 3.

 4.

 5.

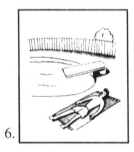 6.

 7.

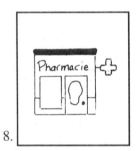 8.

1. Hélène _____

2. Liliane et Arnaud _____

3. Vous _____

4. Éric _____

5. Tu _____

6. Mes parents, ils _____

7. Marion et moi, nous _____

8. Vous _____

H. Une collection philatélique. Maryline collectionne les timbres *(stamps)*. Elle a des timbres de beaucoup de pays. Suivez l'exemple et indiquez la date et le lieu d'origine de ses timbres.

❑ 17 / 4 / 89; Strasbourg (France)
On a posté cette lettre *le 17 avril 1989, à Strasbourg, en France.*

1. 21 / 1 / 76; Munich (Allemagne)

   On a posté cette lettre _____

2. 18 / 8 / 79; Berne (Suisse)

   On a posté cette lettre _____

3. 26 / 6 / 46; Casablanca (Maroc)

   On a posté cette lettre _____

4. 9 / 11 / 59; Indianapolis (États-Unis)

   On a posté cette lettre _____

5. 12 / 11 / 11; Montréal (Canada)

   On a posté cette lettre _____

6. 2 / 2 / 22; Londres (Angleterre)

   On a posté cette lettre _____

7. 27 / 9 / 38; Guadalajara (Mexique)

   On a posté cette lettre _____

8. 4 / 7 / 41; Tokyo (Japon)

   On a posté cette lettre _____

9. 28 / 10 / 1986; Milan (Italie)

   On a posté cette lettre _____

10. 2 / 12 / 27; Séville (Espagne)

    On a posté cette lettre _____

11. 21 / 3 / 84; Venise (Italie)

    On a posté cette lettre _____

I. **Les fêtes en France.** Lisez le calendrier des jours de fermeture *(closing)* des banques en France. Ensuite, écrivez des phrases d'après l'exemple.

❑ 1 / 1 / 98 *Les banques sont fermées le 1ᵉʳ janvier 1998 (Jour de l'An).*

Les jours de fermeture des banques en France pour l'année 1998		
1ᵉʳ janvier	*jeudi*	*Jour de l'An*
10 avril	*vendredi*	*Vendredi Saint*
11 avril	*samedi*	*Veille de Pâques*
13 avril	*lundi*	*Lundi de Pâques*
1ᵉʳ mai	*vendredi*	*Fête du Travail*
8 mai	*vendredi*	*Armistice**
21 mai	*jeudi*	*Ascension*
30 mai	*samedi*	*Veille de la Pentecôte*
1ᵉʳ juin	*lundi*	*Lundi de Pentecôte*
14 juillet	*mardi*	*Fête Nationale*
15 août	*samedi*	*Assomption*
1ᵉʳ novembre	*dimanche*	*Toussaint*
11 novembre	*mercredi*	*Armistice***
25 décembre	*vendredi*	*Noël*

* Deuxième Guerre mondiale (WWII)   ** Première Guerre mondiale (WWI)

1. 10/4/98   Les banques sont fermées _____

2. 1/5/98   Les banques sont fermées _____

3. 8/5/98   Les banques sont fermées _____

4. 21/5/98   Les banques sont fermées _____

5. 1/6/98   Les banques sont fermées _____

6. 14/7/98   Les banques sont fermées _____

7. 15/8/98   Les banques sont fermées _____

8. 1/11/98   Les banques sont fermées _____

9. 11/11/98   Les banques sont fermées _____

10. 25/12/98   Les banques sont fermées _____

J. Le temps chez vous. Répondez aux questions suivantes par des phrases complètes.

1. En quelle saison êtes-vous né(e)?

   _____

2. En quel mois?

   _____

3. Quel temps fait-il généralement à ce moment-là?

   _____

4. En quelle saison est-ce qu'il commence à faire froid chez vous?

   _____

5. En quelle saison est-ce qu'il pleut chez vous?

   _____

6. Pendant quel(s) mois est-ce que vous allez partir en vacances?

   _____

7. En quel mois commence la saison de football américain?

   _____

8. Quelle est votre maison préférée? Pourquoi?

   _____

   _____

K. C'est vrai ou ce n'est pas vrai? Répondez aux questions en utilisant **venir de.**

❑ C'est vrai, tu as déjà lu la carte postale de ton amie?
   Oui, je viens de lire sa carte postale.

❑ C'est vrai, tu n'as pas fait les courses?
   Si, je viens de faire les courses.

C'est vrai, ...

1. tu as lu le journal?

   _____

2. tu n'as pas téléphoné à tes parents?

   _____

3. vous deux, vous avez joué aux échecs?

   _____

4. ton ami et toi, vous êtes allés à la gare?

_____

5. les étudiants n'ont pas joué au basket?

_____

6. ta camarade de chambre et toi, vous avez fait vos devoirs de maths?

_____

7. tu n'as pas expliqué pourquoi tu n'es pas sorti(e)?

_____

8. tes amis n'ont pas téléphoné?

_____

L. *Rédaction:* **Qu'est-ce que tu as fait le week-end dernier?** Vous voulez raconter à Caroline ce que vous avez fait le week-end dernier. Comparez vos activités du week-end dernier avec ce que vous avez écrit à Bruno la dernière fois (Chapitre 6). Avant de commencer la rédaction, répondez aux questions suivantes.

• Faites une liste de vos activités du week-end dernier.

Quoi?	Quand?	Avec qui?
aller au cinéma	vendredi soir	avec mes amis

• Avez-vous étudié? (seul[e]? avec des amis?)

_____

• Avez-vous écrit une dissertation?

_____

• Avez-vous lu des livres?

_____

• Vous êtes-vous levé(e) tôt/tard dimanche matin?

_____

• Maintenant, utilisez les informations que vous avez écrites plus haut pour votre lettre. N'oubliez pas les mots **d'abord, ensuite, et puis, enfin** *(first, then, and then, finally)*. Ils sont utiles pour raconter une séquence d'actions.

Exemple: *Samedi matin, il a neigé, comme d'habitude ici en hiver. Impossible de jouer au football! J'ai téléphoné à mon ami Jacques...*

Chapitre 8: On mange bien en France

A. Qu'est-ce qu'il y a dans la cuisine de Stéphanie? Identifiez les choses suivantes et commencez vos phrases par **il y a** puis **du, de l'**, **de la** ou **des.**

 1.

 2.

❑ *Il y a du poulet.*

 3.

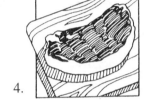 4.

 5.

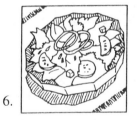 6.

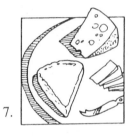 7.

 8.

1. _____

2. _____

3. _____

4. _____

5. _____

6. _____

7. _____

8. _____

B. Des catégories. Soulignez *(Underline)* l'expression qui n'appartient pas à la catégorie.

1. de l'emmenthal / du camembert / du brie / du poulet

2. des haricots verts / des épinards / du chèvre / des petits pois

3. de la tarte / de la viande / du gâteau / de la glace

4. de la salade / du bœuf / du poulet / du porc

5. de la truite / du poisson / du saumon / du pain

6. des pâtisseries / de la truite / du gâteau / des fruits

 C. À la Soupière Gourmande. Regardez la carte du restaurant *La Soupière Gourmande* et devinez le choix de trois de vos camarades de classe en précisant un hors-d'œuvre, un plat principal (avec des légumes), un dessert et une boisson pour chacun(e). Variez vos choix.

La Soupière Gourmande

Menu

Au choix { *Soupe aux légumes*
Pâté maison
Crudités

Au choix { *Truite meunière / petits pois*
Filet de boeuf / haricots verts
Poulet rôti / frites
Côte de porc / riz

Au choix { *Crêpe Suzette*
Salade de fruits
Gâteau au chocolat

Boissons { *Vin rouge / blanc / rosé*
Bière
Eau minérale

❑ *Hervé va prendre des crudités, du poulet rôti, des frites et de la salade de fruits.*

1. _____

_____

2. _____

_____

3. _____

_____

4. Et vous? Qu'est-ce que vous allez prendre?

Moi, _____

_____

D. Un repas spécial. Dimanche, c'est l'anniversaire *(birthday)* de Nadège. Sa maman va préparer un repas spécial. Complétez le menu qu'elle compose avec des articles de quantité **du, de la, de l'** ou **des.**

D'abord, nous allons commencer par un apéritif: _____ kir. Ensuite, comme hors-d'œuvre:

_____ pâté et _____ crudités. Puis, comme plat principal, nous allons avoir _____

poisson—_____ truite ou _____ saumon. Et _____ légumes, c'est sûr: _____

haricots verts, _____ épinards et _____ carottes. Il faut ajouter *(add)*, bien sûr, _____

fromage, oui, un plateau de fromages variés: _____ camembert, _____ emmenthal,

_____ brie et _____ chèvre. Enfin, les desserts: _____ petits gâteaux au chocolat,

_____ fruits et _____ glace aux framboises. Ah! j'ai oublié les boissons, _____ vin blanc

avec le poisson et _____ eau minérale, une grande bouteille d'Évian.

E. Le pauvre serveur! Parce que beaucoup de touristes ont visité le restaurant *Château du Pray,* il y reste peu de choses à manger et à boire. Composez de petits dialogues entre les clients qui commandent les repas suivants et le serveur qui suggère d'autres choix. Suivez l'exemple.

❑ poisson / viande
—*Vous avez du poisson?*
—*Je regrette, nous n'avons plus de poisson, mais nous avons de la viande.*

1. salade verte / salade de tomates

   —_____

   —_____

2. saumon / truite

   —_____

   —_____

3. petits pois / haricots verts

   —_____

   —_____

4. jus de pomme / eau minérale

   —_____

   —_____

5. chèvre / brie

    _____

    _____

6. tarte aux pommes / fruits

    _____

    _____

 F. Au salon de thé. Lisez la carte de ce salon de thé et indiquez par des phrases qui contiennent le verbe **prendre** ce que les personnes suivantes ont commandé. Suivez l'exemple.

Aux Délices D'Italie

Les Boissons Chaudes

1	Café express . . . . 6,00 F
2	Café crème . . . . 7,00 F
3	Café alsacien . . . . 20,00 F
4	Capuccino . . . . 11,00 F
5	Chocolat . . . . 10,00 F
6	Thé nature . . . . 10,00 F
7	Thé à la menthe . . . . 10,00 F
8	Irish coffee . . . . 39,00 F
9	Thé au lait . . . . 12,00 F
10	Vin chaud . . . . 13,00 F

Gourmandises

11	Croissant aux amandes . . 7,00 F
12	Pain au chocolat . . . . 4,00 F
13	Tartelette aux pommes . . 8,00 F
14	Truffe . . . . 12,00 F
15	Forêt noire . . . . 14,00 F

Glace

16	Coupe glacée: 3 boules . 16,00 F
17	Coupe glacée: 4 boules . 27,00 F
18	Pêche melba . . . . 26,00 F
19	Banana split . . . . 28,00 F
20	Poire Belle Hélène . . . . 28,00 F

«Choisissez, selon votre envie du moment.»

❏ Les Laronde (#7) Les Laronde *prennent du thé à la menthe.*

1. Ma belle-mère (#4) _____

2. Les enfants de ma belle-sœur (#19) _____

3. Marc et moi, nous (#1 + #11) _____

4. Et toi, Hélène? Tu (#9) _____

5. Mes nièces (#5 et #12) _____

6. Et vous? Qu'est-ce que vous prenez? Moi, _____

    _____

G. Apprendre pour comprendre. Complétez chaque phrase avec (1) le pays où on trouve les villes indiquées et (2) la forme convenable des verbes **apprendre** et **comprendre.**

❑ Roland va bientôt aller travailler comme informaticien à Berlin, *en Allemagne.* Il *apprend* l'allemand.

1. Wendy a étudié trois ans à Bruxelles, _____. Alors elle

   _____ le français et un peu de flamand.

2. Julio et Manuel, vous venez de passer un an à Montréal, _____, n'est-ce

   pas? Alors vous _____ assez bien le français et l'anglais, non?

3. Bruno et son cousin vont travailler six mois cet hiver chez IBM à Madrid,

   _____. Alors ils _____ l'espagnol.

4. Au printemps, des amis français vont faire un voyage à Miami, _____.

   Alors ils _____ l'anglais.

5. Mes parents et moi, nous venons d'aller voir une tante à Tokyo, _____.

   Mais nous ne _____ pas du tout le japonais.

6. Madame Robert, vous avez passé une année à Beijing, _____, n'est-ce pas?

   Alors, vous _____ le chinois.

7. Et vous? Quelle langue apprenez-vous?

   _____

8. Comprenez-vous très bien la grammaire? Qu'est-ce que vous ne comprenez pas bien?

   _____

   _____

H. Quelle quantité? Faites le choix convenable pour compléter les questions suivantes.

une assiette   *une tasse*   *des*   *un verre*
la boîte   *une bouteille*   *trop*   *un morceau*
une tranche

❑ Vous voulez ___*un verre*___ de bière?

1. Encore _____ de vin?

2. Vous prenez encore _____ de pain?

3. Voulez-vous _____ de jambon?

4. Y a-t-il _____ de crudités sur la table?

5. Voulez-vous encore _____ frites?

6. Y a-t-il _____ de champagne pour le dessert?

7. Vous prenez _____ de café?

8. Où est _____ de bonbons?

9. Tu as mangé _____ de chocolat, hein? Maintenant tu es malade!

I. La gastronomie et les saisons. Souvent, on choisit des boissons et des plats différents selon le temps qu'il fait. Complétez les phrases avec des choix de boissons et de plats convenant au climat de la saison. Utilisez les verbes **boire** et **manger** dans chaque phrase.

❑ Quand il fait chaud ... la plupart des étudiants _*boivent de la bière et (ils) mangent de la pizza.*_

Quand il fait froid ...

1. mes parents _____

2. ma sœur _____

Quand il fait très chaud ...

3. mes amis et moi, nous _____

4. mon (ma) camarade de chambre _____

Quand il fait beau et pas trop chaud ...

5. nos voisins _____

6. la plupart des étudiants américains _____

7. Et vous? Qu'est-ce que vous buvez et qu'est-ce que vous mangez quand il fait très froid? Quand il

     fait très chaud? _____

_____

_____

J. Qu'en pensez-vous? Donnez vos opinions sur les choses suivantes.

Que pensez-vous ...
☐ du chèvre?
Miam! C'est excellent. ou *Berk! C'est affreux.* ou *Je l'aime assez.*

Que pensez-vous ...
1. du chocolat suisse?

   _____

2. des Big Macs?

   _____

3. du vin de Californie?

   _____

4. de la bière mexicaine?

   _____

5. des escargots *(snails)*?

   _____

6. de la cuisine italienne?

   _____

7. de la pizza aux anchois?

   _____

K. C'est logique! Complétez les phrases avec les expressions suivantes.

avoir peur	*avoir raison*	*avoir tort*	*avoir soif*
avoir faim	*avoir froid*	*avoir sommeil*	*avoir chaud*

☐ En été, quand je joue au tennis et qu'il fait chaud, je bois souvent du coca parce que *j'ai soif* .

1. Pierre _____ parce qu'il n'a rien mangé toute la journée.

2. En hiver je porte beaucoup de vêtements parce que j'_____.

3. Les coureurs *(runners)* du marathon boivent beaucoup d'eau parce qu'ils _____.

4. Mon petit frère regarde un film de Hitchcock. Qu'est-ce qu'il _____!

5. Si vous allez au Club Med à Marrakech en été, vous allez _____.

6. Thierry dit que Bruxelles est la capitale de la Belgique; il _____.

7. Par contre, David dit que Madrid est la capitale de l'Allemagne; il _____.

8. Nous _____ parce que nous n'avons pas bien dormi hier soir.

L. Quelques préférences. Répondez négativement aux questions suivantes et utilisez le verbe **préférer** dans vos réponses.

❑ Tu aimes le champagne?
Non, je préfère le kir.

1. Vous n'aimez pas la salade de tomates?

_____

2. Est-ce que tu aimes le poisson?

_____

3. Bernard n'aime pas la viande?

_____

4. Vos parents n'aiment pas le saumon?

_____

5. Tu penses que le professeur aime le camembert?

_____

6. Votre neveu n'aime pas la pizza?

_____

7. Est-ce que les étudiants aiment beaucoup le coca?

_____

8. Est-ce que vous aimez le brocoli?

_____

9. Maurice et vous, vous n'aimez pas les crêpes?

_____

M. *Rédaction:* Vos préférences. Pour continuer le dialogue avec votre ami suisse, Bruno, vous lui *(to him)* écrivez une lettre sur vos goûts *(tastes)*.

• D'abord, répondez aux questions suivantes:

A. La nourriture *(Food)*.

EXEMPLE:

⇨ Qu'est-ce que vous préférez manger d'habitude?

• De la viande ou du poisson?

Je préfère manger de la viande. J'aime beaucoup le poulet.

- De la soupe ou des crudités?

  _____

- De la glace au chocolat ou de la glace à la vanille?

  _____

- Un sandwich au jambon ou un sandwich au beurre d'arachide *(peanut butter)*?

  _____

B. <u>Les boissons</u> *(Drinks)*.

⇨ Quelles boissons préférez-vous?

- Le Coca Classique ou le Pepsi?

  _____

- Le vin rouge ou le vin blanc?

  _____

- Le thé ou le café?

  _____

C. <u>Les activités de détente</u> *(Leisure activities)*. N'hésitez pas à consulter vos rédactions des chapitres précédents!

⇨ Que préférez-vous faire quand vous avez un peu de temps libre?

- Faire des devoirs à la bibliothèque ou faire du sport?

  _____

- Parler avec des amis ou faire une promenade seul(e)?

  _____

- Lire un roman ou regarder la télévision?

  _____

D. <u>Goûts vestimentaires</u> *(Taste in clothing)*.

⇨ Quelle sorte de vêtements préférez-vous? (Élaborez!)

  _____

  _____

  _____

- Maintenant, composez votre lettre à Bruno. Commencez par (1) lui demander comment il va, s'il a beaucoup de travail, etc. Ensuite, parlez-lui de vos goûts: (2) la nourriture; (3) les boissons; (4) vos activités de détente; (5) vos vêtements. Finissez votre lettre en demandant à Bruno de vous écrire sur les mêmes sujets.

Chapitre 9: Où est-ce qu'on l'achète?

 A. Où sommes-nous? Identifiez le(s) magasin(s) où on peut entendre les conversations suivantes.

❏ Bonjour, Madame, vous avez le *Herald Tribune?*
Oui, Monsieur. Le voilà, au coin.
On est au bureau de tabac. ou *On est au kiosque.*

1. —Monsieur, vous désirez?
   —C'est combien, ces cartes postales?
   —Quatre francs la carte.

   _____

2. —Pardon, madame. Vous avez de l'aspirine?
   —Oui, bien sûr, Monsieur.

   _____

3. —Ah! j'aime beaucoup ce blouson gris.
   —Cent cinquante francs, ce n'est pas cher!
   —Pas du tout.

   _____

4. —Pouvez-vous me dire où se trouve le riz?
   —Là-bas, à droite, Mademoiselle.

   _____

5. —Madame?
   —Je voudrais un croissant et un petit pain, s'il vous plaît.

   _____

6. —Est-ce que vous avec ce maillot en gris?
   —Oui, Madame. Et aussi en bleu et en beige.

   _____

7. —Un paquet de cigarettes.
   —19 francs, Monsieur.

   _____

8. —Je voudrais des timbres pour les États-Unis.
   —Combien?
   —Trois, s'il vous plaît.

   _____

B. Au marché aux puces *(At the flea market).* Imaginez que vous vous promenez à Paris, sur le marché aux puces, et que vous entendez différentes conversations, quand vous passez près d'autres personnes. Complétez les phrases suivantes avec les formes convenables des verbes indiqués. (**Attention!** *P* = Présent; *PC* = Passé Composé)

❏   *(perdre / PC)*   Hier, Odile ___*a perdu*___ ses clés.

1. *(vendre / P)*   Oh là là! On _____ toutes sortes de choses ici!

2. *(vendre / PC)*   Voici le vendeur qui _____ un tee-shirt à Marc.

3. *(rendre / P)*   Je _____ ce jean au vendeur: il est trop petit.

4. *(ne ... pas perdre / PC)*   J'espère que tu _____ le reçu *(receipt).*

5. *(vendre / P)*   Nous _____ seulement de la bonne qualité, Madame.

6. *(répondre / P)*   Qu'il est bête! Il ne _____ pas à mes questions.

7. *(ne ... pas entendre / PC)* Je _____ ce qu'il a dit *(said).*

8. *(descendre / attendre / P)* Nous _____ en ville à pied ou nous

    _____ le bus?

C. Qu'est-ce que vous faites en classe? Répondez aux questions suivantes par des phrases complètes.

1. D'habitude, en classe, est-ce que vous répondez en anglais ou en français?

    _____

2. Est-ce que vous entendez bien le professeur quand il/elle parle?

    _____

3. Est-ce que vous rendez vos devoirs à temps?

    _____

4. Est-ce qu'il y a des étudiants qui rendent leurs devoirs en retard?

    _____

5. Est-ce que le professeur perd patience quand les étudiants rendent leurs devoirs en retard?

    _____

6. Et vous? Perdez-vous patience quelquefois?

    _____

7. Par exemple, attendez-vous longtemps quand quelqu'un est en retard?

    _____

NOM _____ DATE _____

D. Les parties du corps. Regardez le dessin et nommez les parties du corps indiquées, sans consulter votre livre.

1. _____   7. _____

2. _____   8. _____

3. _____   9. _____

4. _____   10. _____

5. _____   11. _____

6. _____   12. _____

E. Qu'est-ce qui se passe? Complétez les phrases suivantes avec une de ces expressions. Faites attention aux accords en genre et en nombre.

déçus	*mal aux bras*	*mal à l'estomac*	*aux pieds*
déprimée	*au dos*	*mal aux jambes*	*qui coule*
heureuse	*aux épaules*		

❑   Olivier a mangé trop de bonbons. Il a _*mal à l'estomac*_ .

1. Dis donc! Tu travailles sur l'ordinateur depuis ce matin! Tu n'as pas _____?

2. Non, mais j'ai un rhume. J'ai le nez _____.

3. Moi, j'ai mal partout *(everywhere)*, _____, _____ et

   _____. J'ai participé à un triathlon hier après-midi.

4. Tu as vu Annick? Elle est _____. Le facteur *(mailman)* n'a pas apporté la lettre qu'elle attend.

5. Non, mais j'ai vu Pierre et ses amis. Ils ont perdu le match de foot. Ils sont très _____.

6. Par contre, Isabelle est très _____. Elle a eu une bonne note en maths.

7. Aussi, elle a fait du vélo tout l'après-midi. Elle a _____.

8. Ma sœur, Thérèse, n'y a pas participé. Elle a eu la grippe. Elle a eu _____.

F. De quoi a-t-on besoin? Demandez de quoi on a besoin dans les circonstances suivantes et donnez une réponse.

❑ avoir envie de lire
De quoi a-t-on besoin si on a envie de lire?
On a besoin d'un bon livre. ou *On a besoin d'aller à la bibliothèque.*

1. avoir mal à la gorge

_____

_____

2. avoir l'air fatigué

_____

_____

3. avoir sommeil

_____

_____

4. avoir froid

_____

_____

5. avoir soif

_____

_____

G. Chez le médecin. Le médecin veut savoir la durée *(length)* de chaque maladie. Écrivez le dialogue entre le médecin et ses clients. Employez **depuis, quand** ou **depuis combien de temps.**

❑ Michel / estomac / deux semaines
   Médecin: *Depuis combien de temps as-tu mal à l'estomac?*
   Michel: *J'ai mal à l'estomac depuis deux semaines.*

❑ Madame Cointreau / grippe / vendredi dernier
   Médecin: *Depuis quand avez-vous la grippe?*
   Mme Cointreau: *J'ai la grippe depuis vendredi dernier.*

1. Rachid / gorge / deux jours

   — _____

   — _____

2. Mademoiselle Rouault / tête / ce matin

   — _____

   — _____

3. Chantal / genou / février dernier

   — _____

   — _____

4. Monsieur Cortot / pieds / jeudi

   — _____

   — _____

5. Christophe / yeux / deux mois

   — _____

   — _____

H. Les petits magasins et les supermarchés. Dans les grandes villes françaises, on trouve souvent un *Carrefour,* un grand supermarché où on vend différents produits. Nommez les petits magasins où on peut aussi acheter les produits suivants en France.

❑ le pain / on   *On achète aussi du pain à la boulangerie.*

1. les livres / nous   _____

2. la viande / ma mère   _____

3. l'eau minérale / je   _____

4. le vin / mon père   _____

5. les épinards / Madame Richard   _____

    Chapitre 9: WORKBOOK   **81**

6. les cigarettes / les fumeurs _____

7. les saucisses / vous _____

8. les oranges / les Français _____

9. les haricots verts / ma famille _____

10. le poulet / tu _____

I. Qu'est-ce qu'on a acheté? Complétez les phrases suivantes. Faites attention aux accords *(agreements)* en genre et en nombre!

❑ Claudine vient de la pharmacie où elle a acheté _de l'aspirine_ et _des pastilles_ .

1. Madame Beauharnais sort de l'épicerie. Elle y a acheté _____ et

_____.

2. Monsieur Nemours vient du bureau de tabac où il a trouvé son _____

favori et quelques _____.

3. Monsieur Froidefond est allé à la boulangerie chercher _____ et

_____.

4. Anatole vient d'acheter _____ et _____ au bureau

de tabac.

5. Janine va à la pharmacie. Elle va acheter _____.

6. Madeleine sort de l'épicerie. Elle a acheté une bouteille de _____.

7. Annick sort aussi de l'épicerie où elle a acheté une boîte de _____ et

_____.

8. Monsieur Desmoulins vient de la charcuterie où il a acheté _____.

9. Daniel et Christophe viennent de la pâtisserie. Ils ont acheté _____ pour

leur mère.

J. Les soldes *(Sales)* **d'été.** Au mois d'août beaucoup de magasins en France font des soldes. Il y a 50% de réduction aujourd'hui au magasin *Alain Milou.* Faites la réduction et écrivez en toutes lettres la somme qu'on doit payer.

❑ **Chemises en coton:** *99 F* ⇨ *99 F ÷ 2 = 49.50 F.*

Les chemises en coton coûtent aujourd'hui quarante-neuf francs et cinquante centimes.

1. **Polos verts:** *250 F*

_____

2. **Vestes pour hommes:** *1.000 F*

_____

3. **Robe en polyester:** *450 F*

_____

4. **Ensemble en coton:** *3.500 F*

_____

5. **Ceinture vinyle:** *150 F*

_____

K. À l'agence immobilière *(At the realtor's).* Lisez les annonces de l'agence immobilière Simon Immobilier, en Alsace. Écrivez sur les chèques la somme (en toutes lettres) nécessaire pour acheter les endroits indiqués. Signez et datez le chèque. Ensuite répondez aux questions.

---

1 CENTRE VILLE
Maison entièrement rénovée en 1987, 1 cuisine américaine dans un salon séjour de 55 m² avec cheminée centrale, escalier, en haut : 1 s. de bains, 2 chambres, jardin de 150 m², parking privatif.
Prix: 620 000 F.
Réf. BH 300

---

1. Écrivez un chèque pour acheter la maison décrite dans l'annonce #1:

Société Générale

Payez _Six cent vingt mille francs_____
       (somme en toutes lettres)
À _Simon Immobilier____ Le _6 mars_____ 19_98_

                        Gérard Depardieu

---

2 DANS VILLAGE HISTORIQUE

45 km de Mulhouse, propriété ancienne rénovée sur 2 niveaux, env. 200 m² habitables.
Prix: 1 000 000 F.
Réf. DC 227

---

2. Écrivez un chèque pour acheter la maison décrite dans l'annonce #2:

Crédit Lyonnais
Payez _____
       (somme en toutes lettres)
À _____ Le _____ 19____

       _____

---

3 PRÈS AVENUE EIFFEL

Appt 3 pièces dans immeuble
1972, salon, 2 chambres,
balcons, très belle vue.
Garage.

Prix: 410 000 F.

Réf. BH 200

4 APPT DE STANDING

cuisine équipée, salon-séjour de
26 m^2 env., 2 chambres, terrasse
carrelée, garage. Quartier calme.

Prix: 525 000 F.

Réf. LT 49

3. Écrivez un chèque pour acheter l'appartement décrit dans l'annonce #3:

Banque Française de Commerce

Payez _____

(somme en toutes lettres)

À _____ Le _____ 19____

_____

4. Écrivez un chèque pour acheter l'appartement décrit dans l'annonce #4:

Crédit Agricole

Payez _____

(somme en toutes lettres)

À _____ Le _____ 19____

_____

Questions:

1. Quel est l'endroit le moins *(least)* cher?

_____

2. Quel est l'endroit le plus *(most)* cher?

_____

3. Combien d'appartements y a-t-il à vendre?

_____

4. Quel endroit préférez-vous acheter? Pourquoi?

_____

_____

L. En cas d'urgence. Lisez cette liste d'adresses utiles *(useful)*; puis répondez aux questions.

ADRESSES UTILES

Police (Commissariat central).
Place Jeanne d'Arc; Tél: 04.42.26.04.81
Gendarmeries.
Aix centre, Tél: 04.42.26.31.96;
Aix ouest, Tél: 04.42.20.35.22
Centre hospitalier. Avenue des Tamaris;
Tél: 04.42.33.50.00
Urgence cardiologique.
Tél: 04.42.59.95.95, 24 heures sur 24
Consultations d'hygiène alimentaire et d'alcoologie.
Tous les lundis, mardis et jeudis (de 9 heures à 17 h 15); Tél. 04.42.33.50.66
Soins aux toxicomanes.
Tél: 04.42.64.33.00
Pompiers.
Montée d'Avignon; Tél: 04.42.21.11.16
Taxis.
Tél: 04.42.27.71.11 ou 04.42.21.61.61 ou 04.42.26.29.30
Pharmacies.
(de 9 à 12 heures et de 14 à 19 heures)
avenue du Jas de Bouffan; Tél: 04.42.64.46.82

S.O.S. Médecins.
Médecins de garde; Tél: 04.42.26.24.00,
24 heures sur 24.
Pédiatres.
En cas d'urgence seulement, téléphonez à votre pédiatre habituel pour obtenir les coordonnées du pédiatre de garde.
Infirmiers (de nuit).
Association des infirmiers libéraux aixois (nuits, week-ends, jours fériés);
Tél: 04.42.63.09.00
Accueil cancer.
2 bis, rue des Tanneurs, le vendredi de 14 h 30 à 16 h 30;
Tél: 04.42.38.96.00
Informations catholiques aixoises.
Tél: 04.42.21.44.28
Service météorologique (Allô, Météo).
Tél: 04.42.65.02.13
Chirurgien-dentiste.
(de 9 à 12 heures) Dr Patrick Gourdet, 3, avenue des Belges; Tél: 04.42.27.41.88

Questions:

1. Si je veux contacter la police parce que j'ai perdu mon passeport, à quel numéro dois-je téléphoner?

   _____

2. Où se trouve le commissariat de police?

   _____

3. À quel numéro est-ce qu'on doit téléphoner si on a une crise *(attack)* cardiaque?

   _____

4. Si j'ai besoin de médicaments, où est-ce que je peux aller?

   _____

5. À quel numéro doit-on téléphoner si on a besoin d'un taxi?

   _____

6. À quel numéro est-ce que je peux téléphoner pour savoir s'il va faire beau demain?

   _____

7. Si notre fils a mal aux dents, à qui allons-nous téléphoner?

_____

8. Et si je veux parler à un prêtre *(priest)*, qu'est-ce que je dois faire?

_____

9. Et dans votre ville? Est-ce qu'il y a des services comparables? Nommez cinq services dans votre ville qui sont ouverts *(open)* 24 heures sur 24.

_____

_____

_____

M. *Rédaction:* La vie 24 heures sur 24. Votre correspondant Léopold de Dakar sait qu'aux États-Unis, les magasins sont souvent ouverts tard, parfois toute la nuit. Il vous interroge sur ce phénomène typiquement américain. Qu'est-ce que vous pouvez lui dire sur les magasins ouverts 24 heures sur 24?

• Commencez par répondre aux questions suivantes:

❑ Est-ce qu'il y a des magasins ouverts toute la nuit près de chez vous?
  Près de chez moi, il y a un magasin ouvert toute la nuit. C'est un supermarché qui s'appelle...

1. Qu'est-ce qu'on vend dans ce magasin?

_____

2. Allez-vous souvent au supermarché à minuit?

_____

3. Est-ce que ce service améliore *(improves)* la qualité de votre vie?

_____

4. Selon vous *(According to you)*, est-il nécessaire d'avoir des magasins ouverts 24 heures sur 24?

_____

• Maintenant, écrivez votre lettre à Léopold. Donnez votre opinion sur les magasins ouverts 24 heures sur 24. Améliorent-ils ou non la qualité de votre vie? Pour composer votre lettre, utilisez vos réponses de la première partie.

Chapitre 10: Dans la rue et sur la route

A. En ville, en voiture. Regardez le plan de cette ville et indiquez comment on peut aller en voiture du point «A» au point «B».

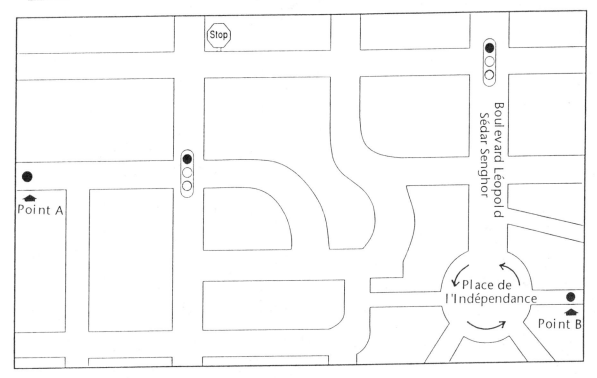

Du point «A» ...	a. allez tout droit b. tournez à droite	*... jusqu'au feu rouge.*
Au feu rouge ...	a. tournez à gauche b. allez tout droit	*... et allez jusqu'au stop.*
Au stop ...	a. prenez la gauche b. tournez à droite	*... et continuez jusqu'au feu du boulevard Léopold Sédar Senghor.*
Au boulevard Léopold Sédar Senghor ...	a. tournez à droite b. tournez à gauche	*... et continuez jusqu'à la place de l'Indépendance.*
À la place de l'Indépendance ...	a. prenez la deuxième rue b. prenez la quatrième rue	*... vous êtes au point «B».*

B. Ça veut dire la même chose *(That means the same thing)*. Pour chaque expression de la colonne de gauche trouvez une expression de la colonne de droite qui veut dire à peu près *(about)* la même chose.

1. Excusez-moi! ____

2. Ma chérie. ____

3. Pas de commentaire! ____

4. Elle prend le volant. ____

5. Prends la rue à gauche! ____

6. Tu n'arrêtes pas de parler! ____

7. C'est promis. ____

a. Tourne à gauche!

b. Tais-toi!

c. Pardon.

d. Ma puce.

e. Elle va conduire.

f. D'accord.

g. Tu ne me laisses pas tranquille!

C. Propositions et excuses. Complétez les phrases avec les formes convenables des verbes **vouloir** et **pouvoir.**

❑ Tu ___*veux*___ aller au cinéma ce soir?
  Non, je ne ___*peux*___ pas, j'ai un examen d'histoire demain.

1. —Tu _____ venir manger avec nous au café Pierre ce soir?

   —Zut! Je ne _____ pas. J'ai une dissertation à écrire.

2. —Sékou et Jacques, _____-vous venir chez nous plus tard?

   —Non, nous ne _____ pas. Nous avons des devoirs à faire.

3. —Tu as entendu? Abdou et Carine _____ aller à la plage. Toi, tu

   _____ y aller aussi?

   —Non, je regrette. Je ne _____ pas.

4. —Est-ce que Marianne et Alissa _____ nager aussi?

   —Non, elles ne _____ pas. Elles sont toutes les deux malades.

5. —Mais Jacqueline et moi, nous _____ bien y aller. _____-nous

   vous accompagner?

6. —Chouette, nous _____ y aller ensemble en voiture.

D. Une éducation globale. Répondez aux questions. Suivez l'exemple.

❏ *la place de la Concorde* —Connais-tu cette place?
—*Non, je ne la connais pas.*

❏ *Buckingham Palace* —Connais-tu ce palais?
—*Oui, je le connais.*

1. *Céline Dion* —Est-ce que vous connaissez cette femme?

_____

2. *Léopold Sédar Senghor* —Est-ce que vous connaissez cet homme?

_____

3. *le beaujolais* —Est-ce que votre mère connaît ce vin?

_____

4. *Le Rouge et le Noir* —Est-ce que la plupart des étudiants américains connaissent ce livre?

_____

5. *Jean-Jacques Cousteau* —Est-ce que la plupart des Américains connaissent cet homme?

_____

6. *la Côte d'Ivoire* —Est-ce que vous et vos camarades de classe connaissez ce pays?

_____

7. *Jacques Chirac* —Est-ce qu'on connaît le président de la France aux États-Unis?

_____

E. Pour mieux *(better)* **vous connaître.** Répondez en remplaçant les expressions en italique par **le, la, l'** ou **les.**

❏ Connaissez-vous bien *la ville de Dakar?*
Oui, je la connais bien. ou *Non, je ne la connais pas (bien).*

❏ Où faites-vous *vos devoirs?*
Je les fais dans ma chambre.

1. Faites-vous *vos devoirs* le soir ou l'après-midi?

_____

2. Est-ce que vous écoutez *la radio* quand vous travaillez?

_____

3. Regardez-vous quelquefois *la télé* le soir?

_____

4. Quand lisez-vous *le journal?*

_____

5. Prenez-vous *le petit déjeuner* au café ou au Resto U?

_____

6. Connaissez-vous *les autres étudiants* de votre classe de français?

_____

7. Connaissez-vous bien *les profs* de vos cours?

_____

8. Connaissez-vous *la famille* de votre professeur de français?

_____

9. Est-ce que vous consultez *le dictionnaire* quand vous allez à la bibliothèque?

_____

10. Est-ce que vous prenez *le bus* pour aller au campus?

_____

F. Des excuses, des excuses. Donnez des excuses pour expliquer pourquoi on ne peut pas faire les choses suivantes. Utilisez les expressions de la liste et remplacez le mot en italique par un pronom.

Excuses possibles:
regarder la télé	*aller au cinéma*	*passer un examen demain*
écouter des disques	*rester à la maison*	*se lever tard le matin*
sortir avec des amis	*jouer au tennis*	*parler avec son (sa) petit(e) ami(e)*
porter un jean	*prendre un avion*	*? (d'autres expressions de votre choix)*

❑ Didier ne veut pas faire *ses devoirs* de français.
Il ne veut pas les faire parce qu'il préfère sortir avec des amis.

1. Guy ne veut pas étudier *les maths.*

_____

_____

2. Mon frère ne veut pas faire *la vaisselle* maintenant.

_____

_____

3. Alissa et Moustapha ne veulent pas faire *le ménage.*

_____

_____

4. David ne veut pas attendre *Myriam*.

_____

_____

5. Laurent et Claude ne veulent pas finir *leurs dissertations*.

_____

_____

6. Vous ne voulez pas voir *votre tante Laurence*.

_____

_____

7. Tu ne veux pas prendre *le train*.

_____

_____

8. Mimi ne veut pas porter *sa nouvelle robe*.

_____

_____

9. Quelques étudiants ne veulent pas passer *l'examen* aujourd'hui.

_____

_____

G. À l'auto-école avec papa. Josiane apprend à conduire à l'auto-école. Son papa l'accompagne toujours à ses cours. Et chaque fois que Josiane conduit la voiture, son père répète les phrases du moniteur *(driving instructor)*. Écrivez les phrases du père de Josiane à l'impératif.

❑ *Moniteur:* Vous allez <u>prendre</u> le volant.
Papa: *Prends le volant, ma puce!*

❑ *Moniteur:* <u>Nous devons</u> attacher la ceinture de sécurité.
Attachons la ceinture de sécurité, chérie!

Moniteur: Vous allez <u>regarder</u> dans le rétroviseur.

Papa: _____

Moniteur: Prête? Alors nous pouvons <u>partir</u>.

Papa: _____

Moniteur: Vous devez <u>être</u> prudente.

Papa: _____

Moniteur: Nous allons <u>conduire</u> lentement.

Papa: _____

Moniteur: Vous allez <u>tourner</u> à droite.

Papa: _____

Moniteur: Puis vous allez <u>continuer</u> tout droit jusqu'au feu.

Papa: _____

Moniteur: Vous <u>prenez</u> la première rue à gauche.

Papa: _____

Moniteur: Au stop vous allez <u>faire attention</u> aux autres voitures.

Papa: _____

Moniteur: Bon, nous allons <u>arrêter</u> la voiture ici.

Papa: _____

Moniteur: La prochaine fois, Mademoiselle, il ne faut pas venir avec votre père.

H. Une nouvelle voiture. Monsieur Ferrier est sévère. Il répète toujours les ordres de sa femme à ses enfants à l'impératif. Écrivez ses phrases d'après l'exemple.

❑ *Madame Ferrier:* Il faut <u>faire</u> attention.
　 Monsieur Ferrier: *Faites attention!*

❑ *Madame Ferrier:* Vous n'allez pas <u>crier</u> dans la voiture.
　 Monsieur Ferrier: *Ne criez pas dans la voiture!*

1. *Madame Ferrier:* Il <u>ne</u> faut <u>pas faire</u> de bruit.

　 Monsieur Ferrier: _____

2. *Madame Ferrier:* On <u>ne</u> doit <u>pas chanter</u> dans la voiture.

　 Monsieur Ferrier: _____

3. *Madame Ferrier:* Vous allez <u>être</u> patients avec tonton *(uncle)*, d'accord?

　 Monsieur Ferrier: _____

4. *Madame Ferrier:* Vous <u>ne mangez pas</u> dans la voiture.

　 Monsieur Ferrier: _____

5. *Madame Ferrier:* Vous <u>ne buvez pas</u> non plus.

　 Monsieur Ferrier: _____

6. *Madame Ferrier:* Vous allez <u>dormir</u> un peu.

　 Monsieur Ferrier: _____

7. *Madame Ferrier:* Vous allez <u>garder</u> la voiture très propre.

   Monsieur Ferrier: _____

8. *Madame Ferrier:* Mireille, quand maman conduit, tu <u>ne te lèves pas.</u>

   Monsieur Ferrier: _____

9. *Madame Ferrier:* Et toi, Nicolas, tu vas <u>être</u> sage. C'est promis?

   Monsieur Ferrier: _____

 I. Au bureau de renseignements. Vous travaillez pour le service de renseignements du Louvre, à Paris. Regardez le plan et l'endroit où vous êtes et donnez les directions aux personnes suivantes.

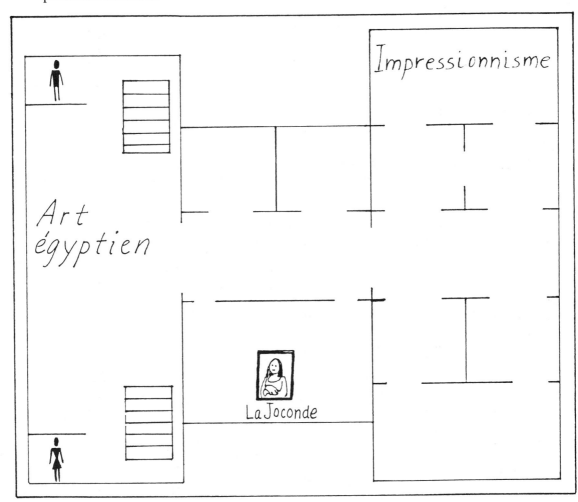

1. Pardon, la salle des Impressionnistes, s'il vous plaît?

   _____

   _____

   _____

   _____

2. Je voudrais voir la Joconde *(Mona Lisa)*.

_____

_____

_____

3. Excusez-moi, où dois-je aller pour voir l'art égyptien?

_____

_____

_____

4. Pardon, je voudrais utiliser les toilettes.

_____

_____

_____

J. Des conseils. Les membres du Cercle Français à l'université doivent organiser une douzaine d'activités. Écrivez les conseils suivants en utilisant six des expressions suivantes et le subjonctif.

il est essentiel que   je préfère que
il est important que   je veux que
il faut que   je voudrais que
il ne faut pas que   il vaut mieux que

❏ présenter une pièce de théâtre
Il est essentiel que nous présentions une pièce de théâtre.

1. préparer un grand repas français

_____

2. jouer au foot tous les mois

_____

3. apprendre à danser le rock

_____

4. organiser une soirée dansante

_____

5. vendre des tee-shirts avec des logos en Français

_____

6. aller à New York pour voir *Les Misérables*

_____

K. Les bons et les mauvais conseils. Que disent les bonne et mauvaise consciences dans les circonstances suivantes? Employez la forme **tu** et un pronom complément d'objet.

	La bonne conscience:	*La mauvaise conscience:*
❑ Attacher ou ne pas attacher ma ceinture de sécurité?	*Attache-la!*	*Ne l'attache pas!*
1. Aller ou ne pas aller à la bibliothèque?	_____	_____
2. Faire ou ne pas faire le ménage?	_____	_____
3. Manger ou ne pas manger tous les bonbons au chocolat?	_____	_____
4. Acheter ou ne pas acheter un nouveau jean?	_____	_____
5. Fumer ou ne pas fumer ces cigarettes?	_____	_____
6. Envoyer ou ne pas envoyer cette lettre à mes parents?	_____	_____

L. Le Tour de France 96. Regardez le classement final du *Tour de France cycliste* de 1996 à la page suivante et écrivez des phrases d'après l'exemple.

❑ (#1)   *Bjarne Riis, un Danois, est premier.*

1. (#2)   _____

2. (#3)   _____

3. (#5)   _____

4. (#8)   _____

5. (#9)   _____

6. (#11) _____

7. (#12) _____

8. (#14) _____

9. (#21) _____

10. (#61) _____

Overall:

1. Bjarne Riis (Den) Telekom 95.57.16
2. Jan Ullrich (Ger) Telekom 1.41
3. Richard Virenque (Fra) Festina 4:37
4. Laurent Dufaux (Swi) Festina 5:53
5. Peter Luttenberger (Aut) Carrera 7:07
6. Luc Leblanc (Fra) Polti 10:03
7. Piotr Ugrumov (Rus) Roslotto 10:04
8. Fernando Escartin (Spa) Kelme 10:26
9. Abraham Olano (Spa) Mapei 11:00
10. Tony Rominger (Swi) Mapei 11:53
11. Miguel Indurain (Spa) Banesto 14:14
12. Patrick Jonker (Aus) ONCE 18:58
13. Bo Hamburger (Den) TVM 22:19
14. Udo Bolts (Ger) Telekom 25:56
15. Alberto Elli (Ita) MG-Technogym 26:18
16. Manuel Fernandez Gines (Spa) Mapei 26:28
17. Leonardo Piepoli (Ita) Refin 27:36
18. Laurent Brochard (Fra) Festina 32:11
19. Michele Bartoli (Ita) MG-Technogym 37:18
20. Yevgeny Berzin (Rus) Gewiss 38:00
21. Viacheslav Ekimov (Rus) 43:58
22. Stefano Cattai (Ita) 48:03
23. Laurent Madouas (Fra) 53:15
24. Arsenio Gonzalez (Spa) 55:28
25. Massimiliano Lelli (Ita) 55:35
26. Alex Zulle (Swi) 56:47
27. Giuseppe Guerini (Ita) 1hr 05.12
28. Rolf Sorensen (Den) 1hr 11:28
29. Jesper Skibby (Den) 1hr 11:36
30. Marco Fincato (Ita) 1hr 11:51
31. Michael Boogerd (Ned) 1hr 13:45
32. Jose Luis Arrieta (Spa) 1hr 13:48
33. Paolo Savoldelli (Ita) 1hr 15:20
34. Erik Breukink (Ned) 1hr 20:03
35. Aitor Garmendia (Spa) 1hr 20:42
36. Oscar Camenzind (Swi) 1hr 25:27
37. Claudio Chiappucci (Ita) 1hr 27:23
38. Melchor Mauri (Spa) 1hr 27:28
39. Chris Boardman (Gbr) 1hr 27:44
40. Federico Echave (Spa) 1hr 29:25
41. Roberto Sierra (Spa) 1hr 30:11
42. Pascal Herve (Fra) 1hr 33:01
43. Mirko Gualdi (Ita) 1hr 34:59
44. Laurent Roux (Fra) 1hr 36:11
45. Andrea Tafi (Ita) 1hr 38:54
46. Andrea Ferrigato (Ita) 1hr 39:23
47. Pascal Richard (Swi) 1hr 40:56
48. Felix Garcia Casas (Spa) 1hr 42:13
49. Neil Stephens (Aus) 1hr 43:33
50. Davide Perona (Ita) 1hr 43:40
51. Maurizio Fondriest (Ita) 1hr 45:44
52. Valentino Fois (Ita) 1hr 45:58
53. Herminio Diaz Zabala (Spa) 1hr 47:08
54. Orlando Rodrigues (Por) 1hr 47:15
55. Bruno Thibout (Fra) 1hr 49:02
56. Bruno Cenghialta (Ita) 1hr 49:19
57. Jose Maria Jimenez (Spa) 1hr 51:30
58. Prudencio Indurain (Spa) 1hr 52:30
59. Paolo Lanfranchi (Ita) 1hr 54:42
60. Flavio Vanzella (Ita) 1hr 54:52

M. Comment conduisent-ils? Écrivez de nouvelles phrases d'après l'exemple.

❑ Maman est assez prudente.
Elle conduit prudemment.

1. L'oncle Joseph est un peu fou.

   _____

2. Mes cousins sont vraiment lents.

   _____

3. D'habitude, nous sommes attentifs.

   _____

4. Les Français adorent la vitesse.

   _____

5. Quelquefois, moi, je suis un peu nerveux.

   _____

6. La tante Yvonne est calme.

   _____

7. Et vous? Comment conduisez-vous?

   _____

N. *Rédaction:* En voiture. Dans votre pays, la voiture est-elle importante? Écrivez sur ce sujet à Léopold. Passez-vous un temps considérable en voiture chaque jour? Décrivez «votre vie et la voiture» pour votre correspondant.

• Mais d'abord, répondez aux questions suivantes.

1. Aimez-vous conduire? Depuis quand conduisez-vous?

   _____

2. Quelle sorte de voiture conduisez-vous?

   _____

3. De quelle couleur est-elle? De quelle année? La conduisez-vous depuis longtemps?

   _____

   _____

4. Vos habitudes en voiture.

- Est-ce que vous écoutez la radio ou des cassettes quand vous conduisez?

   _____

- Chantez-vous souvent quand vous conduisez?

   _____

- Mangez-vous quelquefois en voiture?

   _____

- Dans quelles circonstances préférez-vous conduire? En vacances? En ville?

   _____

- En vous inspirant des réponses que vous avez données plus haut, écrivez une lettre à Léopold où vous lui expliquez votre relation avec votre voiture. Décrivez votre vie en voiture, et si vous n'en avez pas, imaginez votre vie en voiture. **Attention!** Utilisez les conventions d'usage pour la rédaction de lettres! (Révisez les rédactions des chapitres précédents, si nécessaire.)

Chapitre 11: Comme si c'était hier

A. Le faire-part de mariage *(The wedding invitation).* Lisez le faire-part de mariage et ensuite cherchez dans la colonne de droite les expressions qui complètent les phrases de la colonne de gauche.

> M. et Mme Jacques Debataille   M. et Mme Jean-Pierre Cocher
> sont heureux de vous faire part du mariage de leurs enfants
> *Céline et Thierry*
> La Messe de Mariage sera célébrée le Samedi 21 Juillet 1990
> à 16 heures, en l'Église Notre-Dame.
> À l'issue de la Cérémonie un Vin d'Honneur
> sera servi à la Salle des Fêtes de Pau.

1. Monsieur et Madame Debataille et Monsieur et Madame Cocher sont heureux de faire part ... _____

2. La fille de Monsieur et Madame Debataille va ... _____

3. Madame Cocher va être ... _____

4. La cérémonie religieuse va avoir lieu ... _____

5. Céline va probablement porter ... _____

6. Et Thierry va peut-être porter ... _____

7. À la cérémonie on va boire ... _____

a. un smoking.

b. la belle-mère de Céline.

c. une robe de mariée.

d. du vin.

e. épouser le fils des Cocher.

f. du mariage de leurs enfants.

g. le samedi 21 juillet à 4 heures de l'après-midi.

B. Souvenir d'un mariage. Complétez les phrases suivantes avec la forme convenable de l'imparfait des verbes indiqués.

1. *(être, aller)*   Mon frère _____ toujours sûr qu'il

_____ épouser Céline.

2. *(écrire, être)*   Il _____ dans ses lettres que Céline

_____ la plus belle fille du monde.

3. *(être, pleuvoir)*   C'_____ un peu triste le jour du mariage. Il

_____ des clous *(cats and dogs; lit. nails).*

4. *(faire)*   C'est vrai, mais il _____ beau dans les cœurs

(hearts) des jeunes mariés.

5. *(être)*   Thierry _____ tendu *(nervous)* ce jour-là.

6. *(avoir)*   Les parents de Céline _____ l'air très heureux.

7. *(regarder, penser)*   Ma mère _____ Céline et

_____ qu'elle est belle.

8. *(prendre, demander)*   Ma tante _____ des photos avec son Polaroïd et

elle nous _____ de sourire *(smile)*.

9. *(être)*   Nous _____ jeunes, célibataires et innocents.

10. *(être, vouloir)*   Ah! qu'est-ce qu'on _____ innocent! On

_____ se marier à l'âge de quatorze ans.

C. Ah! c'était le bon vieux temps! *(Those were the good old days!)* Complétez la conversation suivante entre Julie et sa grand-mère et mettez les verbes proposés à l'imparfait.

Julie: Mamie, quand tu *(être)* _____ jeune, est-ce que tu *(avoir)*

_____ un chien ou un chat?

La grand-mère: Nous *(avoir)* _____ un petit chien. Il *(s'appeler)*

_____ Napoléon. Mais moi, je l'*(appeler)* _____

Napo tout court *[for short]*.

Julie: Vous *(habiter)* _____ dans une grande maison?

La grand-mère: Oui, notre maison *(être)* _____ très grande. Nous *(habiter)*

_____ à 50 kilomètres de Lyon.

Julie: Est-ce que tu *(aller)* _____ à l'école?

La grand-mère: Ah oui! tous les jours. On *(avoir)* _____ des cours même *[even]* le

samedi après-midi.

Julie: Qu'est-ce que tu *(faire)* _____ après l'école?

La grand-mère: Je *(rentrer)* _____ à pied à quatre heures et demie; et puis je

(travailler) _____ aux champs *[fields]* jusqu'au soir.

Julie: Les enfants ne *(faire)* _____ pas leurs devoirs à la maison?

La grand-mère: Si, le soir. Par exemple, moi j'*(écrire)* _____ mes devoirs après le

dîner.

Julie: Alors, tu ne *(regarder)* _____ pas la télé?

100

La grand-mère: Écoute! Il n'y (avoir) _____ pas de télé à cette époque-là. On

(discuter) _____ à table des événements *[events]* du jour, on (lire)

_____ beaucoup et on (écrire) _____ souvent

des lettres et même des poèmes à des amis. Ah! c'(être) _____ le

bon vieux temps!

D. On dit... *(Rumor has it . . .)* Vous rencontrez un(e) ami(e) que vous n'avez pas vu(e) depuis longtemps. Il/Elle a entendu dire que votre situation était bien meilleure qu'elle ne l'est réellement. Corrigez ses impressions en utilisant **ne ... que** et l'expression indiquée.

❑   —On dit que tu conduis une BMW! (je / conduire / une Ford Escort)
   —Non, *je ne conduis qu'une Ford Escort.*

1.   —On dit que tu es marié(e)! (je / être / fiancé[e])

   —Non, _____

2.   —On dit que tu as une maison neuve! (je / louer *[rent]* / un appartement)

   —Non, _____

3.   —On dit que tu es devenu professeur! (je / être / assistant)

   —Non, _____

4.   —On dit que tes parents ont fait le tour du monde! (ils / voyager / Europe)

   —Non, _____

5.   —On dit que ta sœur avait gagné une fortune à la loterie! (elle / gagner / 250 francs)

   —Non, _____

6.   —On dit que tu as visité les États-Unis! (je / visiter / l'Angleterre)

   —Non, _____

E. Des tranches de vie *(Slices of life).* Utilisez **quand** pour lier *(link)* les mots donnés. Attention à l'usage de l'imparfait et du passé composé.

❑   Marion / dormir // ses parents / téléphoner
   Marion dormait quand ses parents ont téléphoné.

1.   tu / regarder les informations // Sandrine / décider de faire du yoga devant la télévision

   _____

2.   Jérôme / regarder *Seinfeld* // quelqu'un / sonner à la porte

   _____

3. mes trois camarades de chambre / faire leurs devoirs // Didier / venir me chercher

_____

4. il / pleuvoir // nous / sortir

_____

5. il / faire très froid // nous / arriver en ville

_____

6. je / faire du vélo // je / rencontrer Georges

_____

7. est-ce que vous / connaître déjà Georges // vous / arriver au campus

_____

8. mon frère / visiter Québec // il / trouver «la femme de sa vie»

_____

9. Gaby, Jeanne et moi, nous / voyager en Europe // nous / apprendre la nouvelle _(piece of news)_

_____

10. les étudiants / ne ... pas pouvoir / prononcer un mot de français // ils / commencer le cours

_____

F. Quelques étapes de la vie. Donnez l'âge, la période, la date ou les circonstances de la première fois que vous avez fait les activités suivantes.

❑ commencer à faire du vélo
   J'ai commencé à faire du vélo quand j'avais sept ans.

1. apprendre à nager

_____

2. sortir avec un garçon (une fille)

_____

3. avoir mon permis de conduire

_____

4. commencer à boire du café

_____

5. travailler sur un ordinateur

_____

6. prendre l'avion

   _____

7. travailler pour gagner *(earn)* de l'argent

   _____

8. décider d'étudier le français

   _____

G. Un jeu de mémoire *(A memory game).* Pensez à la première fois que vous avez appris à nager.

1. Quel âge aviez-vous?

   _____

2. Qui vous a enseigné à nager?

   _____

3. Était-ce à la piscine ou à la plage?

   _____

4. Est-ce que c'était facile ou difficile?

   _____

5. Aviez-vous peur?

   _____

6. Est-ce que vous étiez nerveux (nerveuse)?

   _____

7. Avez-vous aimé la leçon?

   _____

8. Êtes-vous devenu(e) bon nageur / bonne nageuse?

   _____

9. Avez-vous participé à des compétitions?

   _____

H. Complexe d'infériorité. Le pauvre Alain pense qu'il est moins bien que tous ses amis. Réécrivez les phrases suivantes pour exprimer ses opinions, d'après les expressions données.

❑ Je suis gros. (+ / Hélène)
Je suis plus gros qu'Hélène.

❑ Je parle bien l'anglais. (− / Hervé)
Je parle moins bien l'anglais qu'Hervé.

1. Marc est élégant. (+ / moi)

_____

2. Je conduis bien. (− / Véronique)

_____

3. Thérèse est patiente. (+ / moi)

_____

4. Je ne suis pas aimable. (= / Thierry)

_____

5. Éric conduit prudemment. (+ / moi)

_____

6. Christiane est sérieuse. (+ / moi)

_____

7. Je travaille vite. (− / Jean)

_____

8. Je ne suis pas intéressant. (= / mes amis)

I. Qu'en pensez-vous... ? Utilisez **bon** ou **bien, meilleur** ou **mieux** pour comparer les personnes ou les choses suivantes. N'oubliez pas l'accord des adjectifs.

❑ le groupe Stone Temple Pilots / Pearl Jam / chanter
Le groupe Stone Temple Pilots chante bien, mais Pearl Jam chante mieux.

❑ les hamburgers de Wendy's / les McDos / bon
Les hamburgers de Wendy's sont bons, mais les McDos sont meilleurs.

1. le Coca-Cola / le Pepsi / bon

_____

2. Shaquille O'Neal / Michael Jordan / jouer au basket-ball

_____

3. le fromage de France / le fromage du Wisconsin / bon

_____

4. Steinbeck / Hemingway / écrire

_____

5. je / tu / cuisiner / bien

_____

6. Michael Jackson / Janet Jackson / chanter

_____

7. les Américains / les Allemands / jouer au tennis

_____

8. les vins de Californie / les vins de France / bon

_____

J. Des comparaisons. Rayez l'adjectif ou l'adverbe qui ne convient pas dans les deux dialogues qui suivent.

1. **Deux portraitistes** *(portrait painters)*.

—Discutons des artistes. Pour moi, Picasso est *(bon / le meilleur)* portraitiste. Il présente très *(bien / bon)* les sentiments humains.

—Moi, je trouve que les portraits de Modigliani sont *(le mieux / les meilleurs)*. Modigliani dessine [*draws*] *(bien / meilleur)* les formes du visage [*face*]. C'est plus gracieux. De tous les portraits du vingtième siècle, ce sont les portraits de Modigliani que j'aime *(bien / le mieux)*. Pour moi, il est *(le meilleur / le mieux)* portraitiste de notre siècle.

2. **Deux philosophes.**

—Quant aux *(As for)* philosophes du vingtième siècle, pour moi, les romans de Sartre sont *(le meilleur / les meilleurs)* chefs-d'œuvre [*masterworks*] de la littérature française du vingtième siècle.

—Je ne suis pas d'accord. Moi, je trouve que les romans de Camus sont *(bons / mieux)* écrits.

—Toi, tu comprends *(bon / bien)* la philosophie de l'absurdité du destin [*destiny*] de l'homme?

—Assez *(bon / bien)*.

—Moi, je trouve que Sartre explique *(le mieux / la meilleure)* les grandes idées du vingtième siècle: le conflit qui oppose l'existentialisme au matérialisme, la philosophie de la conscience souveraine et les contraintes de la liberté individuelle. C'est vraiment *(bien/ le meilleur)* penseur de ce siècle.

—Peut-être que tu as raison. Disons que tous les deux sont de *(meilleurs / bons)* écrivains.

K. Le plus... Une Française et un Américain parlent de leur pays. Construisez leurs phrases. Faites des phrases au superlatif en suivant les exemples. **Attention à la place des adjectifs dans la phrase!**

❑ Le Pont-Neuf est un <u>vieux</u> pont de Paris.
  Le Pont-Neuf est le plus vieux pont de Paris.

❑ New York est une ville dangereuse des États-Unis.
  New York est la ville la plus dangereuse des États-Unis.

1. New York est une <u>belle</u> ville des États-Unis.

   _____

2. La Statue de la Liberté est un monument <u>caractéristique</u> de New York.

   _____

3. Le Concorde est un avion <u>rapide</u>.

   _____

4. Le Louvre est un musée <u>connu</u> de Paris.

   _____

5. Le Golden Gate Bridge est un <u>grand</u> pont de San Francisco.

   _____

6. Le TGV est un train <u>rapide</u>.

   _____

7. La Tour Eiffel est une <u>haute</u> tour parisienne.

   _____

8. La Tour de Sears est un <u>célèbre</u> bâtiment de Chicago.

   _____

L. Beaucoup de questions. Votre ami Léopold voudrait savoir vos opinions. Répondez-lui!

❑ Quel est le meilleur restaurant du monde?
Oh! le meilleur restaurant du monde est sans doute Maxim's à Paris.

1. Quel est le plus beau film de cette année?

_____

2. D'après vous, quelle est la plus belle actrice d'aujourd'hui?

_____

3. Quel est le livre le plus intéressant?

_____

4. Quel est le journal le plus prestigieux des États-Unis?

_____

5. Quel est le meilleur groupe de rock?

_____

6. Quelle est la plus belle ville du monde?

_____

7. Qui est la personne la plus importante de votre vie?

_____

8. Qui est l'homme (la femme) politique que vous admirez le plus?

_____

9. Quelle cuisine aimez-vous le plus?

_____

10. Quel dessert aimez-vous manger le plus souvent?

_____

M. *Rédaction:* **Un week-end catastrophique.** Imaginez que vous rentrez tout juste d'un week-end horrible. À la maison, une lettre de Caroline vous attend.

• Vous décidez de lui répondre et de lui expliquer ce qui vous est arrivé.

1. Où êtes-vous allé(e)?

2. Quand? Comment (en voiture, à vélo, à pied, en avion)?

3. Avec qui avez-vous voyagé? Combien de temps a duré le voyage?

4. Quel temps faisait-il?

5. Expliquez ce qui a rendu votre voyage si horrible.

• À l'aide des réponses que vous avez écrites plus haut, écrivez votre lettre à Caroline.

Chapitre 12: Les réservations

 A. Au téléphone. Vous êtes le/la propriétaire d'un restaurant qui est fermé le lundi. Un client téléphone pour réserver une table. Qu'allez-vous répondre au client?

❑ Le client veut réserver une table pour lundi.
Je regrette, Monsieur, mais nous sommes fermés le lundi.

1. Le client demande si le restaurant est ouvert le mardi.

_____

2. Le client demande s'il peut réserver une table pour mardi.

_____

3. Vous ne comprenez pas le nom du client.

_____

4. Le client veut venir à 5 heures, mais le restaurant n'ouvre qu'à 6 heures.

_____

5. Vous voulez savoir combien de personnes vont venir avec le client.

_____

6. Vous confirmez la réservation pour quatre personnes, mardi, à 21 heures.

_____

7. Le client vous remercie.

_____

 B. Au bureau de tourisme. Imaginez les questions d'après les réponses.

❑ —*Pardon, je peux vous demander des renseignements?*
—Certainement. Allez-y.

—_____

—Les toilettes pour dames sont dans le couloir, tout droit devant vous.

—_____

—Les banques ferment à 18 heures.

—_____

—Le bureau de poste est ouvert entre midi et 2 heures.

—
—Ah oui, le restaurant *Le Bec Fin* est excellent.

—
—Pas loin. Tournez à gauche, là-bas, juste après la boulangerie.

—
—Pour les réservations de train, il faut aller à la gare.

—
—Vous cherchez Hertz. Tous les bureaux de locations *(rental)* de voitures sont à la gare ou à l'aéroport.

—
—Je suis là pour ça.

C. Un amour. Complétez les phrases avec les formes de **savoir** et de **connaître** qui conviennent.

❑ Je ne *sais* pas si tu *connais* mon amie?

1. *Alain:* Tu _____, je suis amoureux de *(in love with)* la jeune fille que nous

    avons rencontrée tout à l'heure. Tu la _____?

2. *Étienne:* Non, je ne _____ pas cette jeune fille. Mais toi, tu ne

    _____ pas ce que c'est que l'amour.

3. *Alain:* Je _____ juste ce qu'il faut _____. Je

    _____ qu'elle est belle, intelligente et très sympa.

4. *Étienne:* Cédrine _____ tout le monde; elle doit _____ si

    elle a un petit ami. Allons lui demander ce qu'elle _____.

5. *Alain:* Mais nous ne _____ pas si Cédrine va vouloir nous donner des

    informations.

6. *Étienne:* Écoute, on ne va pas le _____ si on ne demande pas. En plus, je

    _____ bien Cédrine, elle ne pourra pas résister.

7. *Alain:* Cédrine, _____-tu que tu es très gentille?

8. *Cédrine:* Vous, je vous _____! Je _____ que vous allez me

    demander un service.

110

9. *Étienne:*   Comment le _____ -tu?

10. *Cédrine:*   Je _____ bien les garçons. Ils _____ très bien se

servir *(use)* de leurs amis!

D. Au bureau de renseignements. Posez une question en utilisant le verbe **savoir** et un des mots interrogatifs. Ensuite, imaginez une réponse.

❑   le kiosque / où
    —*Vous savez où se trouve le kiosque?*
    —*Oui, juste en face de la gare.*

1.   toilettes / où

    — _____

    — _____

2.   le train va partir / quand

    — _____

    — _____

3.   coûter / un billet pour Nice / combien

    — _____

    — _____

4.   les taxis / où

    — _____

    — _____

5.   le taux de change du dollar / quel

    — _____

    — _____

6.   acheter des cigarettes / où

    — _____

    — _____

7.   composter un billet / quand

    — _____

    — _____

E. À la conciergerie. Madame Lawrence est curieuse. Elle demande beaucoup de renseignements à la réceptionniste de son hôtel. Imaginez les questions qu'elle pose.

1. —_____

—Nous n'avons pas de chambres au rez-de-chaussée.

2. —_____

—Le petit déjeuner est servi de 7 heures 30 à 9 heures 30.

3. —_____

—Au salon.

4. —_____

—Prenez ce couloir et vous allez voir le salon.

5. —_____

—D'habitude, nous sommes ouverts jusqu'à minuit.

6. —_____

—Oui, il y a une pharmacie juste à côté. Elle est ouverte jusqu'à 20 heures.

7. —_____

—Oui, nous vendons des cartes postales. Les voilà.

8. —_____

—Non, je regrette. Il faut aller au bureau de tabac pour acheter des timbres.

9. —_____

—Ah là! je ne peux pas vous dire où est la poste la plus proche.

10. —_____

—Je ne peux pas vous dire ça, non plus.

11. —_____

—Au revoir, Madame.

F. Des comparaisons. Écrivez des phrases d'après l'exemple. Attention au temps!

❑ Je choisis généralement une chambre avec salle de bain. Et toi? *(douche)*
Moi, je choisis généralement une chambre avec douche.

1. Mes amis choisissent souvent les grands hôtels à trois étoiles. Et vous? *(une étoile)*

_____

NOM _____ DATE _____

2. Laurent choisit de prendre son petit déjeuner en chambre. Et toi? *(au café)*

   _____

3. Mon cousin Jean-Paul obéit rarement à ses professeurs. Et Karine et Gisèle? *(toujours)*

   _____

4. Il y a cinq ans, les étudiants finissaient les cours au mois de mai. Et maintenant? *(juin)*

   _____

5. Qu'en penses-tu? J'ai maigri un peu, non? Et toi? *(pas du tout)*

   _____

6. Nous faisons du jogging trois fois par semaine, mais nous ne maigrissons pas. Et les Clavel? *(tout à fait le contraire)*

   _____

G. Tout le monde et toutes les choses. Complétez les phrases suivantes avec les adjectifs **tout, tous, toute** ou **toutes.**

❏ _*Tout*_ le monde doit parler français en classe.

1. Le professeur a demandé à _____ la classe de faire attention.

2. _____ les étudiants iront au cinéma.

3. _____ les filles vont préparer leur dissertation à la bibliothèque ce soir.

4. Samedi, _____ les garçons vont faire un match de foot.

5. Éric, _____ tes amis vont voyager l'été prochain.

6. Quand ils voyagent aux Antilles, Paul et Robert refusent _____ les deux de parler anglais.

7. Paul aime goûter _____ les plats typiques du pays.

8. Mais Robert préfère commander le même plat _____ les jours.

H. Au guichet *(ticket window)* **de la gare.** Complétez le dialogue entre un employé et un voyageur qui veut acheter un billet de train.

Employé: Où est-ce que vous allez, Monsieur?

Voyageur: _____

Employé: Quel jour partez-vous?

Voyageur: _____

Employé: À quelle heure voulez-vous partir?

Voyageur: _____

Employé: Il y a un supplément à payer si vous préférez le TGV.

Voyageur: _____

Employé: Et en quelle classe?

Voyageur: _____

Employé: Fumeur ou non fumeur?

Voyageur: _____

Employé: Très bien. Une place en seconde, non fumeur, dans le TGV 750 pour Paris. Cela fait 196

francs.

Voyageur: _____

Employé: Oui, on accepte la carte Visa.

Voyageur: _____

Employé: Je vous en prie.

Voyageur: _____

I. Quelles vacances! Un groupe d'amis décide d'aller en vacances ensemble. Écrivez leurs projets au futur.

❑ Nous _*mangerons*_ *(manger)* un steak frites tous les jours

1. Nous ne _____ *(travailler)* pas beaucoup.

2. Tout le monde _____ *(prendre)* part au travail.

3. Mes fils _____ *(préparer)* de bons repas.

4. Anne et Sylvain _____ *(monter)* les tentes.

5. Toi, Jules, tu _____ *(écrire)* au professeur de français.

6. Alain et Karim _____ *(conduire)* prudemment.

7. Henri _____ *(lire)* la carte routière *[road map]*.

8. Le conducteur *[driver]* _____ *(suivre)* ses indications.

9. On _____ *(s'arrêter)* quand on sera fatigués.

10. Nous _____ *(se coucher)* très tard le soir.

J. Le premier jour en vacances. Complétez les phrases suivantes avec le futur des verbes donnés.

❑ Nous *(arriver)* _arriverons_ à l'aéroport de Port-au-Prince.

1. Claudine *(aller)* _____ tout de suite à la plage.

2. Myriam et Delphine *(venir)* _____ avec moi. Nous *(prendre)*

   _____ l'autobus pour aller en ville.

3. Claire et Lisette *(faire)* _____ des achats dans les magasins.

4. Lionel *(pouvoir)* _____ enfin manger un croque-monsieur.

5. Roger *(avoir)* _____ sommeil et *(dormir)* _____ dans sa

   chambre.

6. Le soir, nous *(manger)* _____ au restaurant.

7. Nous *(avoir)* _____ mal aux pieds et nous *(être)* _____ fatigués.

8. Alors, tout le monde *(être)* _____ heureux de rentrer à l'hôtel.

K. L'été prochain. Que ferez-vous cet été?

1. Resterez-vous sur le campus?

   _____

2. Travaillerez-vous? Si oui, où? Si non, pourquoi pas?

   _____

3. Rendrez-vous visite à des amis? à des grands-parents? Si oui, où irez-vous?

   _____

4. Ferez-vous un long voyage? Où?

   _____

5. Aurez-vous l'occasion *(opportunity)* de parler français?

   _____

6. Est-ce que vous ferez du sport?

   _____

7. Est-ce que vous aurez le temps de lire des livres? Si oui, quelle sorte de livres?

   _____

8. Est-ce que vous sortirez avec des amis?

   _____

9. Et à la fin des vacances, serez-vous heureux/heureuse de retrouver l'université?

   _____

L. Qu'est-ce qu'on fera? Complétez les phrases suivantes par des expressions de votre choix. Faites attention au temps des verbes.

1. Si _____, j'irai voir mes parents.

2. S'il pleut ce soir, _____.

3. Si nous décidons de faire le voyage en train, _____.

4. _____ si vous êtes sage (nice).

5. Nous aurons nos diplômes si _____.

6. Si Paula et Gabrielle travaillent 50 heures par semaine, _____.

7. Quand _____ tu boiras beaucoup de jus d'orange.

8. Quand _____, ils téléphoneront au 04.45.12.46.32.

9. Elle donnera la clé (key) à la réceptionniste quand _____.

10. Je téléphonerai quand _____.

M. Rédaction:

1. **Réservation de chambre par lettre.** Vous irez à Dakar pour y passer un séjour de trois jours. Écrivez à l'hôtel *Le Pavillon* pour réserver une chambre qui vous convient.

   _____

   _____

   _____

   _____

   _____

   _____

   _____

   _____

   _____

   _____

   _____

   _____

2. **Réservation par téléphone d'une table (au restaurant).** Vous êtes maintenant arrivé(e) à Dakar. Vous avez invité quelqu'un à dîner au restaurant *Chez Jean*. Vous téléphonez pour réserver une table. Écrivez un dialogue où vous demandez à la réceptionniste du restaurant les renseignements nécessaires.

_____

_____

_____

_____

_____

_____

_____

_____

_____

_____

Chapitre 13: Ma journée

 A. Qu'est-ce qu'on dit? Choisissez l'expression qui veut dire à peu près la même chose.

1. Lori ne va pas tarder.

    _____ a. Elle va bientôt arriver.

    _____ b. Elle va être en retard.

    _____ c. Elle va arriver en avance.

2. Le maître d'hôtel vérifie la liste.

    _____ a. Il demande à voir la carte d'identité.

    _____ b. Il présente le menu.

    _____ c. Il contrôle la réservation.

3. Nous venons d'arriver.

    _____ a. Nous sommes arrivés depuis des heures.

    _____ b. Nous sommes arrivés il y a quelques minutes.

    _____ c. Nous allons être en retard.

4. Vous voulez vous asseoir?

    _____ a. Ne vous inquiétez pas.

    _____ b. Vous voulez prendre cette table.

    _____ c. Quel plaisir de vous voir.

5. Par ici, s'il vous plaît.

    _____ a. Venez avec moi, s'il vous plaît.

    _____ b. Très bien, un instant s'il vous plaît.

    _____ c. Ne tardez pas, s'il vous plaît.

6. Goûtez le vin.

    _____ a. Vous voulez du vin?

    _____ b. Buvez un peu de vin.

    _____ c. Il faut aimer le vin.

B. Les bonnes manières. Complétez les phrases en utilisant le verbe **mettre.**

❑ En France on __*met*__ les mains sur la table.

1. En France, on _____ les morceaux de pain sur la nappe à côté de l'assiette.

2. Et aux États-Unis? Est-ce que vous _____ une serviette sur les genoux?

3. Oui, nous _____ une serviette sur les genoux.

4. Les Français _____ souvent un verre et une cuiller devant chaque assiette.

5. Madame La Fontaine _____ toujours quatre verres et deux cuillers devant chaque

   assiette.

6. Merci, je ne _____ plus de sucre dans mon café.

7. Mais ton frère _____ beaucoup de temps à trouver une femme.

8. Jean, ne _____ pas tes mains sur la tête!

C. La table française et la table américaine. À partir des illustrations suivantes, écrivez cinq phrases qui comparent les manières françaises aux manières américaines.

❑ *En France, on met les morceaux de pain sur la nappe, mais aux États-Unis, on met les morceaux de pain sur une petite assiette.*

1. En France, on _____

   mais aux États-Unis, on _____

2. _____

   _____

3. _____

   _____

4. _____

   _____

5. _____

   _____

D. À vous. Répondez aux questions suivantes avec des phrases complètes.

1. Quel est votre repas préféré?

_____

2. À quelle heure prenez-vous ce repas?

_____

3. Êtes-vous végétarien(ne)?

_____

4. Est-ce que vous mettez du beurre sur les spaghettis?

_____

5. Est-ce que vous mettez du ketchup sur les frites?

_____

6. Qu'est-ce que vous mettez dans la salade?

_____

7. Qu'est-ce que vous mettez dans votre thé ou dans votre café?

_____

8. Où mettez-vous les mains pendant un repas quand vous êtes invité(e) chez des Français?

_____

9. Qui met la table chez vous?

_____

10. Est-ce que vous permettez aux invités de fumer chez vous après le repas?

_____

E. Quand est-ce qu'on... ? Formez des phrases d'après l'exemple.

❏ Soumia / se réveiller / 7 h 15
   Soumia se réveille à 7 h 15.

1. elle / se lever / 7 h 30

_____

2. vous / se lever / à quelle heure?

_____

3. je / se brosser les dents / 8 h

_____

Chapitre 13: WORKBOOK **121**

4. ma camarade de chambre / s'habiller / 8 h

_____

5. Aline et Sophie / se brosser les cheveux / en classe

_____

6. moi / se souvenir de / elles

_____

7. nous / se promener / plus souvent que vous

_____

8. Monsieur Barthes / se promener / dans le parc / tous les soirs

_____

9. mes voisins / s'appeler / Christophe et Daniel

_____

10. ils / se coucher / généralement à 11 h

_____

 F. Une journée dans la vie de Véronique. Regardez les illustrations suivantes et décrivez ce que fait Véronique. Utilisez des verbes pronominaux.

1.   2.   3.

4.   5.   6.

1. _____

2. _____

3. _____

4. _____

5. _____

6. _____

G. Quelles sont vos habitudes? Répondez.

1. À quelle heure vous levez-vous d'habitude?

_____

2. À quelle heure vous couchez-vous d'habitude?

_____

3. Combien de fois par jour vous brossez-vous les dents?

_____

4. Est-ce que vous vous habillez avant ou après le petit déjeuner?

_____

5. Vous reposez-vous pendant la journée? Si oui, quand?

_____

6. Est-ce que vous vous inquiétez avant un examen?

_____

7. Qu'est-ce que vous faites pour vous reposer après un grand examen?

_____

8. Vous vous amusez bien le week-end?

_____

9. Quand vous étiez au lycée, qu'est-ce que vous faisiez pour vous amuser?

_____

10. Vous souvenez-vous bien de vos professeurs de lycée?

_____

H. Des antagonistes. Marie et Antoine sont des parents qui se contredisent *(contradict each other)*. Chaque fois que leurs enfants demandent à faire quelque chose, les deux parents donnent des ordres contradictoires. Écrivez les réponses des parents d'après l'exemple.

❑ Je me lève?
   Marie: *Lève-toi!*
   Antoine: *Ne te lève pas!*

❑ Je regarde la télé?
   Marie: *Regarde-la!*
   Antoine: *Ne la regarde pas!*

1. Je m'habille?

   Marie: _____

   Antoine: _____

2. Je fais la vaisselle?

   Marie: _____

   Antoine: _____

3. Je me dépêche?

   Marie: _____

   Antoine: _____

4. Nous nous mettons à table?

   Marie: _____

   Antoine: _____

5. Nous prenons des céréales?

   Marie: _____

   Antoine: _____

6. Je mets mon imperméable?

   Marie: _____

   Antoine: _____

I. Les sœurs aînées *(Older sisters).* Ces sœurs vérifient toujours pour voir si leurs petits frères et leurs petites sœurs ont fait leurs tâches *(tasks).* Écrivez des mini-dialogues au passé composé d'après l'exemple.

❑ Marie-Laure / se lever à l'heure // oui
   —*Marie-Laure, tu t'es levée à l'heure?*
   —*Oui, je me suis levée à l'heure.*

1. Vous / se laver / ce matin // évidemment

   —_____

   —_____

2. Isabelle / se mettre à table // bien sûr

— _____

— _____

3. Yves / se brosser les dents // oui

— _____

— _____

4. Sylvie / prendre le petit déjeuner // non

— _____

— _____

5. Vous deux / ne ... pas se dépêcher // si

— _____

— _____

J. La volonté. Complétez les phrases avec le subjonctif des verbes indiqués.

❑ Mes parents préfèrent que je leur *(rendre)* _**rende**_ visite le week-end prochain.

1. Monsieur Leblanc souhaite que sa fille *(réussir)* _____ à ses examens cette

   fois-ci.

2. Il faut que je *(partir)* _____ à 8 heures.

3. Mon patron exige que nous *(faire)* _____ tout pour plaire *[please]* à la

   clientèle.

4. Veux-tu qu'elle *(venir)* _____?

5. Je voudrais qu'on *(aller)* _____ en France cet été.

6. J'aimerais que notre serveur *(être)* _____ plus poli.

7. Notre voisin ne veut pas que nous *(jouer)* _____ au foot en face de sa

   maison.

8. Le professeur désire que tous les étudiants *(écouter)* _____ les cassettes au

   labo deux heures par semaine.

9. J'aimerais bien que vous *(téléphoner)* _____ à vos amis avant d'aller chez

   eux.

K. On veut faire autre chose. Ces personnes veulent faire certaines choses, mais leurs amis (ou leurs parents) veulent qu'ils fassent autre chose. Suivez l'exemple.

❑   Michel veut étudier. (ses amis exigent / sortir avec eux)
    Mais ses amis exigent qu'il sorte avec eux.

1. Marie et moi, nous voulons écouter des disques. (Yves et Lionel souhaitent / jouer au tennis avec eux)

    _____

2. Tu aimes regarder la télévision. (ton petit frère veut / lire un livre avec lui)

    _____

3. Vous êtes occupé(e). (votre mère demande / faire les courses avant de rentrer)

    _____

4. Marie-Dominique souhaite rester à la maison tout l'après-midi. (ses parents ont besoin / conduire sa tante à la gare)

    _____

5. Marie-Noëlle aime se coucher après le repas. (son père exige / écrire une lettre à sa grand-mère)

    _____

6. Ma camarade de chambre veut sortir à 9 h. (je préfère / nous / sortir à 8 h)

    _____

7. Mon ami ne veut pas mettre sa ceinture de sécurité. (je souhaite / mettre la ceinture dans ma voiture)

    _____

8. Les étudiants veulent utiliser le dictionnaire pendant l'examen. (le professeur préfère / ne ... pas utiliser le dictionnaire)

    _____

L. L'avis d'un médecin (*A doctor's opinion*). Complétez avec la forme convenable du verbe indiqué.

1. Vous avez mal à la tête et vous avez de la fièvre? Alors j'(*exiger*) _____

    que vous (*prendre*) _____ un cachet d'aspirine trois fois par jour, que

    vous (*boire*) _____ beaucoup de jus de fruits et que vous (*venir*)

    _____ me voir demain matin.

2. Tu as mal aux jambes, Éric? Alors je *(vouloir)* _____ que tu *(prendre)*

   _____ un bain chaud et que tu *(ne ... plus faire)* _____

   de foot cette semaine.

3. Monsieur Cattelat a mal à l'estomac? Depuis un jour? Madame, il *(être urgent)*

   _____ qu'il *(venir)* _____ me voir à l'hôpital, sans

   délai.

4. Non, Madame, ce n'est pas du tout une bonne idée de rendre visite à votre cousine. Je *(préférer)*

   _____ que vous *(avoir)* _____ de la patience,

   que vous *(être)* _____ raisonnable et que vous *(se reposer)*

   _____ chez vous.

5. Il faut que vous *(faire)* _____ des sacrifices pour maigrir. Il faut surtout

   que vous *(vouloir)* _____ vraiment maigrir et que vous ne *(manger)*

   _____ rien après 8 heures du soir.

6. Dans votre état, j' *(exiger)* _____ que vous *(ne ... pas toucher)*

   _____ à l'alcool et au tabac. Et je *(souhaiter)* _____

   que vous *(prendre)* _____ ces médicaments, que vous *(manger)*

   _____ assez de légumes, et que vous *(faire)* _____

   du sport modérément.

M. *Rédaction:* **Samira vous interroge.** Votre amie Samira, qui habite au Maroc, est étudiante en journalisme. Elle s'intéresse à votre vie à l'étranger et elle vous a demandé de décrire la semaine et le week-end derniers.

- D'abord, remplissez le tableau suivant:

Jour/Heure	Activité/Avec qui	Impressions
Dimanche: 8 heures	Regarder *X-Files* avec Guillaume. Dans *X-Files,* des agents de la FBI résolvent des mystères.	Moins bien que la semaine dernière

- Maintenant, écrivez votre lettre à Samira. Utilisez les conventions d'usage *(usual greetings)* pour écrire une lettre (lieu, date, etc.)! Pour aider votre lectrice, n'oubliez pas d'utiliser des mots comme **d'abord, ensuite, alors, enfin...**

Chapitre 14: Les hommes et les femmes

 A. Un petit feuilleton. Complétez les phrases suivantes au présent d'après les illustrations.

1. Ils _____ .

2. Ils _____ .

3. Il achète _____ .

4. Ils _____ .

5. Ils _____ .

6. Ils _____ .

 B. Antonymes. Écrivez des expressions qui veulent dire à peu près le contraire des expressions données.

❏ se marier
divorcer

1. se disputer _____

2. se séparer _____

3. mariés _____

4. C'est passionnant! _____

5. épouser _____

6. triste _____

C. «Nos chers enfants». Complétez ce dialogue avec le verbe **dire**. Attention au choix des temps!

1. _____-moi, qu'est-ce qui est arrivé?

2. Jérôme _____ à Samira qu'il l'aime et qu'il va l'épouser.

3. Il lui _____ hier soir que sa femme et lui ont l'intention de divorcer.

4. Sans blague! Moi, je déteste cet imbécile. Il _____ à toutes les femmes qu'il les aime à la folie.

5. Tu verras, demain il _____ la même chose à Ghislaine.

6. Hier, je t'_____ que les hommes _____ n'importe quoi (*anything*).

D. À vous. Répondez d'après l'exemple.

❏ Que dites-vous généralement si vous entendez dire qu'une de vos amies va se marier?
   Je dis généralement: «Ah! ça devient sérieux!» ou   *Je dis généralement: «Sans blague!»*

1. Que dites-vous si votre camarade de chambre vous réveille à 5 heures du matin?

   _____

2. Que dites-vous à quelqu'un que vous aimez?

   _____

3. Que disiez-vous souvent à vos professeurs de lycée quand vous ne rendiez pas vos devoirs?

   _____

4. Et que disaient vos professeurs dans ce cas-là?

   _____

5. Que diront vos parents si vous décidez de ne pas passer le Nouvel An chez eux?

   _____

6. Qu'est-ce qu'on dit en français si on veut refuser poliment de boire quelque chose?

   _____

7. Que dites-vous si quelqu'un vous dit que vous parlez bien le français?

   _____

E. Qu'est-ce qu'on leur donne? Créez des phrases d'après l'exemple. Utilisez **lui** ou **leur** dans chaque phrase.

des chèques   un pourboire   la voiture
des examens   une bague de fiançailles   une pièce de dix francs
le permis de conduire les devoirs   des fleurs

❑ (l'employé d'une banque) On *lui* donne *des chèques.*

1. (le serveur)   On _____ donne _____

2. (les étudiants)   On _____ donne _____

3. (la fiancée)   On _____ donne _____

4. (les professeurs)   On _____ donne _____

5. (le garagiste)   On _____ donne _____

6. (l'agent de police)   On _____ donne _____

7. (le vendeur de journaux)   On _____ donne _____

8. (une amie qui est à l'hôpital) On _____ donne _____

F. Une amie sensationnelle. Complétez le paragraphe suivant avec des pronoms objets directs ou indirects.

Mira est une amie sensas! Je _____ connais depuis longtemps. Elle et moi, nous nous entendons

très bien et nous avons les mêmes goûts. Je _____ emprunte ses disques et elle _____ prête

ses cassettes. Je _____ parle toujours de mes problèmes. Je _____ demande ce qu'elle pense

de mes projets et elle _____ donne des conseils. Quand elle rentre d'un rendez-vous, par

exemple, elle _____ raconte tout ce qui est arrivé. Moi aussi, quand je sors avec quelqu'un, je

_____ dis tout. Ses parents sont très sympa (nice). Ils aiment beaucoup les étudiants étrangers et

ils _____ demandent souvent de _____ rendre visite. Au fait, je viens de _____

téléphoner pour _____ dire que j'irai _____ voir samedi. Ils habitent dans une grande villa

près de Fez. Tiens, Denise, si tu veux venir avec moi, je suis sûre qu'ils seront heureux de _____

inviter. On passera un week-end super!

G. Dis-moi, qu'est-ce que je fais maintenant? François donne des conseils à son camarade de chambre. Écrivez les phrases de François à l'impératif et remplacez le complément d'objet indirect souligné par un pronom.

❑ J'écris la lettre <u>à Joëlle</u>?
Oui, écris-lui la lettre! ou *Non, ne lui écris pas la lettre!*

1. Je dis la vérité <u>à ma mère</u>?

   Oui, _____

2. J'explique la situation <u>à l'ancien ami de Joëlle</u>?

   Non, _____

3. Nous racontons tout <u>aux parents de Joëlle</u>?

   Oui, _____

4. Nous faisons tout ce que ses parents <u>nous</u> disent?

   Non, _____

5. Nous rendons visite <u>à mes grands-parents</u>?

   Oui, _____

6. Nous téléphonons <u>au prêtre</u>?

   Oui, _____

7. Je donne une bague de fiançailles <u>à Joëlle</u> ce week-end?

   Non, _____

8. Et je dis <u>à Joëlle</u> qu'il faut attendre jusqu'à Noël pour le mariage?

   Oui, _____

 H. Des obligations. Quand la mère de Patrick et Étienne leur fait des recommandations, ils sont volontiers d'accord. Écrivez leurs réponses d'après l'exemple. Utilisez le verbe **aller** et remplacez les expressions (en italique) par un pronom d'objet direct ou indirect, selon le besoin.

❑ Il faut que vous écriviez *à vos grands-parents.*
D'accord, nous allons leur écrire.

1. Il ne faut pas que vous oubliiez de téléphoner *à vos cousines.*

   _____

2. Patrick, il faut que tu écrives *à ton oncle Antoine.*

   _____

3. Étienne, ce week-end, il faut que tu parles *à tes cousines* de ton université.

_____

4. Et Étienne, quand tu vas chercher tante Odile, il faut absolument que tu prennes *la Renault.*

_____

5. Et ne fais pas *le trajet [trip]* en vitesse.

_____

6. Patrick, il faut que tu montres les photos de ton voyage à Lille *à Odile.*

_____

7. Ne regardez pas *la télé* pendant le dîner.

_____

8. Et quand Odile joue du piano, il faut que vous écoutiez *les morceaux* patiemment.

_____

I. Vous croyez? On parle des feuilletons. Complétez avec la forme convenable de **croire.**

❑ Je __*crois*__ qu'ils vont se séparer.

1. Tu ne peux pas _____ ce qui est arrivé hier!

2. Marie et Alain se sont disputés. Je _____ qu'ils vont se séparer.

3. Marie _____ qu'elle n'aime plus Alain.

4. Tu _____ qu'ils ont l'intention de divorcer?

5. Tous mes amis _____ qu'ils ne s'entendent plus.

6. Marie a tout de suite téléphoné à un ancien ami de lycée pour sortir avec lui. Je

_____ qu'elle veut vite oublier Alain.

7. Je _____ aussi qu'Alain voulait se consoler quand il a mis une annonce

dans le courrier du cœur.

8. Oui, mais il y a peu de gens qui _____ que ces annonces sont sincères.

9. Au moins, toi et moi, nous _____ toujours à l'amour éternel.

J. Quelle soirée! Vous êtes à une soirée d'étudiants où vous entendez des bribes *(snippets)* de conversations, mais personne ne sait utiliser les pronoms relatifs! Mentalement, vous reconstruisez toutes leurs phrases. Écrivez-les en utilisant les pronoms relatifs **qui, que** ou **dont,** selon le besoin.

❑ J'ai mangé un hamburger. <u>Ce hamburger</u> m'a rendu malade.
J'ai mangé un hamburger qui m'a rendu malade.

❑ J'ai mangé une pizza. J'ai beaucoup aimé <u>cette pizza</u>.
J'ai mangé une pizza que j'ai beaucoup aimée.

❑ J'ai mangé un couscous. Je me souviendrai toujours <u>de ce couscous</u>.
J'ai mangé un couscous dont je me souviendrai toujours.

1. Va voir «La Joconde». <u>«La Joconde»</u> s'appelle aussi «Mona Lisa».

   _____

2. Voici une étudiante. Vous m'avez parlé <u>de cette étudiante</u>.

   _____

3. Le manteau est à toi? <u>Le manteau</u> est sur le sofa.

   _____

4. *Le Monde* est un journal français. Je préfère *Le Monde*.

   _____

5. J'ai oublié le titre *(title)* du livre. Tu m'as conseillé de lire <u>ce livre</u>.

   _____

6. Marc t'a apporté le cadeau. <u>Ce cadeau</u> est sur la table.

   _____

7. Carthage est une ville. Il ne reste rien <u>de cette ville</u>.

   _____

8. Les étudiants ont des difficultés à vivre. <u>Ces étudiants</u> sont pauvres.

   _____

9. Cet homme semble perdu. Tu vois <u>cet homme</u> là-bas.

   _____

10. Je n'ai pas vu les amis. <u>Ces amis</u> sont venus te voir.

   _____

K. Les goûts et les couleurs *(Personal preference)*. Complétez les phrases suivantes avec vos préférences.

❑ J'aime les romans *qui donnent à réfléchir.*
que j'achète à la gare.
dont je t'ai parlé hier.

1. Le Maroc est un pays _____

2. J'aime les profs _____

3. Va voir ce film _____

4. Je n'aime pas les gens _____

5. C'est un étudiant _____

L. Des sentiments. Choisissez une expression de la liste pour donner votre réaction. Suivez l'exemple et utilisez le subjonctif.

je suis ravi(e) que   je suis content(e) que   il est incroyable que
il est ridicule que   il n'est pas possible que   c'est dommage que
je suis désolé(e) que   je suis triste que   je regrette que
je suis fâché(e) que

❑ Il n'y a pas de cours vendredi.
Je suis contente qu'il n'y ait pas de cours vendredi.   ou
Il est ridicule qu'il n'y ait pas de cours vendredi.

1. Nous parlons français entre nous.

   _____

2. Quelques étudiants veulent toujours répondre en anglais.

   _____

3. Le professeur explique bien la leçon.

   _____

4. On a beaucoup de devoirs.

   _____

5. Nous avons un examen vendredi après-midi.

   _____

6. Je pourrai me reposer ce week-end.

   _____

7. Mes parents viendront me rendre visite.

   _____

8. Toi et moi, nous irons voir un film samedi soir.

_____

9. Nous pourrons passer du temps ensemble.

_____

10. Il va pleuvoir.

_____

M. Des besoins. Écrivez les réponses du réceptionniste de l'hôtel Luxor à Rabat, qui utilise à chaque fois le pronom **en.**

❑ Où est-ce que je peux trouver *des cachets d'aspirine?*
   Vous pouvez en trouver à la pharmacie.

1. Pardon, où est-ce qu'on vend *des cigarettes?*

_____

2. Où pouvons-nous trouver un *bon dîner peu cher?*

_____

3. Combien de *vins* y a-t-il dans leur liste des vins?

_____

4. Est-ce que vous servez *du café* tard le soir?

_____

5. Combien de *chambres libres* avez-vous?

_____

6. Est-ce que vous avez *des brochures touristiques?*

_____

7. Qui vend *de belles cartes postales?*

_____

8. Où y a-t-il *des journaux?*

_____

N. *Rédaction:* Deuxième lettre à Samira. Parlez à Samira de la télévision, du cinéma, des loisirs dans votre pays. Dites-lui par exemple quels sont vos programmes télévisés favoris ou si, au contraire, vous n'avez pas la télévision et préférez la vie active, etc.

- Avant de commencer, répondez aux questions suivantes:

1. Regardez-vous souvent la télévision?

   _____

2. Si oui, quel est votre programme préféré? (les documentaires? les films? les émissions sportives? les informations? etc.) Si non, pourquoi ne la regardez-vous pas? (manque *[lack]* de temps? d'intérêt? etc.)

   _____

   _____

3. Allez-vous souvent au cinéma?

   _____

4. Combien de fois par semaine? mois? an?

   _____

5. Y allez-vous seul(e) ou avec des amis ou des membres de votre famille?

   _____

6. Quel genre de film préférez-vous voir? (les films d'action? de science-fiction? policiers? d'amour? etc.)

   _____

   _____

7. Êtes-vous sportif/sportive?

   _____

8. Quel est votre sport (ou quelle est votre activité) préféré(e)?

   _____

9. Combien de fois par semaine êtes-vous actif/active? Pendant combien de temps?

   _____

10. Quelle activité aimeriez-vous pratiquer?

    J'aimerais _____

- Écrivez maintenant votre lettre à Samira. Utilisez les conventions habituelles de correspondance!

Chapitre 14: WORKBOOK **137**

Chapitre 15: Qu'est-ce que je devrais faire?

A. Sur la route. Choisissez les phrases de la colonne gauche qui complètent les phrases de la colonne droite.

1. Qu'est-ce qui est arrivé? _____

2. Elle allait au travail ce matin quand... _____

3. Le conducteur de la voiture roulait trop vite. Sans doute... _____

4. Il était ivre, alors... _____

5. Heureusement il y avait un gendarme juste derrière... _____

6. Il a assuré à Emmanuelle que... _____

7. Le gendarme a parlé au monsieur et... _____

a. c'était la faute du monsieur

b. qui a vu l'accident.

c. il lui a donné une contravention.

d. il ne faisait pas attention.

e. Emmanuelle a eu un accident.

f. sa mobylette est entrée en collision avec une voiture.

g. il avait trop bu.

B. Un accident. Complétez en utilisant selon le cas le passé composé ou l'imparfait des verbes indiqués.

Hier, je *(voir)* _____ un accident. Il *(avoir lieu)*

_____ à 7 h 30, au coin du boulevard des Alpes et de la

rue Amat. Il *(neiger)* _____. Jeannette et moi, nous *(être)*

_____ en retard, mais nous *(ne ... pas rouler)*

_____ très vite parce que la chaussée *(être)*

_____ glissante. Mais le conducteur d'une Peugeot 405,

qui *(venir)* _____ de la droite à tout vitesse, *(ne ... pas*

pouvoir) _____ freiner au feu rouge et il *(heurter)*

_____ une Voivo. Le conducteur de la Volvo *(être)*

_____ blessé. Jeannette et moi, nous *(téléphoner)*

_____ tout de suite à la police. L'ambulance *(arriver)*

_____ quelques minutes après. Un agent de police

(donner) _____ une contravention sévère au monsieur

qui *(conduire)* _____ la Peugeot.

C. Bien obligé! Répondez à votre amie selon ce qu'elle vous dit et avec les solutions proposées entre parenthèses.

❑ Je veux réussir à mon examen. *(étudier ce soir)*
   Alors, tu dois étudier ce soir.

1. Nous voulons maigrir. *(faire du jogging)*

   _____

2. Ma sœur veut voyager en Afrique l'été prochain. *(faire des économies)*

   _____

3. André veut se marier avec moi. *(acheter une bague de fiançailles)*

   _____

4. Les autres veulent regarder le match de basket ce soir. *(finir de nettoyer l'appartement d'abord)*

   _____

5. J'ai mal à la tête. *(prendre de l'aspirine)*

   _____

6. Je voudrais me reposer. *(ne pas sortir ce soir)*

   _____

D. À l'aide de votre camarade de chambre. Suggérez à votre camarade de chambre trois choses qu'il/elle pourrait faire dans les cas suivants. Commencez vos suggestions avec **si.**

❑ J'ai faim.
   Si tu as faim, tu dois manger un fruit.

1. J'ai la grippe.

   _____

2. Je suis déprimé. Joëlle et moi, nous nous sommes séparés.

   _____

3. J'ai un examen difficile demain. Je suis nerveux.

   _____

4. J'ai mal aux dents.

   _____

5. J'ai beaucoup travaillé cette semaine. Je suis fatigué.

   _____

E. Témoin d'un accident. Pour la police qui est venue investiguer l'accident, racontez ce que vous, un des témoins, avez vu.

10 h 11 / rue Massot / une Mercédès rouge / pas de blessés / priorité à droite /
la faute du camion *(truck)*

_____

_____

_____

_____

_____

_____

Maintenant, la police demande quelques renseignements à un autre témoin. Mais les réponses du témoin sont souvent imprécises. Alors, l'agent repose les questions et demande des précisions. Cette fois-ci, posez les questions de l'agent d'après l'exemple.

Questions:

❑ *Le témoin:* *Il* a freiné trop tard.
   L'agent: *Qui est-ce qui a freiné trop tard?*

   Le témoin: J'ai entendu *quelque chose*.
   L'agent: *Qu'est-ce que vous avez entendu?*

1. *Le témoin:* *Elle* roulait très vite.

   L'agent: _____

2. *Le témoin:* J'ai vu *quelque chose* qui traversait la rue.

   L'agent: _____

3. *Le témoin:* *Elle* ne faisait pas attention.

   L'agent: _____

4. *Le témoin:* *Elle* était très glissante.

   L'agent: _____

5. *Le témoin:* Un monsieur a dit «*Mince!*»

   L'agent: _____

6. *Le témoin:* *Une voiture de marque japonaise* a heurté ma voiture.

   L'agent: _____

7. *Le témoin:* J'ai entendu *deux personnes* qui parlaient espagnol.

   L'agent: _____

8. *Le témoin:* J'ai vu *une femme* sortir de la voiture.

   L'agent: _____

9. *Le témoin:* Elle m'a demandé *de l'aider.*

   L'agent: _____

10. *Le témoin:* Elle disait *des choses* que je n'ai pas comprises.

    L'agent: _____

F. Le cambriolage *(The burglary).* Un inspecteur interroge les habitants d'une maison où il y a eu un cambriolage. Imaginez l'interrogation d'après l'information suivante.

❑ entendre / quelque chose // rien
—*Est-ce que vous avez entendu quelque chose?*
—*Non, je n'ai rien entendu.*

❑ voir / quelqu'un // oui / un homme
—*Est-ce que vous avez vu quelqu'un?*
—*Oui, j'ai vu un homme.*

1. voir / quelqu'un // oui / dans la rue

   — _____

   — _____

2. entendre / quelque chose / hier soir après 8 h // non / rien

   — _____

   — _____

3. sortir / avec quelqu'un / hier soir // oui / une copine

   — _____

   — _____

4. boire / beaucoup de vin / hier soir // non / un peu

   — _____

   — _____

5. prendre / des drogues / cette semaine // non / absolument pas

   — _____

   — _____

6. voir / quelqu'un / avec un blouson et un chapeau noir // non / personne

   — _____

   — _____

7. connaître / des personnes / qui ne travaillent pas // oui / Jean-Pierre et Chantal

___ _____

___ _____

8. connaître / quelqu'un / qui a à peu près trente ans et qui a une moustache // oui / le fils de la propriétaire

___ _____

___ _____

9. détester / quelques voisins // non / pas moi

___ _____

___ _____

10. avoir peur de / quelqu'un // non / jamais / personne

___ _____

___ _____

G. Un mystère. Complétez avec **personne, rien** ou **quelqu'un** le compte rendu d'un inspecteur de police.

1. _____ m'a téléphoné à 6 heures pour me faire part d'un cambriolage.

2. Mais il ne voulait _____ dire au téléphone.

3. Une fois arrivé à la maison, le monsieur me dit que _____ d'extraordinaire n'est arrivé.

4. La femme de chambre a vu _____ qui portait des lunettes.

5. Elle avait trop peur, alors elle n'a _____ dit quand elle l'a vu.

6. À part la femme de chambre, _____ n'a entendu de bruit.

7. Ensuite, on a constaté que _____ avait pris des fourchettes et des couteaux.

8. _____ d'autre ne manquait.

9. Et _____ ne sait où sont les fourchettes et les couteaux maintenant.

10. Bref, _____ ne sait exactement ce qui est arrivé.

H. La carte postale brouillée *(smudged)*. Louise Lambert est partie en vacances. Elle a envoyé une carte postale à son amie Sylvie, mais il a plu, et l'écriture *(handwriting)* de Louise est brouillée. Quand Louise téléphonera, Sylvie lui posera une série de questions concernant les parties de la carte qu'elle ne pouvait pas lire. Lisez la carte, et ensuite écrivez les questions de Sylvie.

❑ *Quand me passeras-tu un coup de téléphone?*

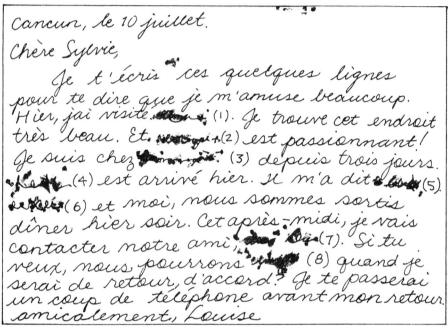

Cancun, le 10 juillet.

Chère Sylvie,

Je t'écris ces quelques lignes pour te dire que je m'amuse beaucoup. Hier, j'ai visité ⸻ (1). Je trouve cet endroit très beau. Et ⸻ (2) est passionnant! Je suis chez ⸻ (3) depuis trois jours. ⸻ (4) est arrivé hier. Il m'a dit ⸻ (5) ⸻ (6) et moi, nous sommes sortis dîner hier soir. Cet après-midi, je vais contacter notre ami, ⸻ (7). Si tu veux, nous pourrons ⸻ (8) quand je serai de retour, d'accord? Je te passerai un coup de téléphone avant mon retour. amicalement, Louise

Questions:

1. _____

2. _____

3. _____

4. _____

5. _____

6. _____

7. _____

8. _____

I. Au restaurant. Utilisez le conditionnel pour demander des services plus poliment.

❑ Nous voulons une table pour quatre, s'il vous plaît.
Nous voudrions une table pour quatre, s'il vous plaît.

1. Nous voulons une section non fumeur.

_____

2. Pouvez-vous me dire où se trouvent les toilettes?

_____

3. Voulez-vous nous recommander un plat?

   _____

4. Est-ce que vous pouvez nous expliquer ce que c'est que «le steak tartare»?

   _____

5. Je prends des profiteroles *(ice cream dipped in chocolate).*

   _____

6. Nous désirons avoir l'addition, s'il vous plaît.

   _____

J. Ce qu'on devrait faire pour recevoir une bonne note. Écrivez des phrases complètes avec le verbe **devoir** au conditionnel d'après l'exemple.

❑ les étudiants / arriver à l'heure
   Les étudiants devraient arriver à l'heure.

1. les étudiants / rendre toujours leurs devoirs

   _____

2. Marie / ne ... pas s'endormir

   _____

3. Adihaha / prendre des notes

   _____

4. Nathalie et Lucie / faire souvent les exercices oraux

   _____

5. Jacob et Bill / répondre en français

   _____

6. nous / demander des explications

   _____

7. les étudiants / lire la leçon avant le cours

   _____

8. le professeur / être content quand les étudiants parlent français

   _____

K. Si on gagne à la loterie. Formez des phrases complètes pour suggérer ce que les gagnants *(winners)* de la loterie pourraient faire.

❑ Janine / vendre sa moto / acheter une voiture de sport
   Janine vendrait sa moto et achèterait une voiture de sport.

1. Les Dubois / organiser une grande fête de trois jours / partir en vacances en Corse

   _____

2. Jean-Luc / inviter tous ses amis / voyager avec tout le groupe à Tahiti

   _____

3. Mes parents / acheter de nouveaux meubles *(furniture)* / mettre le reste de l'argent à la banque

   _____

4. Ma meilleure amie, mon copain et moi / dîner dans un des grands restaurants parisiens / faire le tour du monde

   _____

5. Les étudiants de la classe de français / faire un voyage en France, au Maroc et au Sénégal / y rester toute une année

   _____

6. Ma cousine / rendre visite à toutes ses amies / faire un voyage en Inde

   _____

7. Mon oncle Joseph / ne ... plus travailler / se reposer en Espagne

   _____

8. Ma grand-mère / distribuer l'argent parmi *(among)* ses petits-enfants

   _____

9. Votre professeur / aller à la Guadeloupe / écrire un roman

   _____

10. Et vous? Que feriez-vous si vous gagniez cinq millions de francs à la loterie? Mentionnez cinq choses.

    _____

    _____

    _____

    _____

    _____

L. *Rédaction:* **Le voyage de mes rêves.** Si vous aviez deux semaines de vacances, iriez-vous à Port-au-Prince, à Rabat, à Dakar, à Montréal ou à Genève? Après avoir fait votre choix hypothétique, vous allez écrire une lettre à vos quatre amis, Samira, Léopold, Caroline et Bruno, pour leur parler du voyage de vos rêves. Quels endroits est-ce que vous visiteriez? Combien de temps y passeriez-vous? Quels hôtels est-ce que vous choisiriez? Vous feriez des réservations pour quelle sorte de chambre? Quels gens est-ce que vous aimeriez rencontrer? etc.

Écrivez votre lettre au conditionnel. Qui sait, peut-être votre voyage se réalisera-t-il un jour!

Lab Manual

NOM _____   DATE _____

Chapitre préliminaire: Au départ   20/20

Partie A: Prononciation

Activité 1: Masculin ou féminin? Read the pronunciation section on page 4 of ***Entre Amis***, Third Edition, then decide whether the following words are masculine or feminine, by placing an X in the appropriate column.

	Masculin	**Féminin**
❑	X	
1.		X
2.		X
3.	X	
4.	X	
5.	X	
6.		X
7.	X	
8.		X
9.	X	
10.		X

Activité 2: L'alphabet français. Use the French alphabet on page 5 to spell the words mentioned below:

1. Bruno   Be evve u enne oh
2. 325-4058   trois, deux cinq- quatre zéro cinq huit
3. Caroline   Ce an evre oh elle ee enne euh
4. 451-2066   quatre cinq un- deux zéro six six

Partie B: Compréhension

Activité 1: Ici on parle français

People in many parts of the world speak French as their native language. In this activity, you will hear native speakers of different languages say a few words about themselves. You do *not* need to understand what each person is saying; your task is simply to decide whether or not the language spoken is French. There are pauses after each speaker so that you can think before marking your answers. You can also rewind the tape and listen to the samples more than once if it will help you to decide.

On parle français?

	oui	*non*		*oui*	*non*
1.	✓		5.		✓
2.	✓		6.	✓	
3.		✓	7.	✓	
4.	✓		8.		✓

Copyright © Houghton Mifflin Company. All rights reserved.

Chapitre préliminaire: LAB MANUAL **151**

Activité 2: Le monde francophone

A. Take time to look over the following four maps. Of the French-speaking areas you see highlighted, which two would you most like to visit?

Premier choix: _____Martinique_____

Deuxième choix: _____Maroc_____

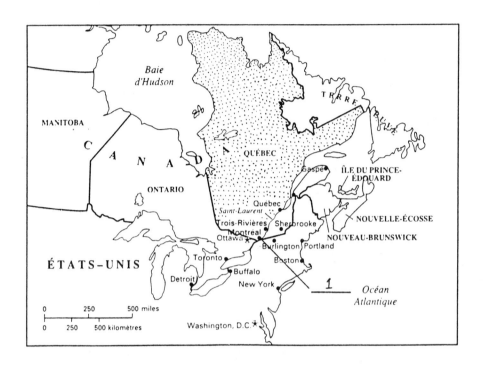

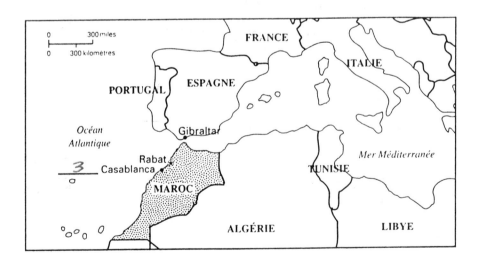

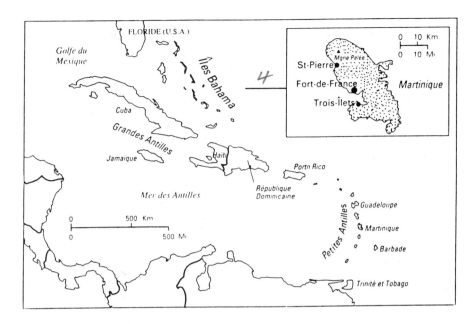

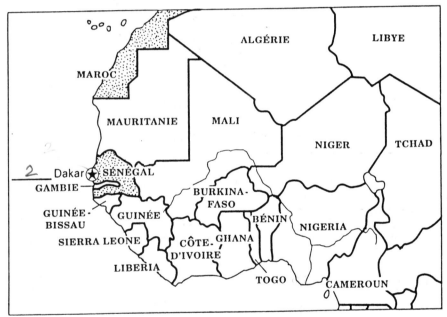

 B. Listen to the following native speakers as they introduce themselves to you in French and tell you where they are from. You will hear each greeting twice. First, locate the country and city on the maps above. Then, write the number of the speaker on the line next to each city. The first one is filled in for you.

1. Georgette *Montréal*
2. Françoise *Dakar*
3. Pierre *Casablanca*
4. Monsieur Patou *Fod Martinique*

Activité 3: Quel temps fait-il?

You have friends from around the world. When you listen to global weather reports on the radio, you're curious how weather in their regions compares to your part of the world.

A. Four cities are mentioned in the following weather report. Choose from the following list, and write the names of the locations you hear in the spaces provided below.

Montréal   Bruxelles   Genève   Paris   Nice   Casablanca

1. _Bruxelles_ /
2. _Geneve_ /
3. _Montreal_ /
4. _Casablanca_

 B. Listen again and circle the weather condition that is described for each city.

1.
   (il fait du vent) /   il fait du soleil
2.
   il neige   (il fait froid) /
3.
   il pleut   (il neige) /
4.
   il fait beau   (il fait chaud) /

Activité 4: Deux plus deux

 A. Math is math in any language. For example:

huit	**moins**	**trois**	**font**	**cinq**
8	–	3	=	5

For each of the following addition and subtraction problems, one number in the equation is written in for you. First, turn off your tape, look at each problem, and pronounce the numbers given. Notice whether you will be adding or subtracting.

When you've finished looking over the problems, turn on your tape. You will hear the given number and *one* of the other numbers in the equation. Write the new number that you hear in the appropriate space.

1.   6   + _15_ = _21_ /
2. _26_   – 14   = _12_ /
3.   4   + _4_   = _8_ /
4. 13   + _16_ = _29_ /
5. _12_   – 10   = _2_ /
6. _30_   – 11   = _19_ /

 B. Now solve the problems and write the remaining number for each equation in the space above.

 C. Turn on your tape and listen as each equation is read again. Did you get the right answers?

20/20

Chapitre 1: Bonjour!

Partie A: Prononciation

Activité 1: L'accent et le rythme. Contrast the following pairs of French and English words by underlining the syllable with the main accent. Pronounce each word of the pair, then listen to it on tape. Repeat the French word one more time after you hear it.

		English		French
❑	You underline:	A<u>me</u>rican	You underline:	améri<u>cain</u>
	You say:	American	You say:	américain
	You hear:	American	You hear:	américain
			You repeat:	américain

1.   <u>e</u>qually   égale<u>ment</u>
2.   Ca<u>na</u>dian   Cana<u>dien</u>
3.   <u>com</u>parable   compa<u>rable</u>
4.   admini<u>stra</u>tion   administra<u>tion</u>
5.   <u>jour</u>nalism   journa<u>lisme</u>

Activité 2: Les consonnes finales. Listen to the following words and place an X in the appropriate column to say whether or not the word ends in a final written consonant.

	Ends with a vowel	Ends with a consonant
❑		X
1.	X	
2.		X
3.		X
4.	X	
5.	X	
6.		X
7.		X
8.	X	
9.	X	
10.		X

Partie B: Compréhension

Activité 1: Les salutations

A. Listen to the following exchanges and try to decide whether you can tell if these people are greeting each other for the first time (**la première fois**) or not (**pas la première fois**). If it is impossible to tell, mark the column labeled **je ne sais pas.**

	la première fois	*pas la première fois*	*je ne sais pas*
1.	_____	X	_____
2.	X	_____	_____

	la première fois	pas la première fois	je ne sais pas
3.	_____	X	_____ ✓
4.	X	_____	_____ ✓
5.	_____	X	_____ ✓
6.	_____	X	_____ ✓

 B. As you listen to the following greetings, remember that **salut** is commonly used with close friends or fellow students and in first-name relationships. As you listen to the following greetings, if they are appropriate, circle **à propos.** If they are not appropriate circle **pas à propos.**

1. à propos (pas à propos) ✓   4. (à propos) pas à propos ✓

2. (à propos) pas à propos ✓   5. (à propos) pas à propos ✓

3. à propos (pas à propos) ✓   6. (à propos) pas à propos ✓

Activité 2: Quelques descriptions

 A. Listen to the words that follow and decide whether they are masculine or feminine. Check the appropriate column. If you can't tell, check **je ne sais pas.**

	masculin	féminin	je ne sais pas
1.	_____	X	_____ ✓
2.	_____	X	_____ ✓
3.	X	_____	_____ ✗
4.	_____	X	_____ ✓
5.	X	_____	_____ ✓
6.	X	_____	_____ ✗

 B. As you sit in a café, you hear bits of conversation as people walk by your table. Using the blanks provided below, fill in the words that describe physical appearance, nationality, or marital status. Don't worry if you don't understand all the other words.

1. ⓐ m é r i c a i n

2. j a p o ⓝ a i s

3. ⓖ r a n d e

4. ⓑ a l d

5. f i ⓐ n c é e s

6. i t a l i ⓘ e n n e s

7. c é l i b a t a i r e ⓢ

8. v i ⓔ i l l e

NOM _____Meviesh_____ DATE _____

C. Using the circled letters on the previous page, fill in the blanks provided.

a n g l a i s e

Can you tell the gender and number of this nationality?

féminim . singular

Activité 3: Je peux vous aider?

A. On a flight from New York to Montpellier, Pierre Bouveron is seated next to Martine Cheynier, a young mother who is busy taking care of her two small children. A half-hour before arrival, the flight attendant passes out the landing cards for passengers to fill out. Before listening, read over the vocabulary and the dialogue below. Fill in each blank by selecting the appropriate word or expression from the list.

assez	*Madame*
canadienne	*où habitez-vous?*
certainement	*oui*
comment vous appelez-vous?	*prénom*
deux	*profession*
donnez-moi	*suis*
excusez-moi	*voilà*

Martine Cheynier: _____excusez-moi_____, Monsieur.

Pierre Bouveron: Oui, _____Madame_____? Je peux vous aider?

Martine Cheynier: _____voilà_____ le problème: je voudrais remplir *(fill out)* la carte,

mais avec mes _____deux_____ bébés, c'est

_____assez_____ difficile.

Pierre Bouveron: Ah! _____oui_____, je comprends *(I understand)*! Alors,

_____donnez-moi_____ la carte. Numéro un:

_____Comment vous appelez-vous_____?

Martine Cheynier: Cheynier. C-H-E-Y-N-I-E-R.

Pierre Bouveron: _____Prénom_____?

Martine Cheynier: Martine.

Pierre Bouveron: Alors, _____où habitez-vous_____?

Martine Cheynier: À Québec.

Pierre Bouveron: Vous êtes donc _____Canadienne_____?

Martine Cheynier: Oui, c'est ça.

Pierre Bouveron: Vous avez une _____Profession_____?

Martine Cheynier: _____Certainement_____! Je _____suis_____ mère *(mother)*

de famille! En voilà l'évidence!

B. Now listen to the dialogue and check the answers you gave in Activity 3A, above.

Chapitre 1: LAB MANUAL **157**

C. You will hear the dialogue again. Pretend you are Pierre, who is helping Martine complete her landing card.

Carte de débarquement

1. Nom: ___Cheynier___ /

   Prémon: ___Martine___

2. Date de naissance: ___25/05/64___

3. Lieu de naissance: ___Québec___

4. Nationalité: ___Canadienne___

5. Profession: ___mère de famille___

6. Domicile: ___2276, rue des Érables___

   ___Québec (Québec)___

   ___G1R 2HR Canada___

7. Aéroport ou port d'embarquement: ___NY___

Activité 4: Permettez-moi de me présenter

A. You are sharing a breakfast table in the salon of the Hôtel de Noailles. A man arrives and introduces himself to the gentleman seated across from you. As you overhear their conversation, first concentrate on Monsieur Martin. How does he describe himself? Check off your choices.

Monsieur Martin

touriste	_____ oui	X	non	/
profession	_____ médecin	X	pharmacien	/

B. Listen to the dialogue again. This time, decide which of the choices descibes Monsieur Legrand.

Monsieur Legrand

profession	_X_ professeur	_____	mécanicien
nationalité	_____ belge	X	suisse
domicile	_____ Suisse	X	Belgique
état civil	_X_ marié	_____	veuf
touriste	_X_ oui	_____	non

NOM _____Meriesh_____ DATE _____

Activité 5: Quelle chambre? Quelle surprise!

A. You are part of a tour group that has stopped for the night at the Hôtel de Noailles in Montpellier. You offer to help when the tour director calls out the names of group members and tells them their room assignments. Use the check-off column on the list below to mark each name that the tour director calls. Note that not all of the people on the list will be staying at this hotel.

```
┌─────────────────────────────────────────────────────────────┐
│  Liste des voyageurs                                         │
│                                                              │
│      Nom                           Numéro                    │
│  _X_  Carron, Claude              __13__ ⁄                   │
│  _X_  Charvier, Évelyne           __24__ ⁄                   │
│  ___  Delombre, Françoise         _____                      │
│  _X_  Dupont, Marc et Caroline    __22__ ⁄                   │
│  _X_  Duvalier, Georges           __14__ ⁄                   │
│  _X_  Hamel, Oreste               __34__ ⁄                   │
│  ___  Laval, Jeanne               _____                      │
│  _X_  Martin, Étienne et Chantal  __23__ ⁄⁄                  │
│                                                              │
└─────────────────────────────────────────────────────────────┘
```

B. Listen again as the tour director repeats the names and room numbers. This time, indicate on the form the number of the room each traveler is assigned to occupy.

C. This time, when the tour director repeats the room assignments, people aren't paying attention—or are they? Listen and check your floor plan against the tour director's assignments. Were *you* paying attention?

Chapitre 2: Qu'est-ce que vous aimez?

20/20

Partie A: Prononciation

Activité 1: Comment est-ce qu'on écrit... ? Read the pronunciation section for Chapter 2 on page 34 of *Entre amis* and spell the following words on your tape. Mind the accents! You will then hear the correct spelling.

❑ nom **«nom» s'écrit N - O - M**

1. prénom   Prénom   s'écrit   P_R_E accent aigu _N-O-M
2. adresse   adresse   s'écrit   A_D_R_E_S_S_E
3. âge   âge   s'écrit   A accent circonflex _G_E
4. profession   Profession s'écrit   P_R_O_F_E_S_S_I_N
5. nationalité   nationalité s'écrit   N_A_T_I_O_N_A_L_I_t_e accent aigu

Activité 2: [e] ou [ɛ]? Listen to the following words and place an X in the appropriate column.

	[e]	[ɛ]
❑	[téléphone]	[très]
1.	X	
2.	X	
3.		X
4.		X
5.		X
6.		X
7.		X
8.	X	
9.		X
10.	X	

Partie B: Compréhension

Activité 1: Comment allez-vous?

A. When greeting others, remember that the expressions **salut!** and **ça va?** or **comment ça va?** are only used with familiar relationships, for example, with family and friends or with other students. Listen to the following exchanges and decide if the greeting and question are correctly matched. Follow the models.

	correct	*incorrect*
❑		X
	X	
1.	X	
2.		X
3.	X	
4.	X	

B. Write a more socially acceptable exchange for any of the items you marked as incorrect in Activity 1A, above.

❑   *Bonjour, Madame le professeur. Comment allez-vous?*

_____

_____

_____

_____

_____

Activité 2: Vous trouvez?

Listen as the following people give and receive compliments. You will hear two responses to each compliment. Circle the letter of the response that you feel is more polite.

1. (a.)   b. ✓   4. a.   (b.)
2. (a.)   (b.)   5. (a.)   b.
3. a.   (b.) ✓   6. a.   (b.) ✓

Activité 3: Au Café de l'Esplanade

A. Look over the menu from the Café de l'Esplanade. Write your answers to the following questions.

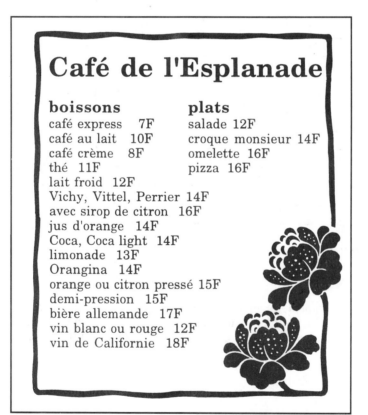

1.   C'est l'après-midi. Qu'est-ce que voulez boire?

   Je voudrais un jus d'orange.

2.   Vous avez 49,90 francs, et vous désirez manger quelque chose. Qu'est-ce que vous mangez?

   Une omelette et une bière allemande

B. While you are relaxing at the Café de l'Esplanade, you hear the waiter take orders from three other tables. As you listen to these conversations, use the lists of menu items below to check off the food and drinks ordered by the people at each table. Note that not all of the choices will be ordered.

Table #1	*Table #2*	*Table #3*
_____ vin blanc	_____ omelette	_____ lait
_____ vin rouge	__X__ pizza	_____ limonade
_____ vin de Californie	__X__ Perrier citron	__X__ orangina
__X__ café au lait	__X__ jus d'orange	__X__ citron pressé
_____ thé	__X__ coca	_____ bière allemande
_____ eau minérale	__X__ coca light	_____ coca

C. Turn off your tape and look again at the lists above. List below all the food and drink items actually ordered.

	Table #1	Table #2	Table #3
café au lait	X		
pizz		X	
Perrier Citron		X	
Jus d'orange		X	
Coca		X	
Coca light		X	
Oranging			X
Citron pressè			X

D. Listen again to the three conversations. Write the *quantity* of each item ordered by the different parties in the spaces provided above. You may want to listen to the conversations more than once.

Activité 4: Les rendez-vous au Resto U

Several groups of students have met for lunch in the Resto U. They are discussing their activities, studies, and favorite foods and drinks. As you hear each conversation, cross out the item that is *not* mentioned.

1. le tennis	le football	le basket-ball	le football américain
2. chercher	pleurer	danser	regarder
3. le vin blanc	le vin rouge	le vin rosé	la bière
4. l'anatomie	les maths	la physique	la biologie
5. une orange	une salade	un sandwich	une omelette

20/20

Chapitre 3: La famille

Partie A: Prononciation

Activité 1: L'accent et le rythme. Read the pronunciation section for Chapter 3 on page 62 of *Entre amis,* listen to the example and pronounce the following short sentences, paying particular attention to the rhythm and stress. After you repeat each sentence, you will hear it again.

1. Qui êtes-VOUS?
2. Nous nous appelons Jean et Maris DuBOIS.
3. Nous sommes maRIÉS.
4. Nous sommes canaDIENS.
5. Nous habitons à MontréAL.

Activité 2: [e], [ɛ] ou [ə]? Listen to the following words and place an X in the appropriate column.

	[e]	[ɛ]	[ə]
☐	[téléphone]	[très]	[allemand]
1.	X		
2.		X	
3.			X
4.	X		
5.	X	X	
6.		X	
7.			X
8.		X	
9.	X		
10.	X		

Partie B: Compréhension

Activité 1: Les deux familles de Lori Cooper

A. Before you listen to the conversation, how would you answer the following questions about your own family?

1. Est-ce que votre mère a des sœurs?

   Oui, Ma mère a trois soeurs

2. Combien de cousines avez-vous?

   J'ai quarant-huit Cousines

3. Vos grands-parents ont-ils un chat?

   Non, votre grands-Parents n'ont Pas un chat.

B. Now listen to Lori describe her families. Replay the tape, and stop as needed to fill in the missing words in the sentences below. Some letters will fall in bracketed spaces; you will be using these letters later.

Marc: A S -tu une f a m [i] l l e nombreuse?

Lori: Non, pas exactement, mais j' a i deux petites f a m i l l e s.

Marc: Comment?

Lori: Mes P a r e [n] t s sont d i v o r [c] é s. Mon P è r e s'est remarié

(is remarried), et il habite à Los Angeles avec ma b e l l [e] - m è r e et mes deux

f r è r e s.

Marc: Eh bien ... deux f r è r e s? Quel âge ont-ils?

Lori: Voyons ... P a u l a vingt-deux ans et T [h] o m a s a dix-huit ans. J'ai aussi un

b e a u - f r è r e; il s'appelle J o h [n] et il a six ans.

Marc: Ta mère s'est remariée, aussi?

Lori: Non, elle habite seule près de chez moi.

Marc: Alors, tu n' a s pas de S o e [u] r s? C'est tout?

Lori: Non ... pas exactement ...
auntie te

 C. Unscramble the bracketed letters above to discover one more member of Lori's family.

J'ai u n c h i e n, aussi.

Activité 2: Un faux numéro

 Bernard is trying to reach his friend Georges. He's in a phone booth, holding some packages, and he has some trouble dialing. Read the questions before you listen to the conversations.

1. What number is Bernard trying to reach?   05 - 56 - 63 - 71 - 46

2. What number did Bernard reach?   05 - 56 - 73 - 4 - 66

3. What is Georges's number at work?   05 - 56 - 42 - 38 - 70

Activité 3: Parle-moi de ta maison

Andrew Martin, in Aix-en-Provence, is showing a classmate some photos of his home in Detroit. First, look over the following list of possessions, then listen to the conversation. If Andrew mentions a particular item that he or his family has in Detroit, put a check in the column labeled À Detroit. If he describes an item that he has in Aix, check the À Aix column.

	À Detroit	À Aix
1. un appartement		X ✓
2. une maison	X	✓

		À Detroit	À Aix
3.	un garage	X	___
4.	un chien	X	___
5.	une voiture	X	___
6.	un vélo	X	___
7.	une moto	___	X

Activité 4: Quel désordre!

A. Tante Sylvie and Oncle Alain receive a letter with pictures from their niece Marie-Claire, who is away at the university of Montréal. Look carefully at the picture of Claire's room. List three of the possessions that you recognize in the room.

1. Le lit
2. La Radio
3. L'ordinateur

B. Before listening to Marie-Claire's letter, look over the following list of possessions. Then, listen to Tante Sylvie read the letter to Oncle Alain. In the spaces to the *left* of the list, check off each item that you hear mentioned.

X	un appartement	S, T, MC
___	un sofa	___
X	un chien	S, MC
___	un chat	___
X	un lit	T
X	un ordinateur	T
X	une radio	S
___	une télé	___
X	un bureau	MC
X	une calculatrice	MC
X	une stéréo	S, T

C. Now listen to Marie-Claire's letter again. In the space to the *right* of each possession that you hear mentioned in Marie-Claire's letter, write the initials of the roommate(s) who own(s) it.

20/20

Chapitre 4: L'identité

Partie A: Prononciation

 Activité 1: [ɛ̃], [ã] et [ɔ̃]. Read the pronunciation section for Chapter 4 on page 94 of *Entre amis*. Then listen to the following words and place an X in the appropriate section.

	[ɛ̃]	[ã]	[ɔ̃]
1.	X		
2.		X	
3.	X		
4.		X	
5.			X
6.		X	
7.			X
8.	X		
9.		X	
10.	X		

 Activité 2: Nasal ou non? Listen to the words and decide whether or not they contain a nasal sound.

	Nasal	Pas nasal
1.		X
2.		X
3.		X
4.	X	
5.		X
6.	X	
7.		X
8.	X	
9.		X
10.	X	

Partie B: Compréhension

Activité 1: Comment sont-ils?

 You will hear descriptions of several people. As you listen to each description, circle the word of each pair that most accurately describes the person(s).

1. ennuyeux   paresseux

2. naïves   pas gentilles

3. généreuse   travailleuse

4. bavards   sportifs

Activité 2: *Madame Amour et vous*

A. Personal ads usually include vital statistics such as sex, age, and height or size. Sometimes people mention likes and dislikes and how they spend their free time. Your friend Annie has already filled out the following form, which will be the basis of a personal ad. Now it's your turn to fill out the form, describing both yourself and your "ideal partner."

	Annie	*Vous*	*Votre partenaire idéal(e)*
sexe	f.	M	M
âge	28 ans	42 ans	39 ans
taille	pas très grande	grand	grand
j'aime	le tennis, la musique classique	nager La cuisine chinois	
je déteste	le rock, le ski nautique	football américain	soccer
autre	un enfant (18 mois)	deux enfants 13 ans et 8 ans	

B. Once in a while, you tune in to a radio program that advertises single people who are looking for companions. You will now hear this week's edition of *Madame Amour et vous.* Use the forms below to take notes about the singles Madame Amour describes. Replay the descriptions as many times as you need to write something on every line of each form (the information may not be given in the order of the categories on the form).

Identité Numéro Un
sexe   M
âge   23 ans
taille   grand
il/elle aime   La cuisine Japonaise, Le Golf, skier et patiner
il/elle déteste   travaille le soir
autre

Identité Numéro Deux
sexe   f
âge   19 ans
taille   Petite
il/elle aime   Le cinéma, aller au restaurant
il/elle déteste   La télé
autre   divorcée, blonde

Identité Numéro Trois	
sexe	M
âge	
taille	Un peu gros
il/elle aime	Jouer aux cartes
il/elle déteste	aller au restaurant
autre	veuf, belge - Il y a 4 enfants

Identité Numéro Quatre	
sexe	F
âge	
taille	grande et mince +
il/elle aime	nager, +
il/elle déteste	fair la vaisselle
autre	romantique +

C. Decide whether you consider the information you've written in part B to be a positive (+), negative (−), or neutral (=) feature of the person. Mark the appropriate symbol on the lines provided, or in the margin next to it.

D. Keeping in mind the judgments you made in part C, answer the following questions.

1. Avec quelle personne désirez-vous passer du temps? Pourquoi?

   Numéro Quatre, J'aime le personne romantique

2. Qui est le partenaire idéal pour votre professeur de français? Pourquoi?

   Il ne y a pas des personne idéal pour mon professeur
   de français

Activité 3: Paulette cherche un travail

A. Look over the list of occupations below. Based on your knowledge of the world and your personal opinions, estimate the following items for an entry-level position in each profession:

- how many years of college study are required
- the average starting salary
- the probability that you would enjoy this position

Profession	Préparation académique	Salaire au début	Probabilité de satisfaction
professeur	5 ans	25.000 $ U.S.	67%
infirmier(-ière)	2 ans	20.000	60%
cuisinier(-ière)	4 ans	40.000	90%
pharmacien(ne)	4 ans	30.000	70%
programmeur(-euse)	4 ans	60.000	90%
journaliste	4 ans	50.000	50%
athlète	2 ans	100.000	90%
assistant(e) social(e)	4 ans	40.000	60%

 B. Paulette is reading the classified ads in the newspaper. Before you listen to her conversation with a friend, look over the following questions and notice the kind of information you will be listening for. Then listen to the conversation and answer the questions. Play the conversation as many times as you need to in order to answer the questions.

1. Est-ce que Paulette travaille en ce moment?

   _____Oui_____

2. Qu'est-ce que Paulette cherche dans son travail?

   a. de la variété et un gros salaire

   (b.) de la variété et un bon emploi du temps

   c. de la variété et de la stabilité

3. Nommez trois professions que Paulette et son amie mentionnent dans le dialogue.

   Journaliste, Infirmière, assistante sociale

   _____

   _____

Activité 4: Au marché aux puces (At the flea market)

 A. If you were going on a shopping spree, buying one of each of these items, what colors would you select? (Be sure that the colors you write agree in number and gender with the article of clothing.)

une ceinture _____noire_____

un chapeau _____marron_____

des chaussettes _____noirs_____

un foulard _____gris_____

des lunettes	_noirs_____
un pantalon	_gris_____
un short	_blanc_____
un sweatshirt	_bleu_____
des tennis	_blanc_____
une veste	_Marron_____

B. Look at this man all dressed in his Sunday best! Identify the items of clothing he's wearing on the lines provided, using the appropriate article (**un, une, des**). (Note: two lines are provided for each item. The second line of each pair will be used for part C below.

1. _des lunettes_
   roses

2. _une chemise_
   grise

3. _un pantalon_
   jaune

4. _des chaussures_
   verts

5. _un chapeau_
   noir

6. _une cravate_
   bleue

7. _une ceinture_
   violette

8. _des chaussettes_
   rouges

C. The friends will be discussing many of the same clothing items you identified on the man in part B, above. Listen to the conversation, and write on the second line the colors that are mentioned with each article of clothing, with the agreement.

Chapitre 4: LAB MANUAL **173**

Activité 5: Qu'est-ce qu'on fait?

You will hear the sounds of some ordinary, everyday activities. Look over the list of activities on the right. Only five of them will correctly match the sounds you hear. Write the appropriate letters next to the corresponding numbers.

1. ___F___

2. ___G___

3. ___E___

4. ___B___

5. ___C___

A. On fait les provisions.

B. On fait la sieste.

C. On fait la cuisine.

D. On fait les devoirs.

E. On fait la vaisselle.

F. On fait le ménage.

G. On fait une promenade.

Chapitre 5: Quoi de neuf?

20/20

Partie A: Prononciation

Liaisons

Read the pronunciation section for Chapter 5 on page 135 of **Entre amis** and listen to the following short sentences. Then: (a) mark all the *liaisons* you hear in your text, by placing a ∪ under the words that need to be connected; and (b) repeat after the example, trying to reproduce all the liaisons you hear. After you repeat each sentence, you will hear it again.

❑ You hear: /z/   /z/
            Nous allons à la plage.

You write: Nous allons à la plage.

            /z/   /z/
You say: Nous allons à la plage.

1. Vous avez faim, les enfants?

2. Est-elle arrivée en avance?

3. Ils ont rendez-vous à deux heures.

4. Je vais au cinéma avec mon ami Étienne.

5. En Amérique, la voiture est très importante.

Partie B: Compréhension

Activité 1: Connaissez-vous la ville?

Study the map, then listen to the statements about the city. Check the appropriate response.

	vrai	faux
1.	✓	
2.		✓
3.	✓	
4.	✓	
5.	✓	
6.	✓	

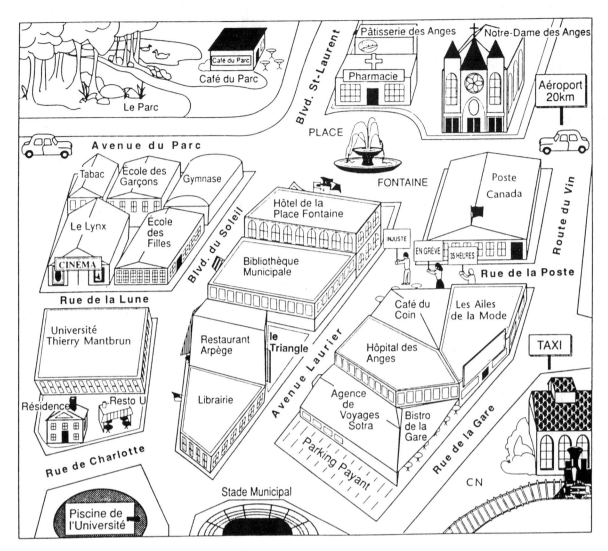

Activité 2: Es-tu libre vendredi après-midi?

 A. Answer the questions you will hear about your college experiences. Stop the tape after each question to write your answers.

1. _____

2. Je étudie le soir _____

3. _____

 B. Three friends intend to study together for their midterm exam. They need to find a day and a time when they are all free. Listen to their conversation. Put an "X" in the box for any time when a person is *not* free.

	Philippe	*Véronique*	*Claudine*
jeudi matin	X		
jeudi après-midi			X
jeudi soir			

Quand et où est-ce que les trois amis vont étudier?

Ils vont étudier jeudi soir soir chez véronique

Activité 3: Votre vol (flight) arrive

 A. You are at Charles de Gaulle airport in Paris, waiting for your friend to arrive from Rome. Listen as various flights are announced, and complete the "board of arrivals" below.

heure	*arrivées*	*n° de vol*
19 h 37	Londres	vol 36
19 h 42	Dakar	vol 52
20 h 20	Bruxelles	vol 44
21 h 50	Montréal	vol 27
23 h 15	Rome	vol 15

 B. Now indicate whether the statements you hear are true or false, based on the table you have just completed.

	vrai	*faux*
1.		✓
2.		✓
3.	✓	
4.		✓
5.		✓

Activité 4: On y va?

 Listen to each conversation, and circle the logical choice of locations.

1. (au cinéma)   au théâtre

2. au gymnase   (à la piscine)

3. à la librairie   (à la bibliothèque)

4. à la maison   (dans un hôtel)

5. (à la gare)   à l'aéroport

Activité 5: Fais ce que tu dois

 Check the appropriate column to indicate whether each statement expresses obligation, probability, or debt.

	obligation	probabilité	dette ($)
1.			✓
2.	✓		
3.		✓	
4.		✓	
5.			✓

Chapitre 6: Vos activités

Partie A: Prononciation

[y] ou [u]?

 A. Read the pronunciation section for Chapter 6 on page 167 of *Entre amis,* and listen to the words to determine whether they contain an [y] or an [u] sound.

	[y]	**[u]**
❏		X
1.		
2.		
3.		
4.		
5.		
6.		
7.		
8.		
9.		
10.		

 B. Listen to the following sentences and repeat them as faithfully as possible. After you repeat each sentence, you will hear it again.

Partie B: Compréhension

Activité 1: Un week-end actif

 A. In this activity, you will find out how three roommates spent their weekend. Pay attention to their names, how late they slept, and what they read. Listen and fill in the blanks. You may want to listen to this activity more than once.

1. Chantal n'a pas lu de _____.

2. La personne qui a dormi jusqu'à *(until)* _____ a lu _____.

3. Caroline ne lit jamais de _____.

4. La personne qui a dormi jusqu'à _____ n'a pas lu de roman.

5. Caroline s'est réveillée *(woke up)* avant _____.

6. Catherine trouve le théâtre extraordinaire. Elle _____ beaucoup de pièces pour sa classe de Shakespeare.

7. La personne qui a lu _____ déteste dormir tard.

8. _____ a passé la matinée à lire de la fiction.

9. _____ a consulté son horoscope samedi matin.

10. _____ s'est réveillée après Catherine.

B. Here is a different way of looking at the information you heard in Activity 1A. Review the sentences above, and study the charts below. Then use this information to decide whether the statements are true or false.

	7 h 40	9 h 45	12 h 00
Chantal	x	x	√
Caroline	√	x	x
Catherine	x	√	x

	roman	pièce	journal
Chantal	√	x	x
Caroline	x	x	√
Catherine	x	√	x

	7 h 40	9 h 45	12 h 00
roman	x	x	√
pièce	x	√	x
journal	√	x	x

Vrai ou faux?

_____ 1. La personne qui a lu un roman a dormi jusqu'à midi.

_____ 2. La personne qui aime se réveiller très tôt a lu le journal.

_____ 3. Catherine, qui a dormi jusqu'à 9 h 45, a lu une pièce.

Activité 2: Où est mon tuba?

A. Listen to the following French definitions of the word **tuba.** Note that both meanings of the word are pronounced the same. Can you give their English equivalents?

un tuba: un instrument à vent

En anglais, c'est un _____.

un tuba: un instrument pour respirer

En anglais, c'est un _____.

B. Listen to the following conversation and fill in the missing words.

Marc: Qu'est-ce que tu fais?

Philippe: Je vais à la plage *(beach)* avec _____.

Marc: Mais où est _____?

Philippe: Mon masque? Pour _____?

Marc: Mais oui! Et tu ne vas pas faire cela tout seul?

Philippe: _____?

Marc: C'est dangereux!

C. Can you imagine Philippe's final comment?

Philippe: _____

Activité 3: Tu as vu Elvis?

A. Some friends have decided to start a band. Listen to the conversation and circle the instrument needed to complete their group.

un saxophone   une batterie   un piano   une guitare

B. Listen carefully and then circle the name of the last member to join the group.

Joe   Évelyne   Luc   Robert

C. Listen further to find out which style of music the group hasn't tried yet. Circle your answer.

le rock   le jazz   le reggae   le pop

Activité 4: Un vieux champion

A. Read over the following statements and decide whether you agree or disagree.

1. Les athlètes professionnels pratiquent tous les jours.

   _____ d'accord   _____ pas d'accord

2. La plupart des sports sont des sports d'équipe *(team)*.

   _____ d'accord   _____ pas d'accord

3. L'âge typique d'un athlète professionnel est 25 ans.

   _____ d'accord   _____ pas d'accord

B. You are listening to a game show. Two panelists will ask questions to determine in which game the contestant, Monsieur Delardier, won his championship. Listen carefully and take notes. You may want to listen to this conversation more than once.

_____

_____

_____

_____

_____

C. Listen to the following questions and circle the correct answers.

1. (a) vrai   (b) faux

2. (a) vrai   (b) faux

3. (a) une personne   (b) une équipe   (c) les deux: (a) et (b)

4. (a) aux échecs   (b) à la pétanque   (c) à l'un ou à l'autre: (a) ou (b)

Chapitre 7: Où êtes-vous allé(e)?

Partie A: Prononciation

[ɔ] ou [o]?

 A. Read the pronunciation section for Chapter 7 on page 197 of *Entre amis* and listen to the words to determine whether they contain an [ɔ] or an [o] sound.

	[ɔ]	[o]
❑	x	
1.		
2.		
3.		
4.		
5.		
6.		
7.		
8.		
9.		
10.		

 B. Repeat the following pairs of words, paying particular attention to the [ɔ] / [o] difference. After you repeat each pair of words, you will hear them again.

1. bol / beau
2. comme / Côme
3. motte / mot
4. votre / vôtre
5. hotte / haute

Partie B: Compréhension

Activité 1: Quel temps fait-il?

 A. Look over the statements below. On the map on the next page, find the cities mentioned. Based on the weather today in each city, do you think the following statements are logical or not? Write **oui** or **non** before each statement.

1. _____ Marc vient de Nantes, où il faut porter un imperméable aujourd'hui.

2. _____ Nicolas vient de Paris, où il est obligé de faire attention à son chapeau aujourd'hui.

3. _____ Dominique vient de Grenoble, où on va nager dans l'océan aujourd'hui.

4. _____ Camille vient de Bordeaux, où on porte un tee-shirt quand on sort aujourd'hui.

5. _____ Laurence vient de Marseille, où on va skier et patiner aujourd'hui.

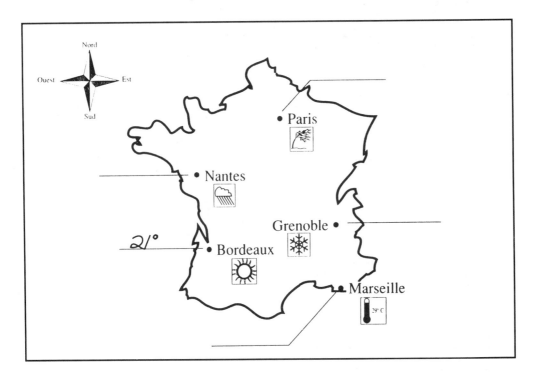

B. Now listen to the weather report. It will be read rather fast, as you would hear it on a radio program, so you may need to play it more than once. Write the temperatures next to each city on the map above. Do not write out the word for each temperature, just the number. The first one is done for you as an example.

C. For each of the cities you heard mentioned in the weather report, write the temperature in the Celsius column, below. Then, using the thermometer, spell out the corresponding Fahrenheit temperatures. The first one is done for you.

Ville	Celsius	Fahrenheit
❑ Bordeaux	21°	*soixante-dix degrés*
Marseille	_____	_____
Nantes	_____	_____
Grenoble	_____	_____
Paris	_____	_____

Thermometer:

°C	°F
30	86
29	84
21	70
20	68
17	62
15	59
10	50
0	32

Activité 2: Le chemin de la suspicion. Connaissez-vous la ville?

A private detective, Michèle Saitout, is working for three different clients. She follows the three persons she has been hired to observe. Listen to her tape-recorded observations and take notes that will help her write reports to her clients. Trace her movements through town on the map on page 186.

184

Numéro Un. Use a dotted line (. . . . . .) to trace this route on the map.

Qui? _____

Où? Point de départ _____

Destination _____

Quand?   Jour _____

             Heure _____

             Date _____

Numéro Deux. Use arrows (→ → →) to trace this route on the map.

Qui? _____

Où? Point de départ _____

Destination _____

Quand?   Jour _____

             Heure _____

             Date _____

Numéro Trois. Use a solid line (———————) to trace this route on the map.

Qui? _____

Où? Point de départ _____

Destination _____

Quand?   Jour _____

             Heure _____

             Date _____

Chapitre 7: LAB MANUAL   **185**

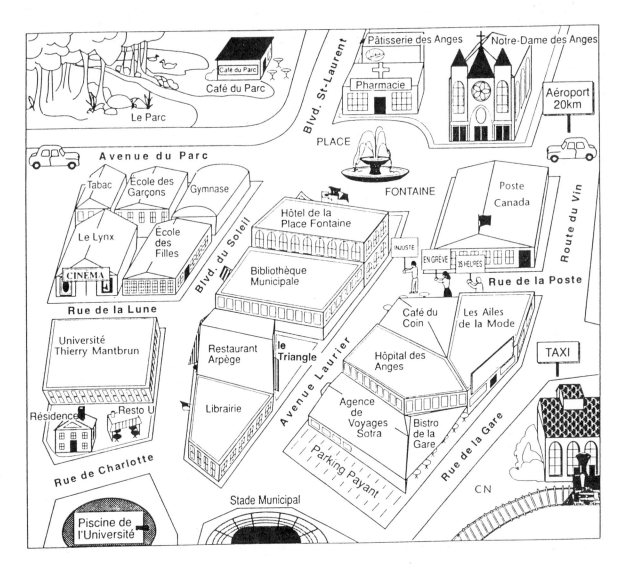

Activité 3: Connaissez-vous le monde?

 A. You are a journalist writing an article about a famous explorer for the newspaper *Le Figaro*. Sir Edmond Hill has just returned from a trip around the world when he agrees to be interviewed. Listen to the interview, and take notes on all the significant information in the categories listed below.

Qui? _____

Quoi? _____

Où? _____

Pourquoi? _____

Quand? _____

Comment? _____

B. Read over the following article that you will submit to *Le Figaro*. Use your notes to fill in the missing information. You may want to listen to the interview again.

Sir Edmond complète son tour

Le célèbre explorateur, Sir Edmond Hill, vient de rentrer d'un petit _____.

Hill et ses guides sont partis le 26 _____ pour le Temple de Lao-Chung, en

Chine. Ils y ont passé seulement quelques jours avant d'aller _____. Ils y

_____ un mois. À la fin de _____, Hill a été

obligé de terminer son voyage parce que ses guides ne désiraient pas continuer.

Chapitre 8: On mange bien en France

Partie A: Prononciation

Activité 1: [s] / [z] et [ʃ] / [ʒ]. Read the pronunciation section for Chapter 8 on page 225 of *Entre amis* and listen to the words to determine which ones contain an [s] or a [z], a [ʃ] or a [ʒ] sound. *Attention!* Some words may contain more than one of these sounds!

	[s]	[z]	[ʃ]	[ʒ]
❑	x			
1.				
2.				
3.				
4.				
5.				
6.				
7.				
8.				
9.				
10.				

Activité 2: [g] ou [ʒ]? Look at the following words and pronounce them for yourself. Then, listening to the same words on tape, decide whether you were right or wrong.

		[g]	[ʒ]
❑	regarder	x	
1.	voyager		
2.	église		
3.	gymnase		
4.	gentille		
5.	guitare		
6.	grimper		
7.	partageons		
8.	Sénégal		
9.	ménage		
10.	gauche		

Partie B: Compréhension

Activité 1: Quelle est la bonne réponse?

 Listen to each item and check the appropriate response.

1. _____ a. Non, merci, je n'ai pas soif.

   _____ b. Non, merci, je n'ai pas faim.

2. _____ a. Oui, j'ai sommeil.

   _____ b. Oui, vous avez très sommeil.

3. _____ a. La température est de 32° C.

   _____ b. La température est de 0° C.

4. _____ a. D'accord, maman, tu as raison.

   _____ b. Mais non, maman, tu as tort.

5. _____ a. Je n'ai pas envie d'y aller—j'en ai peur.

   _____ b. Je n'ai pas envie d'y aller—j'ai sommeil.

6. _____ a. Je veux bien.

   _____ b. Je vous en prie.

Activité 2: À la fortune du pot

Stacie, an American student, invites the members of her choir to a potluck supper at her house before their next concert. They offer to bring various dishes. Listen as the members of the choir discuss what they are going to make for the dinner.

Les hors-d'œuvre. Cross out the ingredients that Pascale and Georges will *not* have to buy to prepare their appetizer.

du brocoli   des concombres
des carottes   des oignons
du céleri   des olives
des champignons   des tomates

Le plat principal. Check off the ingredients that Richard and Martin *need* to buy to prepare the main course.

_____ du lapin *(rabbit)*   _____ de l'ail

_____ du beurre   _____ de la crème fraîche

_____ du thym   _____ de la moutarde

Le dessert. What will Sam and Anne bring for dessert? Check the correct items.

_____ du fromage

_____ des fruits

_____ de la glace

_____ de la pâtisserie

_____ des bonbons

Le vin. What wine will be served with each course? Draw a line to match each wine with the course with which it will be served. NOTE: One of the wines is served with two different courses.

vin	*plats*
du beaujolais	des amuse-gueules (*cocktail snacks, such as nuts, chips, or crackers*)
du champagne	des hors-d'œuvre
du bordeaux	le plat principal
	le dessert

Activité 3: Vous en voulez combien?

 Listen to the descriptions of the following situations. Decide how much or how many of the items mentioned each person needs. Circle your answer.

1. trop de croissants.   peu de croissants.

2. une douzaine d'œufs.   deux œufs.

3. d'une tranche de jambon.   d'une assiette de jambon.

4. une bouteille de vin.   un verre de vin.

5. une boîte de petits pois.   une douzaine de petits pois.

Chapitre 9: Où est-ce qu'on l'achète?

Partie A: Prononciation

Le son [R]. Read the pronunciation section for Chapter 9 on page 261 of *Entre amis.* Now, (1) say the words listed below, (2) listen to the tape, and (3) repeat what you hear.

❑ You hear: 1
   You say: rouge
   You hear: rouge
   You repeat: rouge

1. rouge
2. propre
3. Robert
4. la gare
5. le grade

6. la droite
7. mon frère
8. quatre
9. je crois
10. bonjour

Partie B: Compréhension

Activité 1: Mais c'est trop cher!

A. Alix stops at a different shop each day on her way home from the subway. Listen to the following snatches of conversation that took place in the shops last week. See if you can guess which type of shop she visited each day. Write your answer in column one of the chart below. The first one is done for you.

jour	où?	quoi?	prix?
lundi	la boulangerie	des croissants	4,10 F pièce
mardi			
mercredi			
jeudi			
vendredi			

B. Now listen again to the five merchants. In column two of the chart above, note the products that are being sold in each shop. In column three, note how much each product costs per unit. Write this information in the chart above. Again, the first one is done for you.

Activité 2: Chez le docteur

Doctors have to be knowledgeable about statistics and symptoms. If you were a doctor, how would you identify the following medical conditions? Look at each pair below, listen to the statements, and circle your choice.

1. le SIDA *(AIDS)*   ou   la bronchite
2. la varicelle *(chicken pox)*   ou   une crise cardiaque
3. le cancer   ou   la pneumonie
4. un rhume   ou   la rougeole *(measles)*
5. une angine *(strep throat)*   ou   le cancer
6. mal à la gorge   ou   mal aux pieds

Activité 3: La loterie anatomique

A. Study the drawing of the person you see, as well as the "game board" that follows. Write the name of the body part you see in each square of the game board.

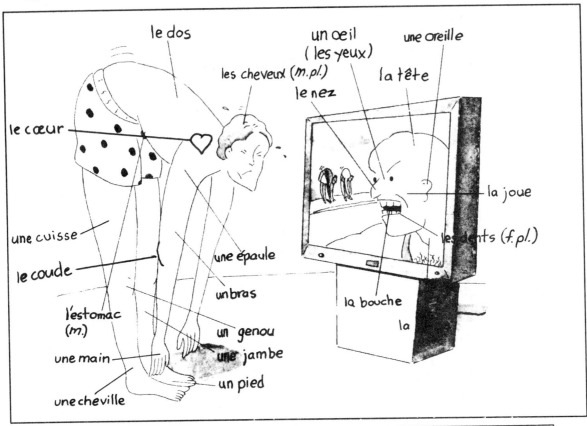

B. Now listen as various body parts are described. For each description you hear, find the corresponding square on the board and put an "X" on it. When you have crossed out an entire horizontal, vertical, or diagonal line, you are a winner!

Activité 4: Dessinez (Draw) une personne!

You will be given directions to draw a person. Listen and draw each body part or feature of the person as directed. You may wish to stop the tape after each direction.

❑ Dessinez un corps assez long.

Chapitre 10: Dans la rue et sur la route

Partie A: Prononciation

h muet et h aspiré

A. Read the pronunciation section for Chapter 10 on page 291 of *Entre amis* and listen to the words to determine which ones contain a mute [h] or an aspirate [h] sound.

	h muet	h aspiré
❑	x	
1.		
2.		
3.		
4.		
5.		
6.		
7.		
8.		
9.		
10.		

B. Pronounce the following words, and then listen to the tape. Repeat them following the pronunciation you heard.

1. les huit enfants
2. les haricots verts
3. la bibliothèque
4. C'est un homme qui est heureux.
5. D'habitude, je bois du thé à deux heures.

Partie B: Compréhension

Activité 1: Mais c'est vrai!

A. French teachers hear a lot of excuses from students who haven't done their homework. Imagine that you are the teacher listening to students offer their excuses. Which excuses are you going to accept? Which are unacceptable? Mark your answers below.

	acceptable	pas acceptable		acceptable	pas acceptable
1.	_____	_____	4.	_____	_____
2.	_____	_____	5.	_____	_____
3.	_____	_____			

B. Now imagine that you are a parent and that dinner is ready. You call your children to the table, but none of them is willing to come; they are all playing video games. What excuses are you going to accept?

	acceptable	pas acceptable		acceptable	pas acceptable
1.	_____	_____	4.	_____	_____
2.	_____	_____	5.	_____	_____
3.	_____	_____			

 C. Now imagine you have a roommate who hates cleaning up. S/he offers you numerous excuses for not cleaning the apartment. Which are you going to accept?

	acceptable	pas acceptable		acceptable	pas acceptable
1.	_____	_____	4.	_____	_____
2.	_____	_____	5.	_____	_____
3.	_____	_____			

D. Now imagine that you are the owner of a small company. Some of your employees always arrive late to work. Which of their excuses are you going to accept?

	acceptable	pas acceptable		acceptable	pas acceptable
1.	_____	_____	4.	_____	_____
2.	_____	_____	5.	_____	_____
3.	_____	_____			

Activité 2: Mais c'est vrai! *(suite)*

Listen again to the excuses made by various people in Activity 1. Which ones have you used yourself in similar situations? Put a check in the appropriate box.

	jamais	*une fois*	*plus d'une fois*	*souvent*
A. 1.				
2.				
3.				
4.				
5.				

	jamais	*une fois*	*plus d'une fois*	*souvent*
B. 1.				
2.				
3.				
4.				
5.				
	jamais	*une fois*	*plus d'une fois*	*souvent*
C. 1.				
2.				
3.				
4.				
5.				
	jamais	*une fois*	*plus d'une fois*	*souvent*
D. 1.				
2.				
3.				
4.				
5.				

Activité 3: Qu'est-ce qu'il a dit?

You are at a party. As you wander from group to group, you hear snatches of conversation. What are all these people talking about? Listen carefully to each conversation and circle your answer.

❑   le mari de Jacqueline

les parents de Jacqueline

les sœurs de Jacqueline

1. un pantalon

   une cravate

   des lunettes

2. des escargots

   une tarte

   du gruyère

3. une maison

   une voiture

   un ordinateur

4. le coca

   le thé

   la bière

Activité 4: Qu'est-ce que vous suggérez?

 A. Everyone loves to give advice. Listen to the following pieces of advice and decide who is most likely to be *giving* them to you. Circle your answer.

1. votre père   votre professeur

2. le mari   la femme

3. votre camarade de chambre   votre mère

4. votre petit frère   votre frère aîné *(older)*

 B. Now decide who might be on the *receiving end* of the following pieces of advice.

1. votre père   votre professeur

2. votre mari (femme)   votre petite sœur

3. votre camarade de chambre   votre mère

4. le (la) patron(ne)   l'agent de police

Chapitre 11: Comme si c'était hier

Partie A: Prononciation

[i] and [j]

 A. Read the pronunciation section for Chapter 11 on page 321 of *Entre amis,* and listen to the words to determine which ones contain an [i] or a [j] sound.

	[i]	[j]
❏		x
1.		
2.		
3.		
4.		
5.		
6.		
7.		
8.		
9.		
10.		

 B. Pronounce the following words correctly, then listen to the tape and repeat.

1. Sylvie
2. pâtisserie
3. il travaille
4. un conseil
5. principal

6. gentil
7. gentille
8. une bouteille
9. mille
10. tranquille

Partie B: Compréhension

Activité 1: Contes de notre enfance

 Do you know these writers by name? Put a check to the left of those that you have heard of. To the right, give the letter of the type of literature for which he is famous (there may be more than one author for a certain type of literature).

_____ les frères Grimm _____

_____ Ésope _____

_____ La Fontaine _____

_____ Perrault _____

    a. les fables

    b. les romans policiers

    c. les contes de fées *(fairy tales)*

    d. les bandes dessinées

Activité 2: Il était une fois... (Once upon a time . . .)

A. You will hear a series of clues. Listen and decide to which famous story each clue refers. Circle your answer.

1. a. Les Trois Petits Cochons *(pigs)*

    b. Le Petit Chaperon Rouge

2. a. Cendrillon

    b. Blanche-Neige

3. a. La Belle au bois dormant

    b. Le Lièvre *(hare)* et la Tortue

4. a. Alice au pays des merveilles

    b. La Belle et la Bête

B. Study the names of the eight stories listed in Activity 2A, above. Read the following descriptions and decide which character from the stories is being described. Write the number and letter of the story in the appropriate space.

_____ 1. C'est elle qui marche le moins vite.

_____ 2. Pour elle, ça devient de plus en plus curieux.

_____ 3. D'après le miroir, c'est la plus belle femme du monde.

_____ 4. Sa maison est plus solide que les maisons de ses frères.

_____ 5. Elle possède moins de choses que ses sœurs et elle travaille plus.

_____ 6. Il a les plus grands yeux et les plus longues dents.

Activité 3: Le Petit Chaperon rouge (Little Red Riding Hood)

A. You are probably familiar with the fairy tale of *Little Red Riding Hood*. Before listening to the first part of the story, study the following list of words. These will help your understanding of the story. Then turn on your tape and listen to Part A and answer the questions below.

Mots utiles

un capuchon *hood*
par conséquent *as a result*
un bois *woods*
une chaumière *cottage*
rencontrer *to meet*

un loup *wolf*
dévorer *to devour*
le chemin *way, path*
une fleur *flower*

1. Le Petit Chaperon rouge allait chez sa grand-mère ...

   a. quand elle a rencontré le loup.

   b. pour lui rendre visite parce qu'elle était malade.

   c. **a** et **b**

2. Le loup attendait le Petit Chaperon rouge ...

   a. devant sa maison.

   b. dans la forêt.

   c. chez le bûcheron *(woodcutter)*.

3. Qu'est-ce que le Petit Chaperon rouge apportait à sa grand-mère?

 B. Before listening to the second part of the story, study the following list of words. After listening to Part B, turn off the tape and answer the questions below.

Mots utiles

se mettre au lit *to climb into bed*
avoir un air étrange *to look strange*
voir *to see*
sauter *to jump*
attraper *to catch*

1. Le loup a dévoré ...

    a. la grand-mère.

    b. le Petit Chaperon rouge.

    c. **a** et **b**

2. Le Petit Chaperon rouge a remarqué que sa «grand-mère» (le loup) avait de grand(e)s ...

    a. yeux, oreilles, mains, dents.

    b. mains, oreilles, pieds, yeux.

    c. dents, bras, yeux, oreilles.

3. Quels vêtements le loup portait-il quand le Petit Chaperon rouge est arrivé chez sa grand-mère?

 C. Before listening to the third part of the story, study the following list of words. After listening to Part C, turn off the tape and answer the questions below.

Mots utiles

se prendre les pattes *to catch one's feet*
saisir l'occasion *to grab the opportunity*
un bûcheron *woodcutter*
secouer *to shake*
le ventre *stomach*

1. Le loup s'est pris les pattes dans les couvertures *(covers)*

    vrai   faux

2. Qui a sauvé le Petit Chaperon rouge?

    a. les sept nains *(dwarfs)*

    b. les trois petits cochons

    c. le bûcheron

3. Qui est sorti du ventre du loup?

 D. Before listening to the final part of the story, study the following list of words. After listening to Part D, turn off the tape and answer the questions below.

Mots utiles

chasser *to chase*
se cacher *to hide*
entendre parler de *to hear (tell) of*
sauver la vie (de quelqu'un) *to save someone's life*

1. Le bûcheron a épousé le Petit Chaperon rouge.

    vrai   faux

2. Le loup est devenu ...

    a. végétarien.

    b. chef de cuisine.

    c. plus gourmand que jamais.

3. Où le Petit Chaperon rouge, la grand-mère et le bûcheron ont-ils célébré leur victoire?

    _____

Activité 4: Grand-mère m'a toujours dit...

A. Every language has colorful sayings or proverbs that everyone knows. Match the following French sayings to their English equivalents. Note that while the French and English sayings may express the same idea, the words they use may be quite different.

_____ 1. On parle du loup, il sort du bois.

_____ 2. Ne vendez pas la peau *(skin)* de l'ours *(bear)* avant de l'avoir tué.

_____ 3. Le chat parti, les souris dansent.

_____ 4. Petit à petit, l'oiseau *(bird)* fait son nid *(nest)*.

a. *Don't count your chickens before they're hatched.*

b. *Rome wasn't built in a day.*

c. *Speak of the devil.*

d. *When the cat's away, the mice will play.*

B. What, in your opinion, is the moral of *Little Red Riding Hood?*

_____

_____

_____

Chapitre 12: Les réservations

Partie A: Prononciation

[l] and [j]

A. Read the pronunciation section for Chapter 12 on page 348 of *Entre amis,* and listen to the words to determine which ones contain an [l] or a [j] sound.

	[l]	**[j]**
❑		x
1.		
2.		
3.		
4.		
5.		
6.		
7.		
8.		
9.		
10.		

B. Pronounce the following sentences correctly, then listen to the tape and repeat.

1. Les lilas de Lola sont merveilleux.
2. Le lycée de la ville de Laval est tranquille.
3. Il travaille lentement dans un village près de Lille.
4. Le soleil de juillet me fait mal aux yeux.
5. La fille d'Hélène a mal à l'oreille. Aïe! Aïe! Aïe!

Partie B: Compréhension

Activité 1: La fête de Pierre

A. Answer the following questions about your college experiences.

1. Depuis combien de temps êtes-vous étudiant(e) à votre université?

_____

2. En quel mois finirez-vous vos études?

_____

3. Quand vous terminerez toutes vos classes, inviterez-vous vos amis à une fête?

_____

B. Listen to the following story about Pierre, who is trying to plan his graduation party. He needs to find a restaurant available at the times he wants where he can rent a room at a price he can afford. Listen to the messages on his answering machine and take notes in the spaces provided. You may want to listen to the different messages more than once.

Pierre Fromentin finira ses études le 31 mai. Il voudrait fêter (celebrate) *l'occasion avec douze amis au restaurant. Il a un budget limité à 1.200 francs.*

	Les Trois Érables	*La Chaumière*	*Café Mambo*
jour?			
matin?			
après-midi?			
soir?			
prix (F/personne)?			

 C. Help Pierre make a decision based on the notes that you took in Activity 1B.

1. Quel restaurant Pierre choisira-t-il? _____

2. Pour quelle raison? Le jour ou le prix? _____

Activité 2: Le mariage

 A. Answer the following questions before listening to Activity 2B.

1. Connaissez-vous des gens qui se marieront cette année?

   _____

2. Avez-vous déjà assisté au mariage d'un(e) ami(e) dans une autre ville? Si oui, êtes-vous resté(e) chez votre ami(e) ou avez-vous réservé une chambre d'hôtel?

   _____

   _____

3. Quand vous vous marierez, ou irez-vous pour votre lune de miel *(honeymoon)*? Prendrez-vous le train, la voiture ou l'avion pour votre voyage de noces *(wedding trip)*?

   _____

   _____

B. Sylvie plans to attend the wedding of her friend Claude in New Orleans. She will need to stay overnight, so she asks Claude to recommend a hotel to her. Listen to their phone conversation and take notes on the hotels that Claude describes. Stop the tape as necessary.

	Le Windsor Court	*La Place d'Armes*	*Le Château Motor Hotel*
prix? ($, $$, ou $$$)			
situé: au Vieux Carré?			
dans quelle rue?			
près de la cathédrale?			
au coin de quelle rue?			
avantages (strong points)			

C. Looking at the notes you took in Activity 2B, answer the questions that you hear.

1. _____

2. _____

3. _____

4. _____

Activité 3: Le voyage de leurs rêves

A. Answer the following questions about traveling.

1. Quelle sorte de voyage préférez-vous? Les voyages organisés *(tours)*? les croisières *(cruises)*? ou les vacances en camping-car?

_____

2. En général, quelle sorte de voyage préfère(nt) un jeune couple? une famille? des retraités *(retirees)*?

_____

_____

3. Quand vos parents prendront-ils leur retraite? Ont-ils l'intention de voyager? Si oui, où veulent-ils

aller? _____

_____

B. Listen while Jean-Luc and Anne-Marie discuss their dream vacation, and then answer the following questions based on their conversation.

1. Quelle destination est-ce que Jean-Luc propose à Anne-Marie? Et quelle destination est-ce qu'elle lui propose? _____

_____

_____

2. De quels moyens *(means)* de transport discutent-ils?

_____ du train   _____ du camping-car

_____ de l'autocar   _____ du bateau *(boat)*

 C. Listen to the conversation again. This time, imagine what Jean-Luc's final response to Anne-Marie might be.

Jean-Luc: _____

Chapitre 13: Ma journée

Partie A: Prononciation

[ø] and [œ]

 A. Read the pronunciation section for Chapter 13 on page 383 of *Entre amis,* and listen to the words to determine which ones contain an [ø] or an [œ] sound.

	[ø]	[œ]
❑		x
1.		
2.		
3.		
4.		
5.		
6.		
7.		
8.		
9.		
10.		

 B. Pronounce the following sentences correctly, then listen to the tape and repeat.

1. Il pleure dans mon cœur
2. Comme il pleut sur cette ville,
3. Quelle est cette langueur
4. Qui pénètre mon cœur?

   (Paul Verlaine, «*Il pleure dans mon cœur*»)

Partie B: Compréhension

Activité 1: Une semaine typique

 A. Most of us follow fairly similar routines in the morning. Study the chart on the next page. In the first column indicate at what time you do each of the following activities on a typical weekday morning. If you don't usually do a certain activity, put an "X" in that box.

 B. Now listen as Geoffroi describes his typical morning. Fill in the information about his schedule on the chart on the next page. In some cases, you may have to calculate or estimate the times based on information that he supplies. Listen to this activity one more time, if necessary.

Activités	vous	Geoffroi
se réveiller		
se lever		
se raser		
se laver (bain, douche)		
s'habiller		
se brosser les dents		
se brosser les cheveux		
préparer son petit déjeuner		
se dépêcher de partir		
se mettre en route *(get going)*		

 C. Listen to the following questions and compare your typical morning to Geoffroi's. Tell whether each statement is true or false.

	vrai	*faux*
1.	_____	_____
2.	_____	_____
3.	_____	_____
4.	_____	_____

Activité 2: Le déménagement (Moving)

 A. Your friend Éliane has asked you to help her move. When you arrive at her new apartment, you find that some of her furniture has already come and is in place. Study the following checklist of her possessions, then study the floor plan for her new apartment. Any item that is already in place is indicated with an * on the floor plan. Cross these items off Éliane's checklist.

Liste de possessions

une baignoire	un bureau	une chaise confortable
2 commodes *(chests of drawers)*	une cuisinière	un fauteuil
un grand tapis *(carpet)*	une guitare	2 lampes
un lave-vaisselle	2 lits	un ordinateur
une radio	un réfrigérateur	des skis
un sofa	une stéréo	une table de nuit
une table et 6 chaises	une télé	

une chambre à coucher   la salle de bain   la cuisine   la salle à manger

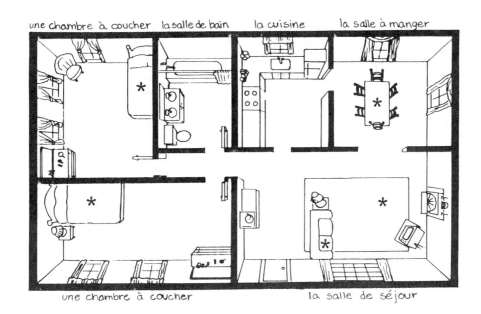

une chambre à coucher   la salle de séjour

 B. Now look again at the floor plan for the new apartment. Circle on the checklist all the items that appear on the floor plan that have not yet arrived.

 C. Listen as Éliane tells the movers what to do with certain items that were *not* on her floor plan. Draw an X on the spot where she wants each item to go. label each of these items by writing its name in the margin and drawing a line to the spot where it goes. Then, cross it off on the checklist.

Activité 3: Autour de la table

 A. Put the letter of the correct meaning of the following kitchen accessories in the space to the left.

_____ 1. un bol   a. bowl

_____ 2. une casserole   b. burner, flame

_____ 3. une cuisinière   c. frying pan

_____ 4. le feu   d. pot, pan

_____ 5. un plat   e. platter

_____ 6. une poêle   f. stove

 B. Study the following list of cooking activities, then listen to the questions and circle the answer that is most logical.

battre *to beat*
bouillir *to boil*
faire cuire *to cook*
peler *to peel*
plier *to fold*
rissoler *to brown*
saler *to salt*

1. a. des carottes

   b. des œufs

   c. du vin

2. a. de la viande

   b. de la glace

   c. du lait

3. a. des poire (pears)

   b. des carottes

   c. des œufs

4. a. de l'eau

   b. une sauce

   c. **a** et **b**

5. a. du sel

   b. une omelette

   c. 40 grammes de beurre

6. a. une poire

   b. du sucre

   c. des œufs

7. a. une pomme

   b. de la farine (flour)

   c. une tranche de jambon

Activité 4: Une émission de «La cuisine pour tous»

Metric conversion tables

When you know:	Multiply by:	To find:
Volume and capacity (liquid)		
fluid ounces (fl. oz.)	30	milliliters
pints (pt.)	0.47	liters
quarts (qt.)	0.95	liters
gallons (gal.)	3.8	liters
milliliters (ml)	0.034	fluid ounces
liters (l)	2.1	pints
liters (l)	1.06	quarts
centiliters (cl)	0.039	cups
Weight and mass		
ounces (oz.)	28	grams
pounds (lb.)	0.45	kilograms
short tons	0.9	metric tons
grams (g)	0.035	ounces
kilograms (kg)	2.2	pounds
metric tons (t)	1.1	short tons

A. You are taking a television cooking class. In preparation for this week's program, read over the list of ingredients you will need to purchase, then answer the questions that follow.

Liste de provisions à acheter avant la leçon

Poires au vin:
4 petites poires
30 cl de vin rouge
60 g de sucre
une pincée de cannelle *(cinnamon)*
un clou de girofle *(clove)*

Omelette au jambon:
3 œufs
60 g de jambon, coupé en dés *(diced)*
20 g de beurre
une demi-pincée de sel
une prise de poivre

Carottes à la crème:
750 g de carottes, coupées en rondelles
de l'eau salée
15 g de beurre

Pour la sauce béchamel:
2 cuillers à café de farine
40 g de beurre
1/4 d'un litre de lait
1/2 cuiller à café de sel

1. À votre avis, quel ingrédient coûtera le plus cher?

   _____

2. Quel(s) ingrédient(s) achetez-vous rarement? _____

   _____

3. Quel plat avez-vous envie de préparer? Pourquoi?

   _____

   _____

B. Now listen to this week's lesson. As you listen, number the steps in each recipe in the order in which they occur. The first step of each recipe has been identified for you.

Poires au vin

_____ Laissez refroidir les poires.

_____ Mettez la casserole au feu et faites bouillir.

_____ Mettez les poires au réfrigérateur.

_____ Laissez cuire les poires à petit feu.

___1___ Mettez le vin, le sucre, la cannelle et le clou de girofle dans une casserole.

_____ Pelez les poires et mettez-les dans le sirop.

Omelette au jambon

_____ Augmentez le feu et faites cuire les œufs.

_____ Faites rissoler le jambon.

_____ Versez les œufs dans la poêle.

___1___ Coupez le jambon en dés.

_____ Laissez prendre les œufs.

_____ Pliez l'omelette.

_____ Battez les œufs. Salez et poivrez.

_____ Renverser l'omelette sur un plat et servez-la bien chaude.

_____ Mettez le beurre dans une poêle et faites-le chauffer.

Carottes à la crème

_____ Faites cuire les carottes à l'eau salée.

_____ Faites sauter les carottes au beurre.

_____ Coupez les carottes en rondelles ou en quartiers.

___1___ Préparez la sauce béchamel.

_____ Couvrez les carottes avec la sauce béchamel.

_____ Posez les carottes sur un plat.

Chapitre 14: Les hommes et les femmes

Partie A: Prononciation

Tension

A. Read the pronunciation section for Chapter 14 on page 412 of *Entre amis,* and listen to the words to determine whether they are French or English.

	French	English
☐		x
1.		
2.		
3.		
4.		
5.		
6.		
7.		
8.		
9.		
10.		

B. Pronounce the following sentences correctly, then listen to the tape and repeat.

1. une belle Américaine
2. un pique-nique à la campagne
3. Il s'appelle Michel.
4. Cet homme est grand et intelligent.
5. Elle a une belle bague de fiançailles.

Partie B: Compréhension

Activité 1: La radio libre vous écoute

Answer the following questions according to your personal experience.

		vrai	*faux*
1.	J'écoute quelquefois à la radio les émissions où on discute des problèmes personnels.	_____	_____
2.	Je prends souvent le parti de *(agree with)* la personne qui discute de ses difficultés.	_____	_____
3.	J'ai déjà téléphoné à une de ces émissions.	_____	_____

Activité 2. Racontez-nous vos problèmes

 A. You may have listened to radio programs where listeners call in and discuss their personal problems. Here is this week's installment of the program "Racontez-nous vos problèmes." Listen to the talk-show host's introduction, then stop the tape and answer the questions. You may find the following list of expressions useful.

Mots utiles

les auditeurs *listeners*
bienvenu(e)(s) à *welcome to*
un épisode *episode*

1. Les gens téléphonent à l'émission «Racontez-nous vos problèmes» pour ...

   _____ a. demander comment réparer leurs voitures.

   _____ b. demander des conseils sur leurs problèmes.

   _____ c. **a** et **b**

2. Quel est le problème de François?

   _____ a. Il ne s'entend pas bien avec son père.

   _____ b. Son père ne s'entend pas bien avec sa mère.

   _____ c. **a** et **b**

 B. Now listen to François explain his problem to the talk-show host, then stop the tape and answer the questions.

Mots utiles

un camionneur *truck driver*
un ingénieur *engineer*
content *happy, satisfied*

1. Comment François se décrit-il?

   _____ a. Il dit qu'il est camionneur.

   _____ b. Il dit qu'il n'est pas aussi intelligent que la plupart des gens.

   _____ c. **a** et **b**

2. Pourquoi, pensez-vous, est-ce que le père n'aime pas le travail de son fils?

   _____ a. Parce qu'il faut travailler le week-end et le soir.

   _____ b. Parce que ce travail n'est pas bien rémunéré *(paid)*.

   _____ c. ni **a** ni **b**

C. Now listen to the remainder of the conversation between François and the talk-show host.

Mots utiles

un client *custiomer*
livrer du stock *to deliver merchandise*
pas mal de *quite a bit of*

1. Pourquoi François a-t-il gagné le prix de la Route?

    _____ a. Parce que c'est le meilleur camionneur et parce qu'il n'est jamais en retard.

    _____ b. Parce que les clients demandent qu'il livre leur stock.

    _____ c. **a** et **b**

2. Comment sait-on que François gagne bien sa vie?

    _____ a. Il gagne des milliers de *(thousands of)* francs par semaine.

    _____ b. Il a une nouvelle maison.

    _____ c. **a** et **b**

D. Now listen to find out what listeners advise François to do.

Mots utiles

coincé(e) au milieu *stuck in the middle*
fier/fière *proud*
malgré *in spite of*
faites-nous savoir *let us know*
résoudre *to resolve*

1. La première personne qui appelle ...

    _____ a. est la mère de Sophie.

    _____ b. a aussi un problème de famille.

    _____ c. **a** et **b**

2. Le frère de Jacques réussit dans la vie ...

    _____ a. malgré son père.

    _____ b. avec l'aide de son frère.

    _____ c. **a** et **b**

Activité 3: C'est à vous maintenant

 Answer the following questions.

1. Après l'émission, qu'est-ce que François fera, à votre avis?

_____

_____

2. Imaginez que vous êtes le père de François et que vous avez entendu l'émission. Que feriez-vous?

_____

_____

Activité 4: La récréation

A. Listen to the conversation. Based on what you hear, complete the following phrases using the choices provided below.

1. Le garçon dont _____

2. Le garçon qui _____

3. Le garçon que _____

... j'ai mangé à midi.
... le blue-jean est trop court.
... aime la pizza.
... est là-bas.
... les autres enfants détestent.

B. Listen to the conversation again. Use your imagination and put a check next to each sentence if you think it is logical.

_____ 1. Didier est fâché que Michaël prenne son jouet.

_____ 2. Michaël est triste que les enfants ne l'aiment pas.

_____ 3. L'instituteur regrette que les deux garçons ne s'entendent pas.

Chapitre 15: Qu'est-ce que je devrais faire?

Partie A: Prononciation

La voyelle e

 A. Read the pronunciation section for Chapter 15 on page 442 of ***Entre amis,*** and listen to the words to determine whether the e is silent or pronounced.

❑ [you see and hear]
[you underline the pronounced e and slash the silent one]

Je ne l'aime pas.

Je ne l'aime pas.

1. Votre frère est gentil.

2. Nous prenons le bus mercredi.

3. Ils arriveront dimanche.

4. Est-ce que tu me dis que tu veux me voir?

5. Aline est marocaine?

 B. Pronounce the following sentences correctly, then listen to the tape and repeat.

1. Qu'est-ce que votre mère a dit?
2. Vous venez de Compiègne?
3. Le chauffeur de cette voiture ne regardait pas à droite.
4. Regardes-tu la télé le mercredi et le vendredi?
5. Dans quelle ville est-ce que tu habites?

Partie B: Compréhension

Activité 1: Si j'avais le choix ...

 What do you think would be most likely to happen in each of these situations? Check your first choice.

1. _____ J'inventerais un nouveau dessert pour mon restaurant.

   _____ Je le donnerais aux sans-abris *(homeless).*

   _____ Je le mangerais moi-même en une semaine.

2. _____ Nous rapporterions le drapeau *(flag)* américain que les astronautes américains y on laissé en 1970.

   _____ Nous rapporterions un échantillon *(sample)* du fromage vert que nous y trouverions.

   _____ Nous rapporterions des cailloux *(pebbles)* et de la poussière *(dust).*

3. _____ Elle laisserait un mot *(would leave a note)* pour le conducteur de l'autre voiture.

_____ Elle partirait à toute vitesse sans rien dire.

_____ Elle chercherait un agent de police.

Activité 2: Mais c'était le comble! *(last straw)*

A. Listen to the following story of a jealous husband. The first time you hear the story, try to get a general idea of what happens. Don't worry if you don't understand all the details. Take notes of the conversation in the space provided.

_____

_____

_____

_____

B. Listen to the conversation again. What evidence is there that Jean is a jealous husband?

_____

_____

_____

_____

C. Read through the following list of events, then listen to the conversation a third time. Cross out the three events that did not actually happen in the story.

_____ Jean attendait Diane quand elle a fini sa classe.

_____ Il l'a appelée où elle travaille.

_____ La mère de Diane pense que les possessions sont plus importantes qu'une femme pour Jean.

_____ Diane était au lit quand Jean lui a téléphoné.

_____ Diane a quitté son bureau pour aller au restaurant avec des amis.

_____ Jean a acheté un 38-automatique pour protéger Diane.

_____ Diane a téléphoné à la police.

_____ Diane a demandé à Jean de ne plus téléphoner chez elle.

_____ Diane a changé les serrures *(locks)* parce qu'elle avait très peur de Jean.

_____ Jean a dit qu'il l'aimait toujours.

D. Listen to the story one more time. Place numbers to the left of the seven remaining sentences in Activity C to indicate their correct order in the story.

222

Vignettes

Chapitre 1

Homme: Bonjour, _____.

Femme: Bonjour, _____.

Homme: _____ Madame Cardin?

Femme: Non, _____ . Je _____ Cardin.

           Je _____ Madame Leclair.

Homme: Mais _____?

Femme: Non, _____ . Je _____.

           J'_____ Montréal. Et vous, _____?

Homme: Non, _____.

           _____ .

           _____ Thomas Johnson.

Chapitre 2

Homme: Vous _____?

Femme: Non, je _____.

Homme: Eh bien, allons-y.

Femme: J'_____.

Homme: Vous _____ .

Femme: _____?

Homme: _____ oui, _____ .

Chapitre 3

Femme #1:   Tiens! _____ Valérie. _____ .

Femme #2:   _____ .

Femme #1:   Est- ce que c'est _____?

Femme #2:   Non, _____ . Elle _____ Jeanne et

            _____ .

Femme #1:   _____ sœurs?

Femme #2:   Elle a _____ .

Femme #1:   Et _____?

Femme #2:   Michelle.

Femme #1:   Ah, _____ qui s'appelle Michelle _____ .

Chapitre 4

Homme #1:	Bonjour, _____. Vous _____ lettre _____?
Homme #2:	Comment _____?
Homme #1:	Jean-Pierre Schloenhoffen.
Homme #2:	Comment _____?
Homme #1:	____.____.____. ...
Homme #2:	Non, non, _____. _____ nom de famille, _____.
Homme #1:	S.C.H.L.O.E.N.H.O.F.F.E.N.
Homme #2:	Schloenhoffen. Ah, _____. _____.

Chapitre 5

Femme:	Alors, _____?
Homme:	Je _____ France.
Femme:	Quand _____ tu _____?
Homme:	Dans _____.
Femme:	Et _____ France?
Homme:	Je _____ et je _____ _____.
Femme:	Où _____?
Homme:	À Gray.
Femme:	_____ ça _____, Gray?
Homme:	C'_____ Dijon.
Femme:	Eh bien, bon voyage!

Chapitre 6

Homme #1:	Tu _____, hein?
Homme #2:	Oui, _____.
Homme #1:	Qu'_____ fait?
Homme #2:	J'_____. Ce matin _____ mon jardin et _____. Puis _____ et _____ mangé. Ensuite _____.
Homme #1:	Mon dieu! Tu _____.
Homme #2:	Oui, mais _____ et demain je _____.

Chapitre 7

Femme #1:	_____, Monique!
Femme #2:	_____, Sophie. _____?
Femme #1:	Je _____ homme charmant.
Femme #2:	Non?! Où _____?
Femme #1:	Dans _____ chinois.
	J' _____ chinoise.
Femme #2:	Et qui _____ charmant?
Femme #1:	C'est _____ frère. Nous _____ déjà
	_____ il y a _____.
Femme #2:	Alors, ça _____?
Femme #1:	Je _____.

Chapitre 8

Père:	Qu'est-ce _____, ma fille?
Fille:	Un _____.
Père:	Qu'est-ce _____?!
Fille:	_____ moutarde.
Père:	Qu'est-ce _____?!
Fille:	_____, papa?
Père:	Bien, et _____ aussi?
Fille:	Un _____, s'il te plaît.
Père:	_____? Une _____! Mais tu _____!
Fille:	Alors, un _____.
Père:	D'accord, chérie. _____.

Chapitre 9

En France, _____

journaux. Aux _____ on _____ acheter des journaux

_____. Si _____ timbres

_____ France, ou si _____

_____ journal ou _____,

il faut _____. On _____ aussi

_____ mais _____ médicaments.

Chapitre 10

Mère: Tu _____?

Fils: Pas _____ Parce _____ quand

    _____.

Mère: _____ apprendre si

    _____?

Fils: _____. Je _____.

    Mais _____.

Mère: Moi? _____.

Fils: Maman! _____! Je _____.

Chapitre 11

Homme #1:   Tu n'es _____ midi.

Homme #2:   Non, je _____. Il _____ et

    il _____. Comme _____ le

    _____, j'ai _____.

Homme #1:   Ce _____?

Homme #2:   Si, mais que veux-tu? _____ télé.

Homme #1:   Et samedi _____.

Homme #2:   _____ sortir mais _____.

Homme #1:   Quel bonnet de nuit!

Chapitre 12

Homme: Allô, _____ « _____ Rivières».

Femme: _____. Est-il possible _____

     _____ midi?

Homme: _____ réserver,

     _____?

Femme: _____, si c'est possible.

Homme: _____! _____ personnes

     _____?

Femme: Nous _____ personnes.

Homme: _____!

Femme: Oui, _____. Ce _____ cinquantième

     _____ et _____

     leurs maris, _____ femmes, nos

     _____ tous les petits-_____.

Homme: Je _____, _____ pourrez pas

     _____.

Femme: C'est dommage, _____. Je _____ à un autre

     _____. _____.

Homme: _____, Madame. _____.

Chapitre 13

Homme #1:   Vous _____ match _____?

Homme #2:   _____, _____ assez _____.

Homme #1:   Pourquoi? _____?

Homme #2:   Non, _____ nous perdons

     _____.

Homme #1:   Ha! Et après le match, _____?

Homme #2:   Non, avec _____ bistro.

Homme #1:   Est-ce _____?

Homme #2:   Je _____.

     Ils _____ Jérôme et Monique Dufour.

     _____ mois.

Chapitre 14

Homme #1: J'en _____ feuilletons _____
télévision.

Homme #2: _____?

Homme #1: Mais tous! _____.

Homme #2: Ah oui, _____?

Homme #1: Ils parlent toujours _____ couples _____. Ils se disent qu'ils
_____; ils _____, mais
_____ se séparent _____.

Homme #2: Oui, pas très original.

Homme #1: Bon, _____. Dis _____ de
ma part.

Homme #2: Ma _____? Mais _____ mois.

Chapitre 15

Femme #1: Mon _____; hier, par exemple,
_____, et il _____ annoncé
que _____.

Femme #2: Et quelle _____ ta réaction?

Femme #1: Au début j'_____,
mais non, _____.

Femme #2: C'est dommage _____,
mon _____, pour _____.

Femme #1: Oui, ce _____ ensemble.

Femme #2: Alors, _____,
ce _____.

Pas de problème!
VIDEO WORKBOOK

Rick Altman

INTRODUCTION

Welcome to *Pas de problème!*—a new kind of video that encourages you to understand and solve problems regularly encountered in French-speaking cultures. The *Pas de problème!* video and workbook were created to work together as a single unit.

Each of the twelve modules of the *Pas de problème!* video has three parts: the **Main Narrative**, the **Gros plan**, and the **Problème!** When each module opens, the number and title appear on the screen and the narrator gives a brief description (**Mise en scène**) of the setting and circumstances of the module. Then the **Main Narrative** begins. In this section, the characters encounter and resolve problems commonly encountered by people in Paris or the French provinces. When directions in the Video Workbook say to watch the first part of the video only, this refers to the **Main Narrative**. You'll know the **Main Narrative** is over when the **Gros plan** begins, signaled by the appearance of a small title flag at the bottom of the screen. Through a montage of scenes, the **Gros plan** offers a close-up of some aspect of the module theme. Next comes the **Problème!**, where the characters encounter a problem for which they haven't found a solution (but which you will eventually be able to solve with the help of workbook activities).

The *Pas de problème!* workbook will help you learn to use your French to solve everyday problems. For each of the video sections (**Main Narrative, Gros plan, Problème!**) you will find a sequence of activities that will familiarize you with life in a French-speaking country and give you a chance to practice French in a real-world situation. **Préparation** activities introduce you to the theme and help you practice the vocabulary and structures necessary to work with the video. These should be done before viewing. The **Visionnement** activities should be done while watching the video (in class or in the language lab), with the sound on or off as indicated by the following symbols:

    IMAGE, NO SOUND

    SOUND AND IMAGE TOGETHER

    PAUSE

You may pause or replay the video as often as necessary to complete the activities. The **Application** activities are designed to expand on the vocabulary, structures, and cultural concerns covered in the module, and to reinforce issues you have covered in your textbook. At the end of each module is a **Supplément** section, providing further opportunities for exploration of the topics covered in the module. Many of the activities are meant to be done with a partner, as indicated by the following symbol:

Pas de problème! has been carefully designed to create an atmosphere very much like the one you might find if you took a trip to France. The situations and locations are real; the problems are the same ones that students regularly encounter abroad. The documents you will work with in the WORKBOOK are authentic. And, of course, the language used is a language you would hear in France. Don't worry if you don't understand every word—you're not supposed to! Life isn't a grammar book with vocabulary arranged in alphabetical order; neither is this video. Instead of concentrating on comprehending every word, use your knowledge of life and video to predict what the characters are probably doing and saying. This is the kind of skill you will need for survival in a French-speaking country; it is also the kind of skill that will help you ultimately, with the help of the workbook's carefully targeted activities, to understand both what is being communicated in the video and how you yourself can achieve maximum communication.

Enjoy watching the video and doing the activities in the workbook. Take full advantage of this exposure to the culture and the language of the French-speaking world. *Amusez-vous bien!*

R.A.

MODULE I   **AU TENNIS**

> Suggestion: Review Chapters 2 & 3 of **Entre amis** before completing this module.

MISE EN SCÈNE

Jean-François est québécois; il est à Paris depuis *(since)* quelques jours seulement *(only)*. Cet après-midi, il joue au tennis avec son ami René. Il passe chez lui *(He drops by his apartment)* pour chercher ses affaires de tennis. Il retrouve René au tennis du bois de Vincennes.

PRÉPARATION

A. L'agenda de Jean-François. Here is Jean-François's schedule for the day. Read this schedule and answer the following questions accordingly.

9 h	petit déjeuner *(breakfast)* avec Claude
10 h	Louvre, visite de la Pyramide
12 h 30	chez Madeleine, déjeuner *(lunch)* avec M. Rigal
14 h	bibliothèque de la Sorbonne, devoir de maths
15 h 15	la maison, affaires de tennis
16 h	bois de Vincennes, tennis avec René
19 h 30	dîner
21 h	café, travail jusqu'à *(until)* 23 heures

1. Est-ce que Jean-François joue au tennis à deux heures?

   _____

2. Jean-François visite-t-il le Louvre à dix heures du matin?

   _____

3. Est-ce que Jean-François prend *(eat)* le petit déjeuner à neuf heures du soir?

   _____

4. Où est Jean-François à deux heures et quart?

   _____

5. À quelle heure Jean-François rentre-t-il à la maison?

   _____

6. Est-ce que Jean-François dîne à midi et demi?

   _____

7. À quelle heure Jean-François travaille-t-il au café?

   _____

8. Est-ce que Jean-François dîne avec M. Rigal?

   _____

B. Présentations et salutations. Introduce three of the following people to a classmate. Your classmate should greet each person appropriately. Then switch roles while your classmate introduces the other three to you. Follow the examples.

❑ my neighbor *(mon voisin)* M. Antoine
>   VOUS: *Je te présente mon voisin, M. Antoine.*
> VOTRE PARTENAIRE: *Bonjour, Monsieur.*

my brother *(mon frère)* Luc
>   VOUS: *Je te présente mon frère, Luc.*
> VOTRE PARTENAIRE: *Salut!*

1. my friend *(mon ami)* Jacques
2. my sister *(ma sœur)* Anne
3. my neighbor *(ma voisine)* Mme Labelle
4. my teacher *(mon professeur)* . . .
5. my classmate *(mon [ma] camarade de classe)* . . .
6. my cousin *(mon cousin)* Vincent

C. C'est qui? Circle the subject of each underlined verb in the following sentences.

1. —Où <u>est</u>-il? Que <u>cherche</u>-t-il?

   —Il <u>passe</u> chez lui pour chercher ses affaires de tennis.

2. —On <u>joue</u> jusqu'à quelle heure?

   —Nous <u>rentrons</u> à midi.

3. —Vous <u>travaillez</u> à l'université?

   —Oui, ce soir nous <u>étudions</u> à la bibliothèque.

4. —Marc, je te <u>présente</u> ma cousine.

   —Je <u>suis</u> enchanté *(delighted)*, Nathalie.

5. —Est-ce qu'Isabelle <u>est</u> libre?

   —Je ne <u>pense</u> pas.

VISIONNEMENT

D. Qu'est-ce qui se passe? *(What's going on?)* Often the image provides extremely useful clues for understanding the dialogue. First read the following questions. Then watch the segment without the sound and circle the best response to each question.

1. Qui prend *(takes)* le métro?
   a. Marie-Christine
   b. Alissa
   c. Yves
   d. Jean-François

2. Où est-ce que Jean-François retrouve son ami René?
   a. dans le métro
   b. chez lui
   c. au tennis
   d. au cinéma

3. Qui sert *(serves)* le premier?
   a. Jean-François
   b. René

4. À votre avis *(In your opinion)*, qui est la jeune fille?
   a. une amie de Jean-François
   b. la cousine de Jean-François
   c. la mère de René
   d. la cousine de René

5. À votre avis, qu'est-ce que René dit *(say)* à la fille?
   a. Je te présente Jean-François.
   b. Mon ami joue très bien.
   c. Je travaille à l'université ce soir.
   d. Je suis très fatigué.

6. À votre avis, que dit la fille à la fin *(end)?*
   a. Pas du tout!
   b. Je suis malade !
   c. Formidable!
   d. Sûrement pas!

E. Où sont-ils? Que font-ils? Watch the segment again, this time with the sound on. Circle the correct response for each question.

1. Où est Jean-François au début *(at the beginning)?*
   a. devant Notre-Dame de Paris
   b. au Centre Pompidou
   c. à la place de la Concorde
   d. au bois de Vincennes

2. Où est-ce que Jean-François retrouve son ami René?
   a. au bois de Boulogne
   b. à la Tour Eiffel
   c. au bois de Vincennes
   d. à la pyramide du Louvre

3. Jusqu'à *(Until)* quelle heure René et Jean-François jouent-ils?
   a. deux heures
   b. trois heures
   c. quatre heures
   d. cinq heures

4. Qui travaille à l'université ce soir?
   a. René
   b. Jean-François

5. Qui va *(is going)* au cinéma ce soir?
   a. René
   b. Jean-François

6. Jean-François est
   a. français.
   b. parisien.
   c. canadien.
   d. suisse.

7. Qui est-ce que Jean-François regarde souvent?
   a. Nathalie
   b. son cousin
   c. René
   d. Marie-Christine

8. Qui est Marie-Christine?
   a. l'amie de Jean-François
   b. l'amie de René
   c. la cousine de Jean-François
   d. la cousine de René

9. Qui est l'amie de Marie-Christine?
   a. Nathalie
   b. Jean-François
   c. René
   d. Renée

10. Qu'est-ce que Jean-François fait *(is doing)* ce soir?
    a. Il travaille à l'université.
    b. Il joue au tennis.
    c. Il va au cinéma.
    d. Il reste chez lui *(is staying home)*.

   ****

GROS PLAN   LES SPORTS

PRÉPARATION

F. En quelle saison? Look at the following list of sports that are popular in France. Which sports are played in winter *(en hiver)*, in spring *(au printemps)*, in summer *(en été)*, in fall *(en automne)?* Fill in the chart by checking the appropriate season(s) for each sport.

	HIVER	PRINTEMPS	ÉTÉ	AUTOMNE
le tennis				
la voile				
le hockey sur glace				
l'équitation				
le saut à ski				
le vélo				
la natation				
le ski alpin				
le kayak				
le football				

G. Un centre sportif au Québec. Read this ad for a Sports Center in Québec and circle the best response for each of the following questions. More than one correct answer may be possible.

1. Où est la Rivière Rouge?
    a. au Canada
    b. à une heure de Montréal
    c. à une heure d'Ottawa
    d. au Québec
2. Quels sports est-ce qu'on peut pratiquer sur la Rivière Rouge?
    a. l'équitation   c. le rafting
    b. le football   d. le kayak
3. Qu'est-ce qu'une journée de rafting inclut?
    a. une présentation vidéo
    b. l'équipement
    c. les services d'un guide
    d. le voyage en car *(bus)*
4. Pour vingt dollars peut-on passer une journée au meilleur centre d'aventures au Québec?
    a. oui   b. non
5. Pour soixante-neuf dollars est-il possible de faire du rafting sur la Rivière Rouge?
    a. oui   b. non
6. Est-il possible de déjeuner au meilleur centre d'aventures au Québec?
    a. oui   b. non

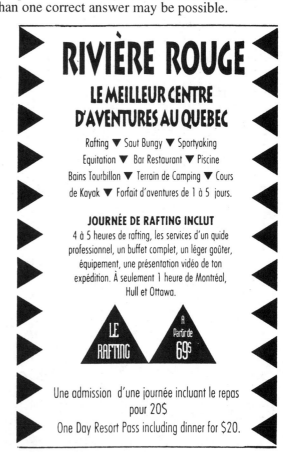

RIVIÈRE ROUGE

LE MEILLEUR CENTRE D'AVENTURES AU QUEBEC

Rafting ▼ Saut Bungy ▼ Sportyaking
Equitation ▼ Bar Restaurant ▼ Piscine
Bains Tourbillon ▼ Terrain de Camping ▼ Cours
de Kayak ▼ Forfait d'aventures de 1 à 5 jours.

JOURNÉE DE RAFTING INCLUT
4 à 5 heures de rafting, les services d'un guide
professionnel, un buffet complet, un léger goûter,
équipement, une présentation vidéo de ton
expédition. À seulement 1 heure de Montréal,
Hull et Ottawa.

LE RAFTING

A Partir de 69$

Une admission d'une journée incluant le repas
pour 20$
One Day Resort Pass including dinner for $20.

VISIONNEMENT

H. Que voyez-vous? Review the list of sports in Activity F, then view the segment without the sound and check off the names of sports from the following list that you see in the **Gros plan.**

____	l'équitation	____	le judo
____	le tennis	____	le base-ball
____	le golf	____	la pétanque*
____	le ski alpin	____	le jogging
____	le vélo	____	le tennis de table
____	le kayak	____	la voile
____	le football américain	____	le football
____	le rugby	____	le basket-ball

*Pétanque, or *boules,* is a popular French game (especially in the south of France) played by two teams of two to four players who compete by trying to throw their hard metal balls *(boules)* as close as possible to a small wooden ball *(cochonnet)* tossed at random some 15–30 feet away.

I. Les Français et le sport. View the segment again, this time with the sound on. Check off the words you hear on the left side of the list.

____	les rivières	____		____	l'air	____	
____	le ski	____		____	descendre	____	
____	le vélo	____		____	un bon effort	____	
____	la mer	____		____	la terre	____	
____	le tennis	____		____	le football	____	
____	la pétanque	____		____	la montagne	____	
____	l'équitation	____		____	la forêt	____	
____	monter	____		____	courir	____	
____	les lacs	____		____	une bonne fatigue	____	
____	les sports	____					

J. Un peu d'ordre. Now listen again and, on the right side of the list in Activity I, number the words and expressions you checked off according to the order in which you heard them.

PROBLÈME!   AU CINÉMA

PRÉPARATION

K. Que faire? With a partner, play the roles of two friends who will be spending a Saturday together. One likes sports, the other prefers quieter activities. Use the vocabulary provided.

faire du jogging	**nager**	**danser**	**étudier**
écouter la radio	**skier**	**jouer au tennis**	**travailler**
chanter	**manger une pizza**	**patiner**	**regarder la télévision**

☐   VOUS: *Désires-tu faire du jogging?*
VOTRE PARTENAIRE: *Moi, je préfère regarder la télé.*
VOUS: *Mais, aimes-tu danser?*
VOTRE PARTENAIRE: *Non, je préfère...*

L. Pas possible! With a partner, play the roles of a ticket agent and a client. Each time the client requests a ticket for a specific time and date, the agent says that it's not available. Choose from the following list of activities displayed in the agent's window.

☐   LE (LA) CLIENT(E): *Un billet pour* **Carmen** *le sept juin, s'il vous plaît!*
L'AGENT(E): *Je regrette, mais* **Carmen** *finit le deux juin.*
LE (LA) CLIENT(E): *Alors, un billet pour* **Fantasia.**
L'AGENT(E): *...*

TICKETS

OPERAS:	**Manon Lescaut** (Opéra de la Bastille)	*du 10 au 19 mai*
	Carmen (Opéra Comique)	*jusqu'au 2 juin*
MUSIQUE:	**Johnny Hallyday** (Bercy)	*12 mai seulement*
	Charles Trenet (Châtelet)	*16 mai seulement*
	Orchestre de Paris (Champs-Elysées)	*aujourd'hui seulement*
VISITES:	**Bateau-mouche sur la Seine** (dîner possible)	*tous les jours*
	Versailles la nuit	*le week-end seulement*
FILMS:	**Napoléon d'Abel Gance** (avec musique spéciale)	*en semaine*
	Un homme et une femme (nouvelle version)	*tous les jours à 20h et 22h30*
	Fantasia (en stéréo Dolby)	*tous les jours à 20h30*

VISIONNEMENT

M. Le corps parle. View the segment without the sound, paying close attention to the body language of Marie-Christine and Jean-François. Then answer the following questions.

1. How does Marie-Christine greet Jean-François?

_____

2. What else do Marie-Christine and Jean-François do that Americans don't typically do?

_____

N. Au cinéma. Now watch the segment with the sound. Then answer the following questions.

1. Où est Jean-François? _____

2. Où est Nathalie? _____

3. Quelle sorte de films Jean-François aime-t-il? _____

   _____

4. Pour quelle sorte de film Jean-François demande-t-il deux billets? _____

   _____

5. Pourquoi y a-t-il un problème? _____

   _____

APPLICATIONS

 O. Qu'est-ce qu'on va faire? What would you do if you were in the same situation as Marie-Christine and Jean-François? Column A contains a list of the types of films you like and Column B lists the types of films your partner likes. Study these lists, then look at the film schedule that follows. Discuss the films now playing with your partner and decide on a film that you both will enjoy.

A	B
les films d'aventure	les comédies
le fantastique	les mélodrames
les films violents	les comédies musicales
les films policiers	les films classiques

VOUS: *Désires-tu voir* **La Belle et la Bête?**

VOTRE PARTENAIRE: *Non, pas vraiment. Je n'aime pas beaucoup les films comme ça. Je préfère voir* **L'Amant.** *J'adore les mélodrames. D'accord?*

VOUS: *En réalité, je n'aime pas beaucoup les mélodrames. Je préfère voir un film d'aventure.*

VOTRE PARTENAIRE: *Peut-être un film classique qui est aussi un film d'aventure? etc.*

CINEMA

GAUMONT OPERA, 31 bd des Italiens, 2e arrondissement, métro Opéra, 40F **La Belle Histoire** (aventures), 19h, 21h20 **La Belle et la Bête** (fantastique classique) 18h30, 20h30, 22h30 **L'Amant** (mélodrame intime) 19h20, 21h40

CINE BEAUBOURG, 50 rue Rambuteau, 3e arrondissement, métro Rambuteau, 41 F **Une femme sous influence** (mélodrame), 20h, 22h **Tirez sur le pianiste** (policier classique), 19h30, 21h50 **Blanche Neige** (fantastique pour enfants), 18h, 19h40, 21h20

ACTION ECOLES, 23 rue des Écoles, 5e, métro Cluny-la Sorbonne, 38F **Festival James Bond** (aventures), 18h, 20h, 22h **Cérémonie secrète** (mélodrame), 18h30, 20h30, 22h30

ACTION RIVE GAUCHE, 5 rue des Écoles, 5e, métro Cardinal Lemoine, 38F **Chantons sous la pluie** (comédie musicale), 19h, 20h45, 22h30 **Indochine** (mélodrame/aventures), 19h30, 21h45 **La soupe au canard** (comédie), 18h40, 20h20, 22h

---

     239

SUPPLÉMENT

P. Soirées parisiennes. Read the following excerpt from a letter written by Jean-François, then answer the questions that follow.

Chère Gisèle,

   J'aime bien Paris. Il y a toujours beaucoup de choses à
faire. Souvent je passe la soirée *(evening)* au café avec
des amis. Nous jouons aux cartes, ou nous étudions, ou
nous parlons politique, ou nous mangeons quelque chose.
Quelquefois, je vais à la bibliothèque ou au musée. De
temps en temps, j'étudie un peu. Quand je suis fatigué ou
malade, je regarde la télévision ou j'écoute la radio ou
la stéréo. Quand j'ai de l'argent *(money)*, je vais au
cinéma *(go to the movies)* avec Claude. Claude aime beaucoup les comédies musicales et les mélodrames. Moi j'aime
beaucoup la science-fiction et les films d'aventure.

                                    Amitiés,

                                    Jean-François

---

1. Que fait Jean-François *(What does Jean-François do)* quand il est sans *(without)* argent?

    _____

2. Que fait-il quand il a de l'argent?

    _____

3. Que fait-il quand il est malade?

    _____

4. Quand il va au café, qu'est-ce qu'il fait?

    _____

5. Qu'est-ce qu'il fait avec Claude?

    _____

6. Quelle sorte de films est-ce qu'il aime?

    _____

MODULE II   **LE COUP DE FIL**

> Suggestion: Review Chapters 4 & 5 of **Entre amis** before completing this module.

MISE EN SCÈNE

Aujourd'hui Jean-François retrouve Marie-Christine pour faire des courses ensemble. Marie-Christine habite Rive gauche *(on the Left Bank),* dans le 6ème arrondissement. C'est le quartier *(neighborhood)* des étudiants, des librairies, des cafés et des universités.

PRÉPARATION

A. La Rive gauche. Read the following paragraph about the Left Bank of Paris. Then, complete the sentences that follow.

La Rive gauche de Paris est un endroit très vivant *(lively),* surtout dans son centre historique (les 5ème, 6ème et 7ème arrondissements *[districts]).* C'est d'abord le quartier des universités (avec la Sorbonne, la première université de Paris). Il y a donc beaucoup de librairies et il y a des étudiants partout *(everywhere).* On trouve aussi beaucoup de cafés sur la Rive gauche, et beaucoup de boutiques qui sont peut-être *(perhaps)* petites mais qui sont souvent très chics. Tout le monde connaît *(knows)* les églises de la Rive gauche: Saint-Germain-des-Prés, Saint-Séverin, Saint-Sulpice. Mais la Rive gauche est aussi le quartier du gouvernement. Dans le palais du Luxembourg siège *(meets)* une partie importante du gouvernement de la République, le Sénat.

1. La première université de Paris s'appelle _____.

2. Près des universités on trouve beaucoup de _____.

3. Les boutiques de la Rive gauche sont souvent _____.

4. Le Sénat siège dans _____.

5. Le _____ arrondissement est un arrondissement de la Rive gauche.

6. La Rive gauche se trouve au _____ *(nord/sud)* de la Seine.

B. Et votre université? Pourquoi votre université est-elle spéciale? Expliquez à un(e) ami(e) français(e) deux ou trois choses intéressantes à propos de *(about)* votre université ou de votre ville.

_____

_____

_____

_____

C. Le plan. Study this map of part of the Left Bank of Paris. Then answer the questions, using the expressions provided.

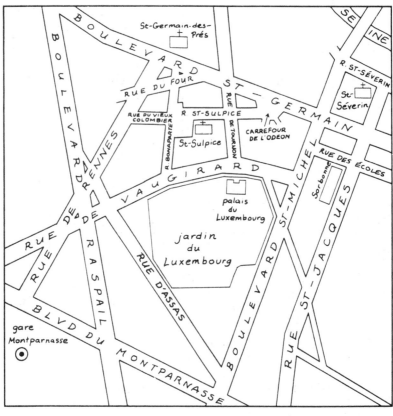

prends/prenez (la rue)	*take (the street)*	**à gauche**	*left*
tourne/tournez (dans la rue)	*turn*	**tout droit**	*straight*
traverse/traversez	*cross*	**à droite**	*right*

1. Vous êtes sur le boulevard Saint-Michel et une femme vous demande: «S'il vous plaît, où est Saint-Germain-des-Prés?» _____

   _____

2. Vous sortez *(You are leaving)* de la gare Montparnasse et un jeune homme demande: «L'église Saint-Sulpice, s'il vous plaît!» _____

   _____

3. Vous êtes dans la rue du Four, et quelqu'un vous demande le chemin pour *(way to)* la gare Montparnasse. Quelle est votre réponse? _____

   _____

4. Vous habitez la rue de Rennes, près du boulevard Montparnasse. Un autre étudiant qui étudie à la bibliothèque de la Sorbonne va vous rendre visite ce soir. Expliquez-lui le chemin pour aller chez vous. _____

   _____

5. Vous habitez près de Saint-Séverin, votre amie est à Saint-Sulpice. Elle téléphone et demande le chemin pour venir chez vous. Que dites-vous *(do you say)*?_____

   _____

VISIONNEMENT

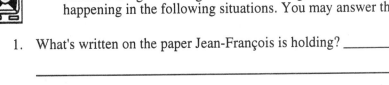

D. Que voyez-vous? Now view the Module II dialogue **"Le coup de fil"** without the sound. Make a list of the aspects you see that are typical of the Left Bank according to the description in Activity A.

Monuments   Autres choses

_____   _____

_____   _____

_____   _____

_____   _____

E. Les yeux travaillent. Often the image provides extremely useful clues for understanding the dialogue. Watch the segment without the sound and guess what is happening in the following situations. You may answer these questions in English.

1. What's written on the paper Jean-François is holding? _____

   _____

2. Where is he going? _____

3. What does he say to the woman in the street? _____

   _____

4. What does he say to the woman in the phone booth? _____

   _____

5. What does he ask the man next to the phone booth? _____

   _____

6. Whom does Jean-François call? _____

7. What does he ask? _____

F. Les mots-clés *(Key words).* Based on your answers to Activity E, what words do you expect to hear in this segment? Circle the words in the following list that you expect to hear.

comment	**autoroute**	**hors-d'œuvre**
porte d'entrée	**croissant**	**urgent**
allô	**fermée** *(closed)*	**grande**
code	**cher**	**rue**
beaucoup	**rouge**	**numéro**

G. Les mots du dialogue. Now watch the segment with the sound and cross out the words in Activity F that you hear in the dialogue.

H. Le sens du dialogue. View the segment again with the sound. Did you guess right? This time answer the questions in French.

1. Qu'est-ce qui est écrit sur le papier de Jean-François? _____

_____

2. Où va-t-il? _____

3. Que dit Jean-François à la dame dans la rue? _____

_____

4. Que dit Jean-François à la dame dans la cabine téléphonique? _____

_____

5. Que dit Jean-François au monsieur près de la cabine téléphonique? _____

_____

6. À qui Jean-François téléphone-t-il? _____

7. Qu'est-ce qu'il demande? _____

I. Les réponses. During this segment Jean-François finds out about two things he needs. The lady in the street tells him about one, while the man near the phone booth tells him about the other. List the two items and describe why Jean-François needs each one.

1. _____

_____

2. _____

_____

J. Le chemin de Jean-François. Now view the dialogue one last time. Mark the route taken by Jean-François on this map.

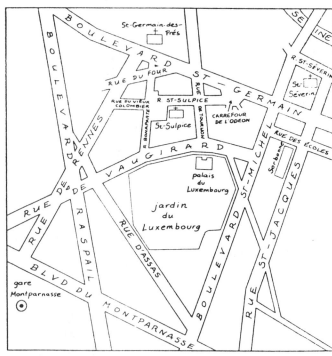

244

GROS PLAN   LA TÉLÉCARTE

PRÉPARATION

K. Au téléphone. Imagine that you are an exchange student in France trying to place an overseas call. With a partner, play the roles of operator and student. Use expressions from the list provided.

Allô.	*Hello.*
Je voudrais téléphoner à...	*I want to call (a person)...*
Je voudrais appeler le...	*I want to call (a number)...*
Quel numéro demandez-vous?	*What number are you calling?*
Ne quittez pas!	*Don't hang up!*
Mettez votre carte dans la fente.	*Put your card in the slot.*
Composez le numéro.	*Dial the number.*
Il faut une autre carte.	*You need another card.*

VISIONNEMENT

L. Le bon ordre. View the segment without the sound. Then put the following activities in the order in which they appear. Circle the activity that doesn't take place during this segment. The first one has been done for you.

____ raccrocher	____ patienter	____ enlever la carte
____ parler à l'opérateur	____ composer le numéro	____ introduire la carte
____ décrocher	_1_ entrer dans la cabine	

M. Comment téléphoner? Now view the segment with the sound and answer the following questions.

1. En général, qu'est-ce qui est nécessaire pour téléphoner dans les cabines téléphoniques?

   _____

2. Qu'est-ce qu'on peut acheter *(can buy)* dans toutes les agences de France Télécom?

   _____

3. Qu'est-ce qu'on peut acheter dans tous les bureaux de tabac?

   _____

4. Quelle est la première chose qu'il faut faire pour téléphoner?

   _____

5. Qu'est-ce qu'on apprend *(learns)* dans le message digital?

   _____

6. Qu'est-ce qu'il faut faire ensuite?

   _____

7. Qu'est-ce qu'il faut faire à la fin de la communication?

   _____

8. Qu'est-ce qu'il faut employer pour entrer dans le nouveau monde des communications?

   _____

APPLICATIONS

N. L'écran digital. Here are sample instructions that might appear on the screen of a French telephone booth. Read each instruction, then circle the letter of the action that you should carry out.

INTRODUISEZ VOTRE CARTE	a. Achetez une autre carte. b. Mettez *(Put)* votre télécarte dans la fente. c. Tapez le nom de votre carte. d. Il n'y a pas d'unités.
PATIENTEZ, SVP	a. Ne faites rien. b. Votre carte n'est pas bonne. c. Composez votre numéro. d. Mettez votre télécarte dans la fente.
CRÉDIT : 19 UNITÉS, NUMÉROTEZ	a. Votre carte est bonne, attendez. b. Votre communication coûte 19 francs. c. Vous avez déjà demandé trop de crédit. d. Votre carte est bonne, composez votre numéro.
CRÉDIT ÉPUISÉ, RACCROCHEZ SVP	a. Votre carte est bonne, attendez. b. Votre carte est bonne, composez votre numéro. c. Votre carte est mauvaise, attendez. d. Votre carte est mauvaise, posez le téléphone.
NUMÉRO APPELÉ : 37522908	a. Appelez *(Call)* le numéro affiché. b. Le numéro de ce téléphone est 37522908. c. Le numéro 37522908 appelle cette cabine téléphonique. d. Vous avez appelé le numéro affiché.
REPRENEZ VOTRE CARTE	a. La communication est terminée; la machine garde votre carte. b. Achetez une autre carte. c. Il faut une autre carte, celle-ci n'est plus bonne. d. La communication est terminée; retirez votre carte.

O. Les instructions. Look carefully at the drawing of a French phone booth on the next page. Then provide the following information.

1. 43 26 32 68 est le numéro de quoi?

_____

2. Qui répond quand on compose le 18?

_____

3. Quel numéro faut-il composer pour avoir les renseignements?

_____

4. Quel est l'indicatif pour les États-Unis?

_____

5. Quel numéro faut-il composer pour avoir les renseignements aux États-Unis?

_____

6. Que faut-il faire si l'appareil est en panne *(out of order)*?

_____

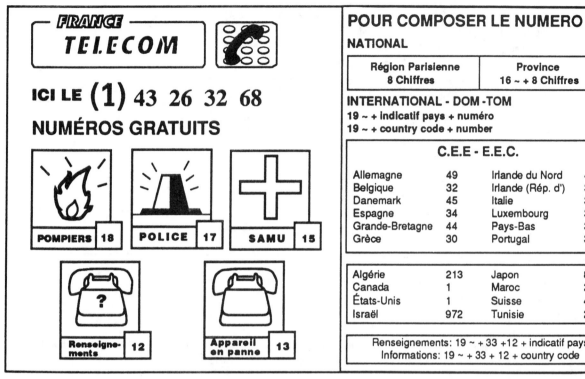

PROBLÈME!   PLUS D'UNITÉS

PRÉPARATION

P.   Acheter une télécarte. In this segment, Jean-François has to go to a (**bureau de**) **tabac** *(tobacco shop)* to buy a **télécarte** in order to make a phone call. Imagine the conversation between Jean-François and the salesperson from whom he buys the **télécarte**. Don't forget that Jean-François doesn't know anything about **télécartes** (the price, the number of **unités** on the card, whether there are different kinds of cards, etc.). Add to the following conversation at least three more exchanges between Jean-François and the salesperson.

LE VENDEUR (LA VENDEUSE):   *Bonjour, Monsieur. Vous désirez?*

JEAN-FRANÇOIS: *Je désire quelque chose pour téléphoner.*

LE VENDEUR (LA VENDEUSE):   *Qu'est-ce que vous désirez exactement?*

_____

_____

_____

_____

_____

_____

_____

_____

Q. Comment ça marche. You have bought a **télécarte.** Ask a partner how to use it. Your partner provides the necessary explanation. Refer to Activities K–O for the necessary expressions.

_____

_____

_____

_____

_____

_____

_____

_____

_____

VISIONNEMENT

R. Plus d'unités. When the young man in the video tries to make a phone call, he has a problem. View this segment with the sound and answer the following questions.

1. Qu'est-ce que le jeune homme dans la vidéo veut faire *(wants to do)?*_____

_____

2. Quel problème a-t-il? _____

_____

3. Que peut-il faire *(What can he do)* maintenant s'il a une autre carte dans la poche *(his pocket)?* _____

4. Que peut-il faire maintenant s'il a de l'argent dans son portefeuille *(wallet)?*_____

_____

5. Que peut-il faire s'il n'a ni *(neither)* carte ni *(nor)* argent?_____

_____

APPLICATIONS

S. Comment on téléphone avec la télécarte. On the next page, you will see a technical explanation of the electronic **puce** *(chip,* literally, *flea,* because of its small size and shape) at the heart of the **télécarte** and French public telephones. First read the explanation. (Don't worry if you can't understand every word.) Then answer the questions.

1. Combien de publiphones y a-t-il en France? _____

2. Quand on introduit la carte dans le publiphone, qu'est-ce qui se passe *(what happens)?*

_____

3. Où se trouve la puce? _____

4. Qu'est-ce qui *(What)* est contenu dans le réseau de microfils *(microwire network)*?_____
    _____

5. Qu'est-ce qu'il y a à chaque *(each)* carrefour *(intersection)* dans le réseau de microfils?_____
    _____

6. Qu'est-ce qui se passe aux fusibles *(fuses)* de la puce au fur et à mesure des communications
    (with each phone call)? _____
    _____

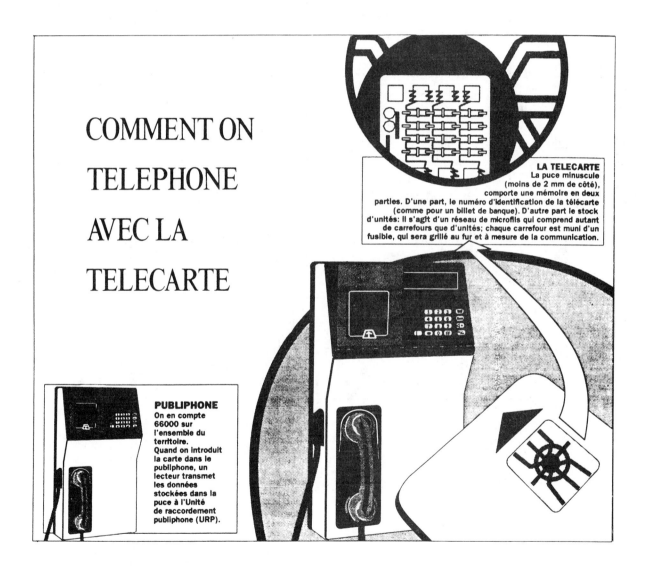

COMMENT ON TELEPHONE AVEC LA TELECARTE

LA TELECARTE
La puce minuscule (moins de 2 mm de côté), comporte une mémoire en deux parties. D'une part, le numéro d'identification de la télécarte (comme pour un billet de banque). D'autre part le stock d'unités: il s'agit d'un réseau de microfils qui comprend autant de carrefours que d'unités; chaque carrefour est muni d'un fusible, qui sera grillé au fur et à mesure de la communication.

PUBLIPHONE
On en compte 66000 sur l'ensemble du territoire. Quand on introduit la carte dans le publiphone, un lecteur transmet les données stockées dans la puce à l'Unité de raccordement publiphone (URP).

 249

SUPPLÉMENT

T. Plus ça change, plus c'est la même chose. With a partner, imagine the conversations between a student in Paris during the time of the old black telephone and a local operator who shares his or her problems with callers. You may give the phone number in French style (437 = **quatre cent trente-sept**) or in Canadian style (437 = **quatre-trois-sept**). The operator will tell you about the problems of his or her daughter, his or her little boy, or his or her neighbor Rosalie. You, of course, will try to show interest in these problems. Here are the people you call. Follow the example.

❏ Votre sœur Françoise à New York (212/288-4237)

> L'ÉTUDIANT(E): *Allô. Je voudrais téléphoner à ma sœur à New York, s'il vous plaît. Deux cent douze, deux cent quatre-vingt-huit, quarante-deux, trente-sept.*
>
> LE (LA) STANDARDISTE: *Ah oui, comment va votre sœur maintenant? Est-elle toujours malade?*
>
> L'ÉTUDIANT(E): *Heureusement, elle n'est plus* (no longer) *malade.*
>
> LE (LA) STANDARDISTE: *C'est bien. Ma voisine* (neighbor) *Rosalie est malade depuis deux semaines. C'est difficile. J'ai préparé de la soupe pour son dîner.*
>
> L'ÉTUDIANT(E): *Ah bon! ...*

1. Votre frère Victor à Chicago (312/376-8997)
2. Vos parents qui voyagent en France (33/1-42.69.17.26)
3. Votre amie Germaine qui habite près de chez vous (37.52.36.95)
4. Votre copain (*friend, pal*) Bruno en Suisse (41/84.72.98.67)

U. Le dialogue écrit. When you have finished the oral interchange of the preceding activity, choose your best dialogue and write it out.

_____

_____

_____

_____

_____

_____

_____

MODULE III   **LE MÉTRO**

> Suggestion: Review Chapter 6 of **Entre amis** before completing this module.

MISE EN SCÈNE

Paris est une grande ville, mais les transports en commun *(public transportation)* sont faciles *(easy)* à employer et pas chers. Aujourd'hui, Marie-Christine et Jean-François traversent *(cross)* la ville pour visiter un grand magasin *(department store)*.

PRÉPARATION

A. Le métro en France. Read the following paragraph and answer the questions.

Cinq villes françaises ont un chemin de fer *(railroad)* métropolitain, ou métro: Bordeaux, Lille, Lyon, Marseille et, bien sûr, Paris. Inauguré en 1900, le métro de Paris a aujourd'hui un réseau *(network)* long de plus de trois cents kilomètres. C'est le troisième métro du monde en longueur, après les métros de Londres et New York. Dans les 368 stations, il y a soixante kilomètres de quais *(platforms)*. Les stations les plus fréquentées sont les grandes gares: Gare Saint-Lazare, Gare du Nord, Gare Montparnasse, Gare de l'Est, Gare de Lyon, Gare d'Austerlitz. En tout, six milliards *(billion)* de voyageurs par an, avec quatre cent millions de voyageurs supplémentaires sur le Réseau Express Régional *(Regional Express Network)*, ou RER, qui sert *(serves)* la banlieue *(suburbs)* parisienne. Depuis *(Since)* août 1991, il n'y a qu'une seule *(there's only one)* classe dans le métro, toute la journée. Mais attention, le RER garde encore les deux classes traditionnelles, première et seconde, sur la totalité de ses 358 kilomètres.

1. Paris n'a pas le seul métro en France. Combien d'autres villes françaises ont un métro?

   _____

2. Le métro de Paris a quel âge? _____

3. Combien de métros sont plus longs que le métro parisien? _____

4. Combien y a-t-il de stations dans le métro de Paris? _____

5. Quelles sont les stations les plus fréquentées? _____

   _____

6. Combien de voyageurs y a-t-il chaque année sur le métro de Paris? _____

   _____

7. Combien de voyageurs y a-t-il tous les ans sur le RER? _____

   _____

8. Est-ce que le métro a deux classes? Et le RER? _____

   _____

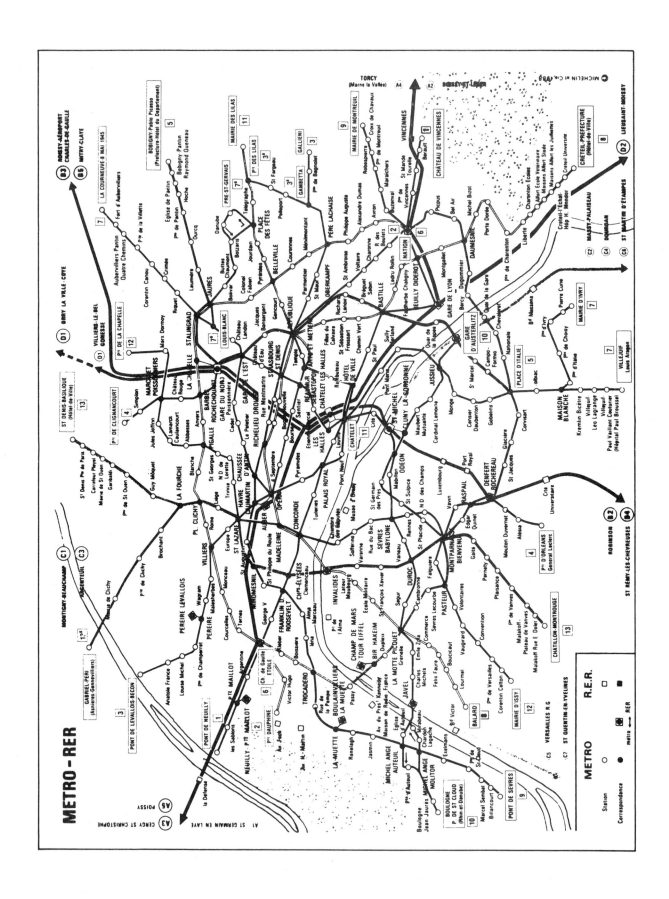

METRO - RER

B. Comment y aller? Look at the Paris métro map on the preceding page and decide whether the following statements are true (**Vrai**) or false (**Faux**). Circle the appropriate letter.

V   F   1. Marie-Christine et Jean-François sont à la station Sèvres-Babylone. Pour aller à l'Opéra en métro, ils passent par la station Place de la Concorde et la station Gare Saint-Lazare.

V   F   2. Si la ligne numéro huit (Balard–Créteil) est fermée, on peut prendre (can take) la direction Nation et on doit changer à la Bastille.

V   F   3. Si la ligne numéro douze (Mairie d'Issy–Porte de la Chapelle) est fermée, on peut prendre la ligne numéro dix et changer à Odéon et à Réaumur-Sébastopol.

V   F   4. Si, après leur visite à l'Opéra, Marie-Christine et Jean-François désirent aller au cinéma Action Rive Gauche (Métro Cardinal Lemoine), ils peuvent prendre la ligne numéro sept et changer à Place d'Italie.

V   F   5. Si après le cinéma Marie-Christine et Jean-François désirent visiter l'Arc de Triomphe (Métro Charles de Gaulle–Étoile), ils peuvent prendre la ligne numéro huit et changer à Place de la Concorde.

VISIONNEMENT

C. Qu'est-ce qu'il faut faire? Watch the segment with the sound on and answer the following questions.

1. Marie-Christine et Jean-François sont devant quelle station de métro?
    a. Opéra   c. Saint-Sulpice
    b. Porte de la Chapelle   d. Sèvres-Babylone

2. Selon (According to) Marie-Christine, quelle direction faut-il prendre pour aller aux Galeries Lafayette?
    a. Porte de la Chapelle   c. Créteil
    b. Porte d'Orléans   d. Porte de Clignancourt

3. Toujours selon Marie-Christine, quelle ligne de métro faut-il prendre?
    a. ligne deux   c. ligne dix
    b. ligne douze   d. ligne dix-huit

4. Selon Jean-François, où faut-il changer de ligne de métro?
    a. Opéra   c. Madeleine
    b. Créteil   d. Porte de Clignancourt

5. Toujours selon Jean-François, à quelle station faut-il descendre (get off)?
    a. Madeleine   c. Créteil
    b. Opéra   d. Porte d'Orléans

6. Que suggère le passant (passerby)?
    a. Il suggère de prendre l'autobus.   c. Il suggère de prendre le batobus.
    b. Il suggère de prendre un taxi.   d. Il suggère de prendre une autre ligne.

7. Que demande Marie-Christine?
    a. C'est quel autobus?   c. Où se trouve l'entrée du métro?
    b. Où est le taxi?   d. Où est l'arrêt?

8. Que demande Jean-François?
    a. Où est ma Carte Orange?   c. Est-ce que je peux utiliser ma Carte Orange?
    b. Où est mon ticket?   d. Où est-ce qu'on achète un ticket?

GROS PLAN   LE TRANSPORT EN COMMUN

VISIONNEMENT

D. Que voyez-vous? Watch the **Gros plan** of Module III **"Le transport en commun"** with the sound off. Check off any of the following modes of transportation that you see in the **Gros plan.** Then watch the beginning of the Module III dialogue **Le métro** and circle the names of all the modes of transportation that you see there.

_____ la moto   _____ la mobylette

_____ le taxi   _____ l'autobus

_____ le bateau *(boat)*   _____ la bicyclette

_____ le métro   _____ l'avion *(airplane)*

_____ la voiture   _____ le funiculaire *(funicular railway)*

_____ le camion *(truck)*

E. Les moyens de transport. Watch the **Gros plan** again and complete the following sentences by drawing a line to match each mode of transportation to the appropriate description. The first one has been done for you.

La voiture   est à Montmartre.

Le taxi   a un chauffeur qui s'arrête *(stops)* où on veut *(wants)*.

L'autobus   ferme à une heure du matin.

Le funiculaire   porte le nom d'un chanteur et acteur français.

Le batobus   est difficile à conduire *(to drive)* à Paris parce qu'il y a beaucoup de circulation *(traffic)*.

Le métro   est toujours vert.

POUR UN OU QUELQUES VOYAGES

LE TICKET

Vous pouvez acheter des tickets à l'unité ou par carnets de 10.

Ils sont valables pour un seul trajet :

Dans le **métro**, le tarif est indépendant du parcours à effectuer et un seul ticket permet la libre correspondance entre les lignes.

Pour le **RER**, le tarif dépend de la classe choisie (1re ou 2ème classe) et du trajet.

Cependant sur la section urbaine du RER (gares RER de Paris et gare de Gentilly), la tarification est indépendante du trajet et permet la libre correspondance entre les lignes de métro et du RER. Au-delà de cette section urbaine, le prix des tickets dépend du parcours.

Pour le **bus**, chaque ligne est divisée en plusieurs sections. Un ticket n'est valable que pour un trajet compris dans une ou deux sections. Pour 3 sections ou plus, il faut utiliser 2 tickets pour les bus de Paris (numéros de lignes inférieurs à 100 et Montmartrobus) et de 2 à 6 tickets pour les bus de banlieue (numéros de lignes supérieurs à 100), pour le bus PC, Balabus et Orlybus. Un tarif spécial est appliqué sur les Noctambus, lignes de bus de nuit dans Paris.

Pour le **funiculaire** de Montmartre, un ticket permet d'effectuer un aller simple (montée ou descente).

Pour Orlyval, entre Antony et l'aéroport d'Orly, une tarification spéciale est appliquée.

Tickets	2e classe	1re classe (1)
Ticket métro-autobus à l'unité	5,50 F	8,50 F
Carnets de 10 tickets		
• plein tarif	34,50 F	52,00 F
Tickets RER pour trajets Paris-Banlieue	jusqu'à	jusqu'à
• plein tarif	18,00 F	28,00 F
Orlybus	6 tickets ou 1 billet spécial à 21,00 F	
Noctambus		
• trajet simple : 3 tickets		
• 2 trajets consécutifs avec correspondance à Châtelet : 4 tickets		
Orlyval (+ RER via Antony)		
• trajet Orly <—> Paris : 55,00 F		
• autres trajets : de 46,00 F à 85,00 F		

(1) 1re classe uniquement sur le RER.

APPLICATIONS

F. Le ticket. Read the information on the previous page about the Paris transportation system. You may not understand every word, but you should be able to find the answers to these questions.

1. Combien de tickets y a-t-il dans un carnet *(pack)*?

   _____

2. Combien coûte *(cost)* un carnet?

   _____

3. Combien de tickets faut-il *(are necessary)* pour prendre le métro?

   _____

4. Combien de tickets faut-il pour un trajet *(trip)* de cinq sections en autobus?

   _____

5. Combien de tickets faut-il pour monter *(go up)* à Montmartre par le funiculaire et pour

   redescendre *(come back down again)*? _____

   _____

6. Si vous désirez prendre l'autobus pendant la nuit, combien de tickets faut-il?

   _____

G. Les endroits. Decide where each person is going based on what each is going to do. Then complete the sentences. Choose from the following list. Use the correct verb form of **aller** and don't forget to make contractions (**à + le = au, à + les = aux**).

la piscine	la banque	la pharmacie	le centre commercial
l'aéroport	le cinéma	la boulangerie	la pâtisserie

❑ J'aime manger les gâteaux. *Je vais à la pâtisserie.*

1. Jean-François finit son séjour en France. Il retourne au Canada cet après-midi.

   _____

2. Marie-Christine veut acheter une nouvelle robe pour la boum.

   _____

3. Moustafa a mal à la tête *(headache)*.

   _____

4. Nathalie a envie de nager.

   _____

5. Nous préférons regarder un film.

   _____

6. Tu désires acheter une baguette *(loaf of bread)*.

   _____

PROBLÈME! LA CARTE ORANGE QUI NE MARCHE PAS

PRÉPARATION

H. La Carte Orange. Following is a description of how a monthly public transportation pass works in Paris. Answer the questions based on the passage.

POUR UNE SEMAINE OU POUR UN MOIS : LA CARTE ORANGE
(Coupon Jaune ou Coupon Orange)

La carte orange se compose d'une carte nominative (avec une photo) accompagnée:
• d'un **coupon jaune** hebdomadaire : valable du lundi au dimanche inclus,
• d'un **coupon orange** mensuel : valable du premier au dernier jour du mois, sur l'ensemble des lignes de métro, bus, RER, trains SNCF Ile-de-France, bus APTR ou ADATRIF, sur le funiculaire de Montmartre et sur le Balabus, le Montmartrobus, les Noctambus, Orlybus, Orlyrail et Roissyrail dans la limite des zones choisies.

Carte Orange	Coupon jaune (hebdomadaire)		Coupon orange (mensuel)	
	2ᵉ cl.	1ʳᵉ cl.(1)	2ᵉ cl.	1ʳᵉ cl.(1)
Zones 1-2	54 F	81 F	190 F	285 F
Zones 1-2-3	71 F	115 F	247 F	399 F
Zones 1-2-3-4	98 F	169 F	342 F	589 F
Zones 1-2-3-4-5	119 F	211 F	416 F	737 F
Zones 1-2-3-4-5-6	123 F	219 F	429 F	763 F
Zones 1-2-3-4-5-6-7	137 F	247 F	481 F	867 F
Zones 1-2-3-4-5-6-7-8	153 F	279 F	534 F	973 F

Les coupons mensuels sont en vente à partir du 20 du mois pour le mois suivant.

Emploi de la Carte Orange

Dans le métro, on introduit le coupon de Carte Orange dans la machine de contrôle, comme un ticket de métro. Par contre *(on the other hand)* dans l'autobus il ne faut pas *(one must not)* introduire le coupon de Carte Orange dans la petite machine de contrôle qui sert *(is used)* pour les tickets parce que cela détruit *(destroys)* les informations conservées sur la bande magnétique du coupon; il suffit *(it's enough)* d'avoir toujours en sa possession une Carte Orange et un coupon valable. En cas de démagnétisation de votre coupon, adressez-vous au guichet *(ticket window)* d'une station de métro ou d'une gare. Il vous sera remis *(You will be given)* un nouveau coupon.

---

1. La Carte Orange est composée de deux parties. L'une est un coupon orange mensuel *(monthly).* Quelle est l'autre partie? _____

2. Le coupon orange mensuel est valable de quel jour à quel jour?

   _____

3. Voici une liste de transports parisiens. Soulignez *(Underline)* les transports où on peut *(can)* employer une Carte Orange.

   le métro   les taxis   le RER
   l'autobus   le batobus   Orlybus
   le funiculaire de Montmartre   les bateaux-mouches   les Noctambus

4. Combien coûte une Carte Orange en deuxième classe pour les zones un et deux (Paris et les environs immédiats)? _____

5. Combien coûte une Carte Orange pour les zones un à huit (toute la région parisienne, jusqu'à cinquante kilomètres de Paris)? _____

6. Quand les coupons mensuels sont-ils mis en vente *(put on sale)?*

   _____

7. Vous êtes dans une station de métro le 26 mars et vous voulez acheter un coupon mensuel de Carte Orange pour les zones un, deux, trois et quatre. Que dites-vous *(say)* pour acheter votre coupon? _____

   _____

8. Quelle est la réponse de l'employé(e) *(employee)?* _____

   _____

VISIONNEMENT

I. Qu'est-ce qui se passe? Watch the **Problème** section with the sound on and answer the following questions.

1. Qui prend *(takes)* le métro? _____

2. Qui prend l'autobus? _____

3. Quel est le problème de Jean-François? _____

   _____

4. Qu'est-ce que Marie-Christine demande à Jean-François? _____

   _____

5. Qu'est-ce qui a causé le problème de Jean-François? _____

   _____

APPLICATIONS

J. Problèmes/Solutions. Write a short dialogue with a classmate. (Refer to Activity H for the necessary vocabulary.) Imagine that you both put your **Cartes Oranges** in the bus machine and now they won't work in the métro. You'll need to address the following issues:

1. Où êtes-vous? _____

2. Où allez-vous? _____

3. Comment est-ce que vous y allez? _____

   _____

4. Avez-vous de l'argent? (Combien d'argent faut-il? Combien d'argent avez-vous?)

   _____

5. Avez-vous des amis qui habitent dans le quartier?

   _____

 257

SUPPLÉMENT

K. Suivez le guide. Imagine you are visiting Paris with a friend and you are staying at a hotel near the Arc de Triomphe. Study the list of well-known tourist sights and locate them on the métro map. Then give your partner directions to go to three different sights from the hotel. Can he or she find them by tracing the route on the map according to your directions? Begin at métro station Charles de Gaulle–Étoile and use the expressions from the example.

Code on map	Tourist sight	Métro stop
A.	Arc de Triomphe	Charles de Gaulle–Étoile
B.	Musée Rodin	Invalides
C.	Notre-Dame	Cité
D.	Centre Pompidou	Châtelet–Les Halles
E.	La Sorbonne	Cluny–La Sorbonne
F.	Opéra de la Bastille	Bastille
G.	Madeleine	Madeleine

❑ *Trouve* (Find) *la station* Charles de Gaulle–Étoile.

Prends (Take) *la direction* Château de Vincennes.

(Remember: the direction of a métro line refers to the name of the stops on either end of the line. For example, line #1 can be taken in the direction of Pont de Neuilly or Château de Vincennes.)

Change (Get off) *à la station* Châtelet.

Prends la correspondance et prends la ligne numéro 4, direction Porte d'Orléans.

Descends à la station Cité. *Quel monument vas-tu visiter?*

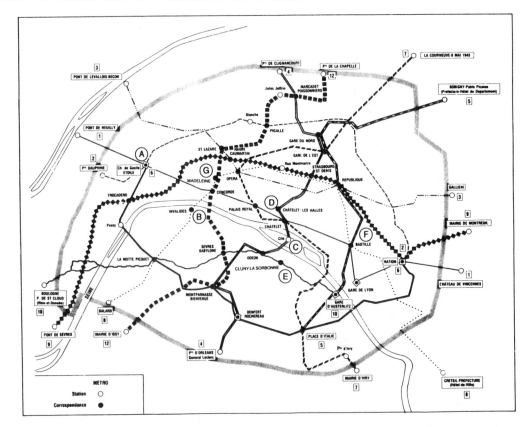

MODULE IV   LA BOULANGERIE

Suggestion: Review Chapter 7 of
Entre amis before completing
this module.

MISE EN SCÈNE

Ce matin, Jean-François et Marie-Christine doivent retrouver des amis au café, mais Jean-François trouve que le petit déjeuner au café est trop cher. Pas de problème! Marie-Christine lui suggère d'acheter des croissants dans une boulangerie. Pendant ce temps, elle fait du café.

PRÉPARATION

A. À la boulangerie. Here are some of the expressions you will need to understand the problem that Jean-François has run into today. Match each expression with its definition by writing the appropriate number in front of each definition.

1. la boulangerie _____ petite pâtisserie en forme de quart de lune *(moon)*

2. le boulanger _____ aliment *(food)* sucré cuit *(cooked)* au four *(in the oven)* et souvent mangé comme dessert

3. le four _____ aliment ovale employé dans la pâtisserie

4. le blé _____ C'est lui qui fait le pain.

5. la farine _____ aliment fabriqué avec de la farine *(flour)* et cuit au four

6. le pain _____ On y fait et vend le pain.

7. les œufs _____ On y cuit le pain.

8. le croissant _____ petit pain rond et plat, légèrement sucré, couvert de raisins secs

9. le pain aux raisins _____ céréale utilisée pour faire du pain

10. la pâtisserie _____ poudre faite avec une céréale (du blé *[wheat]*, par exemple) employée pour faire du pain

 259

B. Comment est-ce qu'on y va? Do this exercise with a partner. First, one of you asks the other for directions to get from your French class to each of the places mentioned. Work together to write down instructions in the space provided. Use the vocabulary provided and follow the example.

traverse	**ensuite**	**à côté de**	**derrière**
tourne	**puis**	**loin de**	**devant**
prends (take)		**près de**	**à droite**
continue	**la rue** (street)	**entre**	**à gauche**

❑ Votre maison

VOUS: *Comment est-ce qu'on va à votre maison?*

VOTRE PARTENAIRE: *Prends la rue du Lac à gauche et traverse le pont. Ensuite tourne à droite dans la première rue et c'est la maison verte à gauche.*

1. votre maison

_____

_____

_____

2. votre restaurant préféré (*favorite*)

_____

_____

_____

3. un supermarché

_____

_____

_____

4. une banque

_____

_____

_____

VISIONNEMENT

C. Regardez bien! View the first part of Module IV without the sound. Make a list of any object or building that you see for which you know the French word.

OBJETS

_____

_____

_____

_____

_____

BÂTIMENTS

_____

_____

_____

_____

_____

D. Écoutez bien! Now view the first part of Module IV with the sound, then answer the questions.

1. Que cherche Jean-François?

_____

2. Où a-t-il déjà cherché?

_____

3. Qu'est-ce qu'il demande à l'artiste?

_____

4. Que dessine *(draws)* l'artiste?

_____

5. Quelle heure est-il quand Jean-François quitte l'artiste la première fois?

_____

6. Quel jour de la semaine est-ce?

_____

APPLICATIONS

E. Enfin une boulangerie ouverte! Complete the following paragraph by providing the **passé composé** of the verbs in parentheses. You must choose whether to use **avoir** or **être** as the auxiliary verb. Remember to make the past participle agree when appropriate. Make all other necessary changes (**Je → J'**, etc.).

Je _____ (aller) à Montmartre ce matin. Je _____ (chercher) une

boulangerie ouverte partout. D'abord je _____ (monter) en haut de *(to the top of)* la

rue des Abbesses, mais je _____ (ne pas trouver) de boulangerie. Je

_____ (demander) à un artiste qui me _____ (indiquer) une

autre boulangerie, mais encore une fois je le _____ (trouver) fermée. Ensuite je

_____ (retourner) voir l'artiste, qui me _____ (donner) une autre

indication. Je _____ (descendre) tout en bas de *(to the very bottom of)* la rue Lepic où

je _____ (tomber) enfin sur une boulangerie ouverte. Je _____

(entrer) dans la boulangerie et je _____ (demander) deux croissants.

F. Le pain. Try to match each French expression with its English equivalent by writing the appropriate number in the blank provided. (The answers for Activities F and G are provided at the end of the module.)

1. le pain bénit   _____ (our) daily bread

2. le pain complet   _____ spice bread (gingerbread)

3. le pain d'épices   _____ cake of soap

4. le pain de mie   _____ sandwich bread

5. le pain de campagne   _____ toast

6. le pain noir   _____ country-style bread

7. le pain rassis   _____ roll

8. le petit pain   _____ consecrated bread (for Holy Communion)

9. le pain perdu   _____ French toast

10. le pain quotidien   _____ whole-grain bread

11. le pain de savon   _____ black bread (pumpernickel)

12. le pain grillé   _____ stale bread

G. Encore du pain. Now do the same thing with the following phrases using the word **pain.**

1. avoir du pain sur la planche (*cutting board*)   _____ to sell like hotcakes

2. acheter pour une bouchée (*mouthful*) de pain   _____ good-hearted

3. bon comme du bon pain   _____ to begin with the dessert

4. gagner (*to earn*) son pain   _____ as long as a month of Sundays

5. manger son pain blanc le premier   _____ to have no stomach for it

6. retirer (*to pull out*) le pain de la bouche (*mouth*) de quelqu'un   _____ to have your work cut out for you

7. long comme un jour sans pain   _____ to bump someone off

8. ne pas manger de ce pain-là   _____ to buy for a mere song

9. ôter (*take away*) le goût (*taste*) du pain à quelqu'un   _____ to earn one's living

10. se vendre comme des petits pains   _____ to deprive someone of basic necessities

GROS PLAN   LA BOULANGERIE

PRÉPARATION

H. Seriez-vous un bon boulanger ou une bonne boulangère? Following is a synopsis of the bread-making process, but many of the important words are left out. Fill in the missing words, choosing from the list provided. Some words will be used more than once. You will not always use the article.

la tartine	*buttered bread*	**la pâte**	*dough*
la farine	*flour*	**le sandwich**	*sandwich*
le blé	*wheat*	**le four**	*oven*
l'eau *(f.)*	*water*	**la boulangerie**	*bakery*
le pain	*bread*	**le pain grillé**	*toast*

1. Au début, avec du bon _____, on fait de la bonne _____.

2. On livre *(delivers)* _____ à la boulangerie.

3. Le boulanger mélange _____ avec de _____ et de la levure *(yeast)*.

4. Le boulanger pétrit ce mélange, qui devient une _____ épaisse *(thick)*.

5. Quand il a pesé *(weighed)* la _____ il la laisse lever *(rise)*.

6. Quand la pâte a levé, il la met au _____.

7. Quand la _____ est cuite, on l'appelle du _____.

8. Le _____ est ensuite vendu dans une _____.

9. Avec le _____ on peut faire des _____, des

   _____ ou du _____.

VISIONNEMENT

I. Est-ce vrai? View the **Gros plan** and decide if the following statements are true (**Vrai**) or false (**Faux**). Circle the appropriate letter.

V   F   1. Le boulanger s'appelle Jacques.

V   F   2. Il commence à préparer le pain à quatre heures.

V   F   3. Il chauffe *(heats)* son four à l'électricité.

V   F   4. Son four est en métal.

V   F   5. Le boulanger prépare le pain à l'aide d'une machine électrique.

V   F   6. Le pâtissier emploie un rouleau à main *(rolling pin)* pour étaler *(roll out)* sa pâte.

V   F   7. Le boulanger pèse le pain à la main.

V   F   8. Le pâtissier casse *(breaks)* les œufs *(eggs)* à la main.

V   F   9. Le boulanger travaille sur une vieille planche en bois *(old wooden breadboard)*.

V   F   10. Le boulanger fait aussi de la pâtisserie *(pastry)*.

J. Avez-vous faim? At the end of this **Gros plan** you see a display of bakery goods. Complete the following list by filling in the missing prices. Then give a brief description of each item.

PRODUIT	PRIX	DESCRIPTION
croissant		
petit pain		
pain aux raisins		
pain au chocolat		
pain au lait		
chausson aux pommes		

APPLICATIONS

K. L'alimentation des Français. Look carefully at the following table, then answer the questions.

L'ALIMENTATION DES FRANÇAIS (en kilogrammes par personne par an)					
	Pain	Graisses *(Fat)*	Sucre	Viande *(Meat)*	Pommes de terre *(Potatoes)*
1880	219	18	1	20	201
1910	182	22	5	35	189
1936	128	30	22	47	143
1970	81	35	20	84	96
1982	69	40	14	110	70

1. Les Français ont sans arrêt *(constantly)* augmenté *(increased)* leur consommation *(consumption)* de certains aliments. Lesquels? _____

2. De quels aliments les Français ont-ils diminué *(decreased)* sans arrêt la consommation?

   _____

3. De quel aliment est-ce que les Français ont commencé assez récemment à diminuer la consommation? _____

4. En quelle année est-ce que la consommation de pain et la consommation de viande en France étaient *(were)* presque égales *(equal)?* _____

5. Comment expliquez-vous ces changements dans la nourriture *(food)* des Français?

   _____

6. À votre avis, quelles sont les différences entre les statistiques d'alimentation pour la France et pour les États-Unis? _____

PROBLÈME!   IL N'Y A PAS DE CROISSANTS!

VISIONNEMENT

L. Les mots employés. Watch the **Problème** of Module IV with the sound on. Pay special attention to the characters' vocabulary choices. Then provide the following words used in the video.

1. un synonyme de «tout à fait» _____

2. un synonyme de «absolument» _____

3. le contraire de «les premières» _____

4. les ingrédients employés dans les croissants _____

5. le mot employé pour exprimer la qualité des croissants _____

6. un synonyme de «je regrette» _____

M. Des solutions. At the end of this **Problème,** Jean-François says: **"Oh non, qu'est-ce que je vais faire maintenant?"** Watch the **Problème** again, with the sound on. Then suggest four possible solutions to Jean-François's dilemma.

1. _____
2. _____
3. _____
4. _____

APPLICATIONS

N. À votre tour. Now formulate the sentences you would use to carry out each of the four suggestions you made in Activity M.

1. _____
_____
_____

2. _____
_____
_____

3. _____
_____
_____

4. _____
_____
_____

O. Que demandez-vous? In the accompanying drawing you can see many of the products typically sold in a French bakery. For each of the suggested situations, what would you say to the bakery clerk to order the items you need? Follow the example.

❑ Vous habitez seul(e) et vous n'avez rien à manger pour votre petit déjeuner *(breakfast)*.
VOUS: *Un croissant, s'il vous plaît!*

1. Vous habitez seul(e) et vous n'avez rien à manger pour votre petit déjeuner.

VOUS: _____

2. Vous habitez avec un(e) ami(e) et vous attendez deux ami(e)s pour le petit déjeuner.

VOUS: _____

3. Vous devez faire des sandwichs pour un(e) collègue et vous.

VOUS: _____

4. Votre famille (père, mère, deux sœurs et un frère) a besoin de pain pour un souper *(supper)* en semaine.

VOUS: _____

5. Votre famille (la même *[same]* que dans la question précédente) attend la visite de deux oncles et deux tantes pour un repas de fête, le dimanche à midi.

VOUS: _____

6. Vous n'avez que *(only have)* cinq francs, mais vous avez faim.

VOUS: _____

SUPPLÉMENT

P. À la boulangerie. With a partner, play the roles of customer and clerk at a bakery. Act out each of the cases mentioned in Activity O to its logical conclusion. Follow the example.

❑

VOUS:	*Un croissant, s'il vous plaît!*
VOTRE PARTENAIRE:	*Au beurre?*
VOUS:	*Ah oui, bien sûr.*
VOTRE PARTENAIRE:	*Ça fait quatre francs vingt-cinq.*
VOUS:	*Voici cinq francs.*
VOTRE PARTENAIRE:	*Et voici votre monnaie* (change).
VOUS:	*Merci beaucoup. Au revoir, Madame.*
VOTRE PARTENAIRE:	*Je vous en prie. Au revoir et bonne journée.*

La vente du pain

267

Answers to Activity F, p. 262: 10, 3, 11, 4, 12, 5, 8, 1, 9, 2, 6, 7
Answers to Activity G, p. 262: 10, 3, 5, 7, 8, 1, 9, 2, 4, 6

MODULE V   AU CAFÉ

> Suggestion: Review Chapter 8 of
> **Entre amis** before completing
> this module.

MISE EN SCÈNE

Pas loin de l'opéra de la Bastille, Bruno et Alissa attendent *(are waiting)* au café l'arrivée de leur amie Marie-Christine et de Jean-François, qu'ils ne connaissent pas encore *(don't know yet)*.

PRÉPARATION

A. Quelques endroits francophones. Lisez soigneusement *(carefully)* les informations qui suivent au sujet de quatre endroits francophones de cultures différentes. Ensuite répondez aux questions.

	Réunion	**Sénégal**	**Québec**	**Maroc**
statut légal	DOM[1]	république indépendante	province canadienne	royaume indépendant
habitants	Réunionnais	Sénégalais	Québécois	Marocains
capitale	Saint-Denis	Dakar	Québec	Rabat
superficie	2.510 km^2	196.722 km^2	1.540.680 km^2	710.000 km^2
population	600.000	7.900.000	6.896.000	28.000.000
religion	catholique	musulmane	catholique	musulmane
industries	sucre, rhum, tourisme	huile d'arachide,[2] poissons en boîte[3]	pêche,[4] bois,[5] minéraux, hydroélectricité	poissons en boîte, textiles, agrumes[6]

1. Quel endroit est le plus grand? _____

2. Quel endroit a la population la plus nombreuse *(large)?* _____

3. Comment est-ce qu'on appelle les habitants de ces quatre endroits? _____

   _____

4. De quel pays les habitants de la Réunion sont-ils citoyens? _____

5. De quel pays les habitants du Québec sont-ils citoyens? _____

6. Est-ce que le Sénégal ou le Québec a plus d'habitants? _____

7. Où la pêche est-elle une industrie importante? _____

8. Où les fruits sont-ils un produit important? _____

Maintenant écrivez deux autres questions au sujet de ces informations que vous allez poser à votre camarade de classe.

9. _____

10. _____

---

1. département d'outre-mer *(a part of France)* **2.** peanut oil **3.** canned fish **4.** fishing **5.** wood **6.** citrus fruits

VISIONNEMENT

B. Comprenez-vous? Regardez la première partie du Module V sans le son et répondez aux questions suivantes. (Si vous voulez, vous pouvez répondre en anglais aux questions 3 et 6.)

1. Où cette scène se passe-t-elle *(take place)*?

    _____

2. À votre avis *(In your opinion),* quels personnages se connaissent *(know each other)* déjà?

    Quels personnages ne se connaissent pas encore? _____

    _____

3. Sur quoi est-ce que votre jugement est basé?

    _____

4. À votre avis, qu'est-ce que le garçon de café demande?

    _____

5. À votre avis, à quel moment de la journée cette scène se passe-t-elle?

    _____

6. Sur quoi est-ce que votre jugement est basé?

    _____

C. Qui le fait? Maintenant regardez la vidéo avec le son et identifiez les personnages (Marie-Christine, Jean-François, Alissa ou Bruno) qui font les actions suivantes. Mettez un «X» dans la colonne qui convient.

M-C	J-F	A	B	
____	____	____	____	1. Le personnage qui dit qu'il ne connaît pas beaucoup de Français.
____	____	____	____	2. Le personnage qui dit qu'il est sénégalais.
____	____	____	____	3. Le personnage qui dit que la France lui plaît.
____	____	____	____	4. Le personnage qui commande un café noir.
____	____	____	____	5. Le personnage qui commande un café crème.
____	____	____	____	6. Les deux personnages qui commandent un chocolat chaud.
____	____	____	____	7. Le personnage qui ne veut pas qu'un voyage coûte trop cher.
____	____	____	____	8. Le personnage qui suggère un voyage à Trouville.
____	____	____	____	9. Le personnage qui suggère un voyage en Bourgogne.
____	____	____	____	10. Le personnage qui suggère un voyage en Normandie.
____	____	____	____	11. Les personnages qui décident de rester à Paris.
____	____	____	____	12. Les personnages qui décident de partir en Normandie.

APPLICATIONS

D. Quelque chose à boire? Posez les questions suivantes à votre partenaire. Il (Elle) doit répondre avec des phrases complètes. Ensuite changez de rôles et votre partenaire vous posera les mêmes questions. N'oubliez pas de faire les contractions nécessaires avec **de** et, au négatif, d'utiliser **pas de** ou **pas d'.**

1. Que bois-tu quand tu as très soif?

2. Chez toi, que bois-tu avec un très bon dîner de poisson? et avec du rosbif?

3. Que bois-tu le matin?

4. Bois-tu jamais *(ever)* de la bière chez toi? Préfères-tu boire de la bière américaine ou étrangère?

5. Préfères-tu boire du coca ou de la limonade *(lemon-lime soda)?*

E. Au café. Faites cette activité avec un(e) partenaire. L'un joue le rôle d'un(e) touriste, l'autre joue le rôle d'un serveur (d'une serveuse) de café. Lisez d'abord la liste des consommations d'un café parisien. Ensuite jouez les situations suivantes. Suivez l'exemple.

1. C'est l'après-midi et le (la) touriste désire boire du vin.

2. Le (La) touriste désire commander quelque chose pour son enfant.

3. Le (La) touriste commande une bière.

4. C'est le matin et le (la) touriste désire boire du café.

❑ C'est l'après-midi et le (la) touriste désire boire du vin.

SERVEUR: *Que désirez-vous?*
TOURISTE: *Je voudrais un verre de vin, s'il vous plaît.*
SERVEUR: *Du vin rouge ou du vin blanc?*
TOURISTE: *Du vin blanc.*
SERVEUR: *Nous avons un vin blanc sec* (dry) *et un vin blanc doux qui est plus sucré* (sweet).
TOURISTE: *Je préfère le vin blanc doux, s'il vous plaît.*
SERVEUR: *Voilà votre vin, Monsieur.*
TOURISTE: *Ça fait combien?*
SERVEUR: *C'est 10 F, Monsieur.*
TOURISTE: *Voilà 20 F.*
SERVEUR: *Et votre monnaie, 10 F.*
TOURISTE: *Merci, Monsieur.*

Café de la Bastille

café express 8,00F
café au lait 10,00F
chocolat chaud 10,00F
thé 9,00F
bière pression 9,00F
bière en bouteilles: française 12,00F
  étrangère 16,00F
vin rouge 8,00F
vin blanc sec 8,00F
vin blanc doux 10,00F
Coca-cola 12,00F
Orangina 12,00F

Service (15%) compris

GROS PLAN   LE TEMPS LIBRE

PRÉPARATION

F. Divertissements. Étudiez cette liste d'activités et répondez aux questions.

	cinéma	musée	opéra	concert	château	cathédrale	mer	lac	montagne
Trouville	x			x			x		
Annecy	x	x		x	x	x		x	x
Vichy	x	x		x					
Aix-en-Provence	x	x		x		x			
Strasbourg	x	x	x	x		x			
Chinon	x	x		x	x				

1. De toutes ces activités, quelle est votre activité préférée?

   _____

2. Quelle activité préférez-vous parmi les activités offertes à Aix-en-Provence?

   _____

3. Si vous aimez l'opéra, où faut-il aller?

   _____

4. Où est-il possible de visiter un château?

   _____

5. Quelle ville offre la possibilité de faire de la voile *(to go sailing)* sur un lac *(lake)*?

   _____

6. Vous aimez les vieilles cathédrales, votre ami(e) préfère les vieux châteaux. Où pouvez-vous aller ensemble?

   _____

7. Si vous aimez la mer, quelle ville faut-il choisir *(choose)?*

   _____

8. Dans quelle ville désirez-vous passer des vacances? Pourquoi?

   _____

   _____

VISIONNEMENT

G. Que voyez-vous? Regardez le **Gros plan** du Module V **«Le temps libre»** sans le son et indiquez avec un «X» dans la colonne de gauche les activités que vous voyez *(see)* dans la vidéo.

_____ le château _____

_____ le cinéma _____

_____ les patins à roulettes *(roller skates)* _____

_____ le concert _____

_____ le parc d'attractions *(amusement park)* _____

_____ la mer *(sea)* _____

_____ le musée _____

_____ l'opéra _____

_____ le vélo _____

_____ la cathédrale _____

_____ le bateau _____

H. Mettez les mots dans l'ordre! Maintenant regardez encore une fois *(once more)* la vidéo. Dans la colonne de droite dans l'Activité G, mettez le numéro qui correspond à l'endroit de l'attraction dans la vidéo.

APPLICATIONS

I. Un week-end spécial. Imaginez que vous lisez la phrase suivante dans une brochure: «En fonction de *(Depending on)* vos préférences, vous pouvez passer un week-end de rêve en Normandie, en Bourgogne, en Alsace ou sur la Côte d'Azur.» Vous allez tout de suite dans une agence de voyages et l'agent vous pose les questions suivantes. Comment répondez-vous?

1. Où est-ce que vous voulez aller?

   _____

2. Quand voulez-vous partir?

   _____

3. Voulez-vous partir en train, en avion ou avec une voiture de location?

   _____

4. Quelle classe d'hôtel préférez-vous? un hôtel à une, deux, trois ou quatre étoiles ou une auberge de jeunesse *(youth hostel)?*

   _____

5. Désirez-vous une chambre qui donne sur la rue *(street)* ou sur la cour *(courtyard)?*

   _____

6. Que préférez-vous, une baignoire *(bathtub)* ou une douche *(shower)?*

   _____

J. Les hôtels à Chartres. Avec un(e) ami(e), vous avez décidé de passer un week-end à Chartres. Il (Elle) vous a demandé de vous renseigner sur *(find out about)* les hôtels. Consultez cette liste d'hôtels et suivez les instructions.

| | | 1 ÉTOILE | | 2 ÉTOILES | | 3 ÉTOILES | |
		HÔTEL DE L'ÉCU CHARTRES	HÔTEL SAINT JEAN CHARTRES	HÔTEL DE LA POSTE CHARTRES	HÔTEL DES SPORTS CHARTRES	LE GRAND MONARQUE CHARTRES	NOVOTEL CHARTRES
1 P E R S	SIMPLE	100 F	90 F / Tel	160 F/ TV+Tel	125 F /Tel	-	-
	SIMPLE - WC	-	-	160 F /TV+Tel	-	-	-
	DOUCHE	160 F	-	195 F /TV+Tel	135 F /Tel	-	-
	DOUCHE - WC	180 F	-	215 F /TV+Tel	150 F /Tel	312 F /TV+Tel	-
	CABINET TOILETTE	100 F	-	-	-	-	-
	BAIN	160 F	-	-	-	-	-
	BAIN - WC	180 F		260 F /TV+Tel	160 F /Tel	420/530 F TV+Tel	390 F TV+Tel
2 P E R S	SIMPLE	110 F	100 F /Tel	160 F /TV+Tel	125 F /Tel	-	-
	SIMPLE - WC	-	-	-	-	-	-
	DOUCHE	160 F	130 F /Tel	200 F /TV+Tel	150 F /Tel	-	-
	DOUCHE - WC	180 F /TV	165 F /Tel	220 F /TV+Tel	175 F /Tel	355 F /TV+Tel	-
	CABINET TOILETTE	110 F	105 F /Tel	-	-	-	-
	BAIN	200 F /TV	130 F /Tel	-	-	-	-
	BAIN - WC	220 F /TV		270 F /TV+Tel	210 F / Tel	525/625 F TV + Tel	470 F TV+Tel
	PETIT DÉJEUNER	23 F	20 F	35,50 F	25 F	45 F	47 F

Décrivez à un(e) partenaire, qui joue le rôle de votre ami(e) au téléphone, les chambres et les prix des hôtels chartrains (à Chartres). Votre partenaire exprime ses préférences, mais vous n'êtes pas toujours d'accord. Décidez ensemble quel genre de chambre et d'hôtel vous préférez. Suivez l'exemple.

❑

VOUS:	*Je suggère Le Grand Monarque.*
VOTRE PARTENAIRE:	*Combien coûtent les chambres?*
VOUS:	*Elles sont assez chères.*
VOTRE PARTENAIRE:	*Ah, non! Est-ce qu'il y a un hôtel moins cher?*
VOUS:	*Bien sûr, si tu veux. Il y a...*

PROBLÈME! LE TRAIN NE CIRCULE QUE LES DIMANCHES ET FÊTES

PRÉPARATION

K. L'horaire des trains. Voici une partie de la fiche horaire *(schedule)* pour les trains allant *(that go)* de Paris au Mans. Étudiez cet horaire et répondez aux questions suivantes.

1. De quelle gare parisienne ces trains partent-ils? _____

2. Si on prend le train à Paris le dimanche à sept heures, à quelle heure arrive-t-on à

    Nogent-le-Rotrou? _____

3. Si on prend le train à Paris le lundi à sept heures, est-ce qu'on s'arrête *(stop)* à

    Bretoncelles? _____

4. Quelle est la durée *(length)* du trajet *(trip)* de Paris au Mans par TGV?

    _____

5. C'est dimanche et vous êtes à Condé-sur-Huisne. Quel est le premier train de la journée

    pour aller au Mans? _____

6. Un lundi matin vous êtes à Paris à neuf heures. Est-il possible d'arriver à La Loupe avant

   onze heures? Comment? _____

7. Jeudi matin. Vous arrivez à la gare Montparnasse à huit heures et demie. Vous êtes très pressé(e) *(in a hurry)* d'arriver au Mans. Quel train faut-il prendre?

   _____

Notes à consulter	1 TGV	2	3	4	5 TGV	6	7 TGV	8 TGV	9 TGV	10	11	12	9 TGV	13	14	15	16	9 TGV
Paris-Montparnasse 1-2	D 00.05		06.29	06.50	07.00	07.00	07.10	07.15	08.20	08.29	08.56	09.29	09.50		09.55	10.05		
Massy	D																	10.45
Versailles-Chantiers	D		06.42		07.12	07.12				08.42	09.12	09.41			10.11	10.17		
Chartres	D		06.23	07.39	07.54	07.58				09.38	09.52	10.28		10.33	10.33	10.53	11.04	
Courville-sur-Eure	A		06.37	07.54	08.05	08.09								10.46	10.46		11.15	
La Loupe	A		06.50	08.09	08.16	08.20								10.59	10.59		11.27	
Bretoncelles	A		06.58	08.17		08.29												
Condé-sur-Huisne	A		07.04	08.23		08.34								11.11	11.11		11.39	
Nogent-le-Rotrou	A		07.09	08.29	08.30	08.40								11.18	11.18		11.45	
Le Theil-la-Rouge	A		07.17															
La Ferté-Bernard	A		07.25	08.42	08.42	08.54								11.31	11.31		11.58	
Connerré-Beillé	A		07.36	08.53	08.54	09.06											12.11	
Champagné	A		07.47			09.16											12.21	
Le Mans	A 00.59		07.55	09.08	07.43	09.08	09.24	08.04	08.09	09.14		10.54		10.44	11.59	12.06	11.55	12.30	11.34

Les trains desservant Versailles-Chantiers prennent des voyageurs sans en laisser.

Notes :
1. Circule : les lun sauf les 8 juin et 13 juil : Circule les 9 juin et 15 juil- ⊤ - ♿.
2. Circule : tous les jours sauf* les sam, dim et fêtes- 🚲.
3. Circule : les sam sauf le 15 août- 🚲.
4. Circule : jusqu'au 3 juil et à partir du 31 août : tous les jours sauf les sam, dim et fêtes- 🎁 1reCL - ⊤ - ♿.
5. Circule : tous les jours sauf les sam, dim et fêtes.
6. Circule : les dim et fêtes- 🚲.
7. Circule : du 4 juil au 29 août : tous les jours sauf les dim et les 13 et 14 juil- 🎁 1 reCL assuré certains jours- ⊤ - ♿.
Note : À Paris-Montparnasse 1-2, l'office de tourisme de Paris assure un service d'information touristique et de réservation hôtelière.

8. Circulation périodique- 🎁 1reCL assuré certains jours- ⊤.
9. ⊤ - ♿.
10. Circule : tous les jours sauf les dim et fêtes.
11. Circule : du 4 juil au 5 sept : tous les jours- Ne prend pas de voyageurs pour Chartres- ⊤.
12. Circule : tous les jours sauf les sam, dim et fêtes et sauf le 13 juil- 🚲.
13. Circule : jusqu'au 3 juil et à partir du 31 août : tous les jours sauf les sam, dim et fêtes- 🚲.

* sauf = *except*

VISIONNEMENT

L. Que devinez-vous? Regardez le **Problème** du Module V. Ensuite répondez aux questions suivantes.

1. Où sont Alissa et Bruno?
   a. au marché
   b. dans un train
   c. devant une gare
   d. dans le métro

2. Qu'est-ce qu'Alissa est partie faire?
   a. acheter des sandwichs
   b. acheter des billets
   c. demander l'heure
   d. téléphoner à son ami Noël

3. Selon Alissa, quel train faut-il prendre? À quelle heure?
   a. le train 3376
   b. le train 33176
   c. le train 3016
   d. le train 13717

4. Pourquoi Bruno n'est-il pas d'accord?
    a. Ce train ne circule que les dimanches et fêtes.
    b. Il est trop tard pour prendre ce train.
    c. Ce train n'a que la première classe.
    d. Bruno est trop fatigué.

APPLICATIONS

M. La fiche horaire. Voici la fiche horaire que Bruno regarde dans le **Problème** du Module V. Étudiez ce tableau horaire et répondez aux questions qui suivent.

Notes à consulter		17	18	19	20	10	21	22	23	9	24	25	26	27	27	28
			TGV		TGV		TGV		TGV	TGV						
Paris-Montparnasse 1-2	D	11.14	11.25	11.28	12.20	12.59	13.00	13.40	13.50	14.20	14.30	15.02	15.05	15.05	16.03	16.19
Massy	D															
Versailles-Chantiers	D	11.26				13.11					14.42		15.18	15.18	16.16	
Chartres	D	12.27				13.51					15.32	15.54	16.06	16.06	17.16	17.10
Courville-sur-Eure	A	12.42				14.01					15.43		16.17	16.17		
La Loupe	A	12.56				14.13					15.55		16.29	16.28		
Bretoncelles	A	13.05												16.40		
Condé-sur-Huisne	A	13.10														
Nogent-le-Rotrou	A	13.16				14.26					16.10		16.43	16.46		
Le Theil-la-Rouge	A	13.25									16.18		16.53	16.54		
La Ferté-Bernard	A	13.32				14.39					16.26		17.02	17.02		
Connerré-Beillé	A	13.47				14.51					16.41		17.17	17.17		
Champagné	A	14.01									16.55		17.32	17.31		
Le Mans	A	14.09	12.19	13.11	13.14	15.05	13.54	15.23	14.44	15.14	17.04	16.55	17.40	17.40		18.10

15. Circule : du 4 juil au 29 août : tous les jours - Ne prend pas
    de voyageurs pour Chartres- Ⓨ - ♿.
16. Circule : les sam sauf le 15 août.
17. 🚲.
18. 🚻 1reCL assuré certains jours- Ⓨ - ♿.
19. Ⓨ ‖ - ♿.
20. 🚻 1reCL assuré certains jours- Ⓨ.
21. Circule : les ven- Ⓨ - ♿.

22. Circule : du 10 juil au 28 août : les ven.
23. Ⓨ.
24. Circule : les dim et fêtes.
25. Circule les ven- Ⓨ ‖.
26. Circule : tous les jours sauf les ven, dim et fêtes.
27. Circule : les ven.
28. Circule : les ven- Ⓨ.

1. C'est jeudi et Alissa veut prendre le train de deux heures et demie. Quel est le problème?

_____

2. Quel autre train Alissa et Bruno peuvent-ils prendre cet après-midi pour aller à Nogent-
le-Rotrou? _____

3. Avec ce train, à quelle heure arrivent-ils à Nogent-le-Rotrou?

_____

4. Expliquez à Bruno et Alissa ce qu'ils doivent faire.

_____

5. Jouez le rôle d'Alissa. Que dites-vous pour acheter les billets *(buy the tickets)*?

_____

NOM _____ DATE _____

 N. Un renseignement *(information)*, **s'il vous plaît.** Faites cette activité avec un(e) partenaire, qui joue le rôle d'un(e) employé(e). Demandez les informations suivantes à votre partenaire, qui consulte les tableaux horaires et vous donne les renseignements demandés. Vous êtes à Paris.

❑ Il est six heures vingt, lundi. Vous voulez le prochain train pour Nogent-le-Rotrou.

VOUS: *À quelle heure le premier train pour Nogent-le-Rotrou part-il?*

VOTRE PARTENAIRE: *Il part à sept heures.*

1. Jeudi après-midi. Vous voulez arriver au Mans demain avant onze heures.

2. Il est quatorze heures quarante, vendredi. Vous voulez arriver à Condé-sur-Huisne avant dix-huit heures.

3. Vous voulez savoir *(to know)* quand part le premier train de la journée, pour Nogent-le-Rotrou, samedi.

SUPPLÉMENT

O. La lettre. Alissa écrit une lettre à sa tante à la Réunion pour raconter sa journée—la discussion au café, les problèmes à la gare, et puis le voyage jusqu'à Nogent-le-Rotrou. À la page suivante, écrivez cette lettre pour elle. Utilisez le **passé composé** et les expressions utiles. Commencez par «Chère tante» et finissez avec «Je t'embrasse». N'oubliez pas que vous jouez le rôle d'Alissa.

POUR RACONTER LA SÉQUENCE D'UNE HISTOIRE

d'abord
puis
ensuite
après
enfin

POUR PARLER DU PASSÉ

Je suis allée...
J'ai rencontré...
Nous avons parlé...
Nous avons bu... / J'ai bu...
Nous avons décidé de...
Nous sommes allé(e)s...
Nous avons eu...

Chère Tante,

_____

_____

_____

_____

_____

_____

_____

_____

_____

Je t'embrasse,

_____

MODULE VI   **LE CHÂTEAU SAINT-JEAN**

Suggestion: Review Chapter 9 of **Entre amis** before completing this module.

MISE EN SCÈNE

Bruno et Alissa ont finalement décidé de prendre le train de 15 h 05, qui passe par Chartres. En attendant, ils ont appelé *(called)* leur ami Noël. Noël a promis *(promised)* de venir les chercher à la gare et de les amener *(take)* au château Saint-Jean.

PRÉPARATION

A. Formules de politesse. Lisez le texte suivant, en faisant bien *(paying close)* attention aux différences entre les nombreuses façons *(ways)* de saluer *(greet)* quelqu'un. Ensuite décidez comment il faut saluer les personnes mentionnées.

> Comment est-ce qu'on salue les gens *(people)*? En France il y a beaucoup de conventions à ce propos. Avec les gens qu'on ne connaît pas très bien (les gens à qui on dit «vous»), on se serre *(shakes)* la main et on emploie une formule de politesse comme «Bonjour, Monsieur Goudet, comment allez-vous?» ou «Bonsoir, Madame Maupoix, vous allez bien?». Avec les gens qu'on connaît bien (les gens à qui on dit «tu»), on emploie plutôt *(instead)* la bise, c'est-à-dire qu'on touche alternativement les deux joues *(cheeks)* de l'autre personne avec sa propre joue (mais les hommes, même *[even]* quand ils se connaissent bien, se serrent souvent la main plutôt que de faire la bise).
>
> Combien de bises faut-il? Ça dépend où on est! À Paris la bise est double (c'est-à-dire, on touche d'abord la joue gauche et ensuite la joue droite, ou vice versa), mais en Bourgogne elle est triple (trois fois plutôt que deux); dans le Perche (et dans beaucoup d'autres régions agricoles) on fait la bise quatre fois. Il y a même des endroits où on fait la bise cinq fois!
>
> Quelle formule de politesse faut-il employer? En faisant la bise on emploie une formule plus familière. Chez les adultes on dit souvent: «Bonjour (Bonsoir), Roger, ça va bien?» (ou «Comment vas-tu?») ou encore, plus familièrement: «Bonjour, Ludovic, ça va la petite famille?» (ou «Ton œil ne te fait pas trop mal?») Chez les jeunes, on a plutôt tendance à dire «Salut, Ludo» (ou tout autre terme familier, comme «gars», «fiston» ou «pote»). Entre eux, les jeunes emploient même parfois des expressions populaires, comme «Salut, Michel, ça boume?» (=«ça va bien?»). Notez qu'une formule comme «Bonjour» ou «Bonsoir» est rarement employée sans le titre Monsieur, Madame, Mademoiselle ou le nom de la personne à qui on parle.

Donnez la formule de politesse que vous allez employer pour saluer chacune *(each)* des personnes suivantes. Écrivez (1) si vous serrez la main à la personne ou si vous faites la bise (et combien de bises vous faites) et (2) ce que vous dites à chaque personne.

1. Votre professeur

    _____

    _____

2. Le président de votre université

    _____

    _____

       279

3. Votre copine *(friend)* Micheline

_____

_____

4. Un étudiant qu'un ami vient de vous présenter, qui s'appelle Georges Strasser

_____

_____

5. Votre voisine dans le Perche, Odile Odin

_____

_____

6. Le père de votre voisin parisien, Gérard Dorchêne

_____

_____

7. Une étudiante que vous connaissez depuis plus d'un an

_____

_____

8. Votre ami Jean-Loup, que vous connaissez depuis toujours

_____

_____

VISIONNEMENT

B. Descriptions. Regardez la première partie du Module VI sans le son et essayez de deviner *(guess)* quel adjectif de la liste ci-dessous *(below)* décrit chaque nom.

1. la _____ cheminée   a. belle

2. le _____ château   b. bonne

3. la construction _____   c. beaux

4. les _____ merles *(blackbirds)*   d. beau

5. la _____ chaleur *(heat)*   e. solide

6. la vue _____   f. spectaculaire

C. Avez-vous bien deviné? Maintenant, regardez la vidéo encore une fois, mais cette fois avec le son, et corrigez votre travail dans l'Activité B.

D. Noms et adjectifs. Regardez toute la première partie du Module VI **«Le château Saint-Jean»** et indiquez le chiffre (1–12) qui correspond à l'ordre dans lequel vous entendez les mots suivants. Ensuite, regardez la vidéo une autre fois et fournissez les adjectifs qui modifient les noms. Certains noms n'ont pas d'adjectif.

____	les merles	_____	____ les soldats	_____
____	le chauffage	_____	____ le Moyen Âge	_____
____	la salle	_____	____ la cheminée	_____
____	le bois	_____	____ les remparts	_____
____	la chaleur	_____	____ les tours	_____
____	la vallée	_____	____ l'Huisne	_____

APPLICATIONS

E. Salutations. Regardez le début seulement *(only)* du Module VI, jusqu'au *(until the)* moment où la voiture de Noël quitte *(leaves)* la gare de Nogent-le-Rotrou. Notez bien la façon *(the way)* dont Alissa, Bruno et Noël se saluent. Après, choisissez un(e) partenaire et dites comment vous vous saluez quand vous jouez les rôles suivants. Changez souvent de partenaire pendant cette activité (et inventez des noms intéressants!). Suivez les formules dans le texte de l'Activité A.

FORMEL	**FAMILIER**
Bonjour/Bonsoir...	**Salut...**
Monsieur/Madame/	**Ça va?**
Mademoiselle	**Tu vas bien?**
Comment allez-vous?	**Ça boume?**

1. deux ami(e)s qui se connaissent depuis toujours

2. deux étudiant(e)s qui ne se connaissent pas très bien, et qui vont jouer aux échecs pour la première fois

3. un(e) étudiant(e) et son professeur

4. un(e) étudiant(e) et la mère d'un(e) ami(e)

5. un(e) étudiant(e) et un(e) ami(e) de Bourgogne

6. un(e) étudiant(e) et un(e) garagiste

F. Le château Saint-Jean. Lisez le prospectus et répondez aux questions suivantes avec des phrases complètes.

1. Pendant quels siècles (*centuries*) le château Saint-Jean a-t-il été construit?

   _____

   _____

2. Quelles sont les heures d'ouverture du château l'hiver? l'été?

   _____

3. Est-ce que le château Saint-Jean est fermé le dimanche? un autre jour de la semaine?

   _____

   _____

4. Combien coûte l'entrée pour une famille de deux adultes et trois enfants? _____

   _____

   _____

5. Combien coûte l'entrée pour une classe de quinze enfants, une institutrice et une accompagnatrice? _____

   _____

   _____

6. Quelle gare parisienne faut-il emprunter (*use*) pour aller à Nogent-le-Rotrou? _____

   _____

   _____

7. Combien de temps dure le trajet (*trip*) en train? en voiture? _____

   _____

8. Pour voir les châteaux de la Loire, quelle direction faut-il prendre, en quittant Nogent-le-Rotrou? _____

   _____

   _____

Eure & Loir

NOGENT-LE-ROTROU

France - Centre - Val de Loire

Photo : Caroline Rose pour PAP

CHÂTEAU SAINT-JEAN
XIᵉ – XIIIᵉ – XVᵉ siècles
Classé monument historique en 1950

Musée municipal : Histoire locale, Ethnographie, Beaux-Arts
- **HORAIRES :**
  – Du 1ᵉʳ mai au 31 octobre : de 10 h à 12 h et de 14 h à 18 h
  – Du 1ᵉʳ novembre au 30 avril : de 10 h à 12 h et de 14 h à 17 h
  – Fermeture hebdomadaire le mardi.
- **TARIFS :**
  – Adultes : 8,50 F, Enfants : 3,50 F
  – Tarifs réduits pour les groupes à partir de 12 personnes (4,50 F et 2,20 F)
- **ACCÈS :**
  SNCF : Paris-Montparnasse 1 h 30
  Route : RN 23 1 h 40 – A11 1 h 30 sortie Luigny

Parking autos et autocars sur le site

28400 Nogent-le-Rotrou – Tél. 37 52 18 02
ou Office de Tourisme – Tél. 37 52 16 22

ALENÇON   CHARTRES   PARIS
N23
D 955   BELLÊME
NOGENT-LE-ROTROU
LA FERTÉ-BERNARD   LUIGNY
A11   BROU
LE MANS   N23   CHÂTEAUDUN
RÉGION CENTRE
vers Châteaux de la Loire
LE CŒUR-DE-FRANCE

G. Quelques renseignements. Lisez le texte suivant. Puis répondez aux questions.

> Dominant la ville la fière silhouette du Château Saint-Jean est un témoignage unique de l'architecture du Moyen Âge et du glorieux passé de Nogent-le-Rotrou. Le donjon rectangulaire de 30 mètres de haut surplombe de 60 mètres la vallée de l'Huisne. Sa construction commence dans les premières années du XIe siècle sous le règne de ROTROU I, premier seigneur de Nogent. C'est à GEOFFROY IV, premier Comte du Perche vers 1079, que l'on doit la fortification du donjon. Elle est suivie à la fin du XIIe siècle et au XIIIe siècle par la construction de l'enceinte circulaire : sept tours renforcent la défense de l'édifice.
>
> Parmi les nombreux sièges subis, celui de 1428, mené par le Comte de SALISBURY, fut particulièrement violent. L'incendie du donjon anéantit l'intérieur de la construction. C'est aux demoiselles d'ARMAGNAC, propriétaires au tout début du XVIe siècle, que l'on doit l'aspect actuel du Château Saint-Jean : un logis de deux étages fut construit au-dessus de la voûte d'entrée et les tours surélevées.
>
> De SULLY, qui devint propriétaire en 1624, date le charmant petit pavillon de style Louis XIII adossé au rempart Nord.
>
> Les salles du château, entièrement restaurées depuis les années 60, abritent un musée d'ethnographie et d'histoire locale (objets et témoignages de la vie rurale du Perche, de l'histoire du château et de la ville) et des expositions temporaires.

1. Quelle est la hauteur du donjon *(dungeon)*?

   _____

2. Quelle est sa forme *(shape)?*

   _____

3. Qui est Rotrou I?

   _____

   _____

4. Quand est-ce que le donjon a été fortifié?

   _____

5. Quand est-ce que le donjon a brûlé *(burn)?*

   _____

6. Vers quelle année est-ce que la famille d'Armagnac a entrepris *(undertake)* la restauration du château?

   _____

GROS PLAN   LE CHÂTEAU

PRÉPARATION

H. Un peu de recherche. Voici une liste de châteaux français particulièrement connus *(well-known)*. Avec l'aide d'une encyclopédie ou d'un dictionnaire encyclopédique, précisez si ces châteaux ont été construits au Moyen Âge (avant le 15ème siècle), à l'époque de la Renaissance (15ème et 16ème siècles), à l'époque classique (17ème et 18ème siècles) ou plus récemment—en France, tous les bâtiments qui ont été construits depuis la Révolution de 1789 sont considérés comme récents. Ensuite, avec l'aide d'un atlas ou d'une carte de France, situez les châteaux sur la carte ci-dessous. Remarquez que deux de ces châteaux se trouvent à Paris.

Bâtiment	ÉPOQUE			
	Moyen Âge	Renaissance	Classique	Moderne
le château d'Amboise				
le château d'Angers				
le château de Carcassonne				
le château de Chambord				
le château de Chinon				
le château de Fontainebleau				
le Louvre				
le palais du Luxembourg				
le château de Versailles				

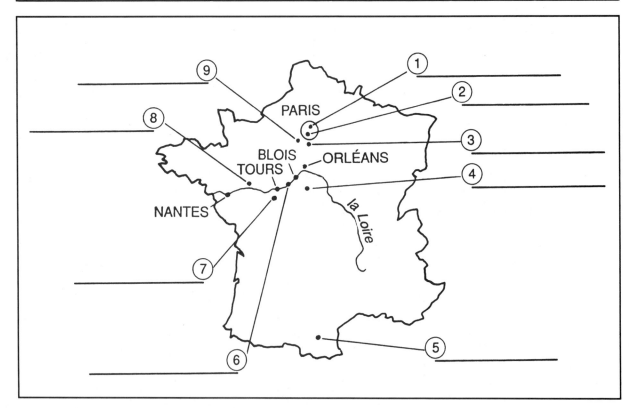

VISIONNEMENT

I. L'époque des châteaux. Regardez le **Gros plan** du Module VI **«Le château»** et notez l'époque de construction citée dans la vidéo.

Nom de l'endroit	Époque des châteaux
En Alsace	
Le long de la Seine	
Dans le Midi	
Dans la région de Bordeaux	
Dans la vallée de la Loire	
Près de Paris	
À Nogent-le-Rotrou	

J. Châteaux de France. Regardez encore une fois le **Gros plan** du Module VI et faites particulièrement attention aux caractéristiques des châteaux. Ensuite, répondez aux questions suivantes.

1. Qu'est-ce que tous les châteaux ont en commun?

   _____

   _____

2. Qu'est-ce que beaucoup de châteaux du Moyen Âge ont en commun?

   _____

   _____

3. Qu'est-ce que les châteaux de la Renaissance et de l'époque classique ont en commun?

   _____

   _____

4. Décrivez le château Saint-Jean à Nogent-le-Rotrou.

   _____

   _____

5. Qui a fait construire le petit pavillon (la petite maison) contre les remparts *(fortified walls)* du château Saint-Jean? _____

6. Quel genre ou style de château préférez-vous? Pourquoi?

   _____

   _____

 285

PROBLÈME! PLUS DE PELLICULE

PRÉPARATION

K. Formidable! Les Français ont une grande variété de mots pour dire qu'ils aiment beaucoup quelque chose, par exemple,

superbe, formidable, extraordinaire, exquis;

ou, sur un ton plus familier (surtout chez les jeunes),

chouette, sympa, extra, super.

Employez un de ces mots dans une phrase complète pour répondre à chacune des questions suivantes. Imaginez que vous êtes avec des amis au centre commercial. Ils demandent votre opinion sur les vêtements qu'ils essaient *(try on)*.

❑ VOTRE AMI(E): *Comment trouves-tu cette veste?*
   VOUS: *Elle est chouette!*

1. Comment tu trouves ce pull?

   VOUS: _____

2. Que pensez-vous de cette chemise?

   VOUS: _____

3. Tu aimes ces chaussures?

   VOUS: _____

4. Comment est-ce que vous trouvez cette jupe?

   VOUS: _____

5. Est-ce que cette cravate vous plaît?

   VOUS: _____

VISIONNEMENT

L. Quelques détails. Regardez le **Problème** du Module VI et choisissez la meilleure réponse à chacune des questions suivantes.

1. Où se trouvent les personnages?
   a. dans le donjon
   b. dans une tour
   c. sur les remparts
   d. dans la salle des gardes

2. Quand Bruno appelle *(calls)* son ami Noël «gars», c'est quel niveau *(level)* de langue?
   a. littéraire
   b. familier
   c. sénégalais
   d. régional

3. Quand Alissa demande à Bruno de lui donner «l'appareil», qu'est-ce qu'elle veut?
   a. la caméra
   b. la pellicule *(roll of film)*
   c. le film
   d. l'appareil-photo

4. Alissa n'a plus de pellicule. Où est-ce qu'on met *(put)* une pellicule?
   a. dans sa caméra
   b. dans son appareil-photo
   c. à l'entrée
   d. dans ses cheveux

5. Noël dit: «Ce n'est pas la peine!» Quel est le sens de cette expression?
   a. Ça me fait mal!
   b. Ça ne me cause pas de mal!
   c. Ne t'en fais pas *(Don't be upset)*!
   d. Ce n'est pas utile!

6. Alissa dit «zut». Pourquoi?
   a. Elle n'est pas contente.
   b. Elle est ravie *(delighted)*.
   c. Elle n'a plus d'argent.
   d. Elle est heureuse.

APPLICATIONS

M. Le dimanche. Aujourd'hui vous visitez la capitale de votre état, mais vous n'avez plus de pellicule. Où pouvez-vous aller pour en acheter *(to buy some)?* Mentionnez plusieurs magasins différents parce que c'est dimanche et beaucoup de magasins sont fermés.

_____   _____

_____   _____

_____   _____

N. Les magasins. Tracez une ligne entre les achats et le nom du magasin qui convient. Attention! N'essayez pas d'acheter des saucisses dans une pharmacie!

ACHATS	MAGASINS
une règle *(ruler)* et un cahier	une épicerie
des oranges et des pommes	une pharmacie
des cachets *(tablets)* d'aspirine	une librairie
du pâté et des côtelettes de porc	une papeterie
un camembert et un brie	une crémerie
le Guide Michelin de la Normandie	une charcuterie

O. Les achats. Faites cette activité avec un(e) partenaire. Jouez les rôles d'un(e) touriste et un(e) Français(e). Le (La) touriste demande où on peut acheter trois des choses mentionnées. Le (La) Français(e) répond. Ensuite, changez de rôles pour les trois autres choses.

❑   TOURISTE: *Dis, où trouve-t-on de l'aspirine?*
    FRANÇAIS(E): *Dans une pharmacie, bien sûr!*

1. des escalopes de veau
2. un journal
3. un gâteau
4. du riz
5. un médicament
6. une lampe

SUPPLÉMENT

P. À la pharmacie. En France, beaucoup de gens demandent des conseils au pharmacien ou à la pharmacienne quand ils se sentent *(feel)* un peu mal. Avec un(e) partenaire, jouez les rôles d'un(e) malade et du pharmacien (de la pharmacienne). Voici quelques exemples de problèmes et de remèdes.

Problèmes

J'éternue *(I'm sneezing).*
J'ai mal au dos.
J'ai mal au pied.
J'ai mal au ventre.
J'ai 40 (degrés) de fièvre.

Remèdes

Buvez beaucoup de jus d'orange ou prenez de la vitamine C.
Prenez deux cachets d'aspirine.
Restez au lit.
Faites plus d'exercice.
Couvrez-vous.
Prenez du sirop anti-toux *(cough syrup).*
Allez voir un spécialiste.
Consultez votre médecin.
Prenez beaucoup de liquides.
Mangez moins.

❑   CLIENT(E): *Je tousse beaucoup. Qu'est-ce que je dois faire?*
PHARMACIEN(NE): *Ne parlez pas trop. Prenez du sirop anti-toux.*

288

MODULE VII   **LA POSTE**

Suggestion: Review Chapters 9 & 10 of **Entre amis** before completing this module.

MISE EN SCÈNE

Après leur visite au château Saint-Jean, Bruno et Alissa descendent en ville et vont chacun de son côté (go their separate ways). Alissa part acheter une pellicule (roll of film) et Bruno va chercher des cartes postales.

PRÉPARATION

A. Vive la différence! Pour chacun des éléments suivants, dites quelles sont les différences entre Paris et une petite ville de province. Soyez aussi spécifique que possible.

1. les magasins

   À PARIS: _____

   EN PROVINCE: _____

2. les rues

   À PARIS: _____

   EN PROVINCE: _____

3. les divertissements (entertainment)

   À PARIS: _____

   EN PROVINCE: _____

4. le bruit

   À PARIS: _____

   EN PROVINCE: _____

5. la vie culturelle

   À PARIS: _____

   EN PROVINCE: _____

6. les amitiès (friendships)

   À PARIS: _____

   EN PROVINCE: _____

   Est-ce qu'il y a les mêmes différences aux États-Unis entre une grande ville et une petite

   ville? _____

   _____

   Que préférez-vous? _____

   _____

Copyright © Houghton Mifflin Company. All rights reserved. **289**

VISIONNEMENT

B. L'ambiance d'une petite ville. Regardez la vidéo **«La poste»** sans le son et faites une liste de toutes les activités, tous les monuments, tous les magasins que vous voyez. N'hésitez pas à arrêter *(stop)* la vidéo autant de *(as many)* fois que vous voulez pour bien voir l'arrière-plan *(background)* de l'image.

ACTIVITÉS	MONUMENTS	MAGASINS
_____	_____	_____
_____	_____	_____
_____	_____	_____
_____	_____	_____
_____	_____	_____
_____	_____	_____

C. Qu'entendez-vous? Maintenant regardez la vidéo **«La poste»** avec le son. Bruno demande plusieurs fois des indications *(directions)* pour trouver la poste. Quelles sont les réponses des différentes personnes?

1. Alissa: _____

_____

2. Le jeune homme: _____

_____

3. Le groupe de femmes: _____

_____

4. Le couple: _____

_____

APPLICATIONS

D. Comment y va-t-on? Faites cette activité avec un(e) partenaire. Une personne est un(e) touriste qui veut faire le tour des monuments de Nogent-le-Rotrou. L'autre personne joue le rôle des différents passants qui habitent Nogent-le-Rotrou. Le (La) touriste demande le chemin *(route)* entre les monuments. Chaque fois, le (la) passant(e) répond à l'aide du plan ci-contre.

❑ Du point de départ (le coin de la rue Saint-Hilaire et la rue Villette-Gâté) à la poste:

TOURISTE: *Pouvez-vous m'indiquer le chemin de la poste, s'il vous plaît?*

PASSANT(E): *Prenez la rue Saint-Hilaire et tournez à gauche dans la rue Tochon. Ensuite, prenez la première à gauche et la poste est à droite.*

1. De la poste à l'église Saint-Hilaire
2. De l'église Saint-Hilaire à l'Hôtel de Ville
3. De l'Hôtel de Ville au château Saint-Jean

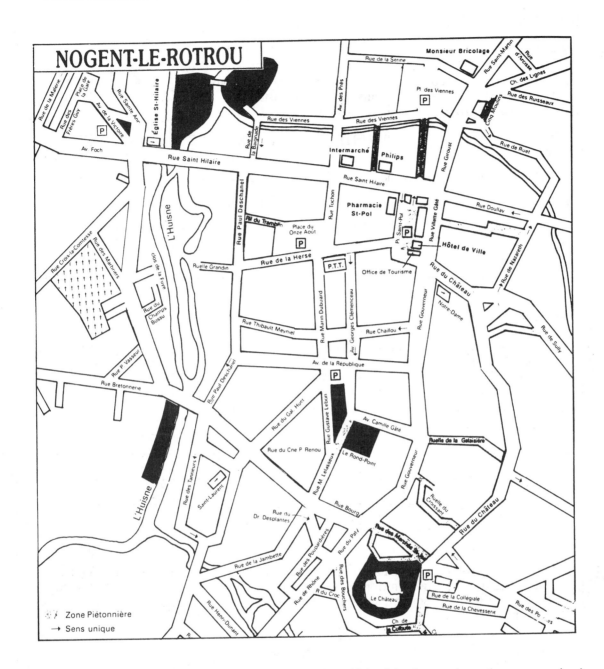

E. En voiture. Cette fois-ci, le (la) touriste désire faire le tour de quelques magasins à Nogent-le-Rotrou, mais en voiture. Il (Elle) est avec Noël. Noël n'a pas envie de conduire; il a donc *(therefore)* passé le volant au (à la) touriste. Le (La) touriste demande le chemin et Noël répond.

❑ du château Saint-Jean à la Pharmacie Saint-Pol

TOURISTE: *Comment est-ce que je vais à la Pharmacie Saint-Pol?*

NOËL: *Prends la rue du Château. Ensuite, tourne à droite dans la place Saint-Pol. La pharmacie se trouve à gauche.*

1. De la Pharmacie Saint-Pol à la poste
2. De la poste à Intermarché
3. De l'Intermarché à Monsieur Bricolage
4. De Monsieur Bricolage au magasin d'électroménager *(appliances)* Philips

GROS PLAN   LA BOUTIQUE

PRÉPARATION

F. Les achats *(Purchases).* Vous allez visiter quatre magasins et vous avez une liste pour chaque magasin. Mais vous avez fait quelques erreurs! Sur chaque liste, encerclez l'achat *(the purchase)* qui n'est pas sur la bonne liste *(the right list)* et ajoutez-le où il faut.

MAGASIN D'ÉLECTROMÉNAGER	FLEURISTE	PHARMACIE	BIJOUTERIE *(JEWELRY STORE)*
une machine à laver	des cachets d'aspirine	de la vitamine C	une bague *(ring)*
un lave-vaisselle	des roses	un bouquet	une montre
un bracelet	des marguerites *(daisies)*	des médicaments	un Monsieur Café
_____	_____	_____	_____

VISIONNEMENT

G. Les magasins. Regardez le **Gros plan** du Module VII **«La boutique»** sans le son et faites une liste de cinq magasins que vous voyez.

1. _____

2. _____

3. _____

4. _____

5. _____

H. Les vitrines *(Shop windows).* Imaginez que vous êtes à Nogent-le-Rotrou et que vous devez acheter les articles mentionnés dans la liste suivante. Regardez le **Gros plan** du Module VII avec le son et tracez une ligne entre le nom du magasin que vous voyez et les achats mentionnés.

1. des lunettes — Monoprix
2. du savon, du shampooing — Pharmacie
3. des bijoux — Bijouterie
4. un journal — Boucherie Moderne
5. de la viande — Maison de la Presse
6. des vêtements — Gitem/Philips
7. des articles pour tous les jours — Maxi Pulls
8. de la porcelaine pour les jours de fête — L'Art de la Table
9. de l'électroménager — Optique

APPLICATIONS

I. Les banques. À Nogent-le-Rotrou il y a plusieurs banques. Presque toutes ces banques ont des guichets automatiques *(automatic teller machines)*. Lisez les informations suivantes sur les guichets automatiques de la Banque Nationale de Paris (BNP) et répondez aux questions.

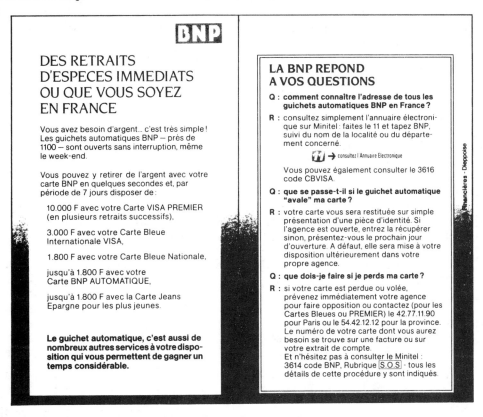

1. Combien de guichets automatiques la BNP offre-t-elle? _____

   _____

2. Avec une Carte Bleue Internationale VISA, combien de francs peut-on retirer par période

   de sept jours? _____

3. Qu'est-ce qu'il faut faire pour connaître l'adresse d'un guichet automatique? _____

   _____

4. Qu'est-ce qui se passe si le guichet automatique avale *(swallows)* votre carte (c'est-à-dire si la

   machine ne vous rend pas votre carte)? _____

   _____

5. Si vous perdez votre carte, que faut-il faire si vous habitez Paris? Et si vous habitez la

   province? _____

   _____

6. Qu'est-ce qu'on peut trouver sur le Minitel: 3614 code BNP? _____

   _____

PROBLÈME!   PAS ASSEZ D'ARGENT

PRÉPARATION

J. Ça fait combien? Faites cette activité avec un(e) partenaire. Inventez les conversations à propos des situations données. Une personne est le guichetier (la guichetière) qui travaille à la poste, et l'autre est le (la) client(e) qui demande le prix d'envoi des objets suivants. Employez la liste de tarifs ci-contre.

❑ une lettre de 20 grammes pour les USA

CLIENT(E): *Combien coûte une lettre de 20 grammes pour les États-Unis?*

GUICHETIER (GUICHETIÈRE): *Par avion?*

CLIENT(E): *Oui.*

GUICHETIER (GUICHETIÈRE): *Ça coûte trois francs quarante plus deux fois trente centimes. Quatre francs en tout.*

1. une lettre de 50 grammes pour la Côte d'Ivoire
2. un paquet très important, pesant un kilo 600 grammes (= 1.600 grammes), pour la Suisse
3. un paquet de deux kilos pour l'anniversaire d'un neveu dans deux mois au Canada
4. un paquet d'un kilo huit cents grammes pour le Japon (mais le [la] client[e] n'a que *(only)* cent francs)
5. le 10 décembre, une vidéocassette de 450 grammes comme cadeau de Noël pour sa mère aux États-Unis

K. Comment envoyer ce paquet? Faites cette activité avec un(e) partenaire. Une personne travaille à la poste. L'autre veut envoyer un paquet de 50 grammes au Sénégal. Le (La) client(e) demande d'envoyer son paquet tour à tour *(in turn)* par chacun *(each)* des systèmes mentionnés. Le guichetier (La guichetière) doit répondre en expliquant le prix de l'envoi.

❑ Envoi comme LETTRE mais sans surtaxe avion

CLIENT(E): *Je voudrais envoyer ce paquet au Sénégal comme LETTRE, mais sans surtaxe avion, s'il vous plaît.*

GUICHETIER (GUICHETIÈRE): *Ça fait six francs, s'il vous plaît.*

1. Envoi comme PETIT PAQUET
2. Envoi comme PETIT PAQUET avec service rapide
3. Envoi comme PETIT PAQUET en service économique

VISIONNEMENT

L. À la poste. Regardez le **Problème** du Module VII avec le son et répondez aux questions suivantes.

1. Qu'est-ce que Bruno veut envoyer?
    a. deux cartes postales et un colis *(package)*
    b. six cartes postales, un colis et une lettre
    c. deux lettres et un paquet
    d. trois cartes postales et un colis

2. Où est-ce qu'il veut les envoyer?
    a. à Saint-Étienne
    b. au Sénégal
    c. à Dakar
    d. à Paris

3. Ça coûte combien d'envoyer les cartes?
    a. sept francs
    b. cinq francs
    c. seize francs
    d. dix francs

4. Combien pèse le paquet?
   a. neuf grammes
   b. neuf cents grammes
   c. neuf kilos
   d. neuf cents kilos

5. Combien coûte le paquet?
   a. soixante francs
   b. deux francs
   c. soixante-dix francs
   d. soixante-deux francs

6. Pourquoi est-ce que Bruno n'a pas l'air *(seem)* content?
   a. Il est fatigué.
   b. Il a perdu son portefeuille.
   c. Il n'a pas assez d'argent.
   d. Il n'a pas d'argent.

POUR VOS ENVOIS A L'ETRANGER

Pour vos envois de correspondances

En service rapide

AEROGRAMME :
Lettre préaffranchie à tarif unique quel que soit le pays de destination. Tarif : **4,50 F.**

LETTRES :
Les lettres sont transportées par avion vers la majorité des pays.

> Le tarif d'une lettre = tarif de base + surtaxe avion

TARIFS DE BASE : Mention LETTRE au-dessus de 20 g.

Poids / Pays	20 g	50 g	100 g	250 g	500 g	1 000 g	2 000 g
CEE, Autriche Liechstenstein Suisse	2,50 F	4,20 F	6,40 F	20,00 F	32,00 F	53,00 F	75,00 F
Pays d'Afrique francophone	3,40 F	6,00 F	9,00 F	20,00 F	28,00 F	38,00 F	54,00 F
Autres pays	3,40 F	6,40 F	11,00 F	20,00 F	32,00 F	53,00 F	75,00 F

SURTAXES AVION : applicables dès le 1er gramme.

	par 10 g
Zone 1 CEE, Autriche, Liechtenstein, Suisse Autres pays d'Europe, Algérie, Maroc et Tunisie	0,00 F
Zone 2 Pays d'Afrique francophone, lettre jusqu'à 20 g pour les lettres de plus de 20 g Proche Orient, Canada, USA	0,00 F 0,30 F 0,30 F
Zone 3 Autres pays d'Amérique, d'Afrique et d'Asie	0,50 F
Zone 4 Océanie	0,70 F

Pour vos envois de colis

PETITS PAQUETS :
TARIFS DE BASE :

Poids jusqu'à	100 g	250 g	500 g	1 000 g	2 000 g	3 000 g
Tarifs	7,50 F	12,50 F	18,00 F	33,00 F	45,00 F	60,00 F

En service rapide

> Le tarif d'un petit paquet en service rapide par avion = tarif de base + surtaxe avion

SURTAXES AVION : applicables dès le 1er gramme.

	par 10 g
Zone 1 CEE, Autriche, Liechtenstein, Suisse Autres pays d'Europe, Algérie, Maroc et Tunisie	0,00 F 0,10 F
Zone 2 Pays d'Afrique francophone Proche Orient, USA, Canada	0,30 F
Zone 3 Autres pays d'Amérique, d'Afrique et d'Asie	0,50 F
Zone 4 Océanie	0,70 F

En service économique

> Le tarif d'un petit paquet par avion en service économique = tarif de base + surtaxe SAL
> (SAL : transport par avion avec priorité d'embarquement réduite)

SURTAXES SAL* : applicables dès le 1er gramme.

	par 10 g
Zone 1 Europe	0,00 F
Zone 2 Pays d'Afrique francophone Proche Orient, USA, Canada	0,10 F
Zone 3 Autres pays d'Amérique, d'Afrique et d'Asie	0,30 F
Zone 4 Océanie	0,40 F

APPLICATIONS

M. Qu'est-ce qu'on peut faire? Avez-vous jamais *(ever)* eu le même problème que Bruno? Qu'est-ce qu'on peut faire dans ces circonstances? Faites une liste des solutions possibles.

1. _____
   _____
   _____

2. _____
   _____
   _____

3. _____
   _____
   _____

4. _____
   _____
   _____

SUPPLÉMENT

N. Trouvez-vous l'erreur? La guichetière dans le **Problème** du Module VII s'est trompée *(made a mistake)*. Savez-vous quelle était son erreur? Regardez la vidéo et comparez le prix qu'elle donne avec les informations données dans la liste des prix. Expliquez l'erreur.

O. La Carte Bleue. Bruno a eu des difficultés à la poste, mais pas vous, parce que vous avez un compte à la BNP et une Carte Bleue Internationale VISA. Consultez cette brochure et complétez le dialogue qui suit. Vous devez demander à la guichetière le chemin de *(the route to)* la BNP. La guichetière doit vous indiquer le chemin de la BNP.

Vous: _____

_____

Guichetière: _____

_____

P. Au guichet automatique. Lisez le message (ci-dessous) au guichet automatique et répondez aux questions suivantes.

1. Si vous allez à la BNP de Nogent-le-Rotrou lundi, est-ce que la banque est ouverte *(open)*?_____

_____

2. Si le guichet automatique de Nogent-le-Rotrou est fermé, où pouvez-vous aller?_____

_____

3. Est-ce que vous pouvez retirer de l'argent quand la BNP de Nogent-le-Rotrou est fermée?

Comment? _____

_____

GUICHET AUTOMATIQUE HORS-SERVICE.

GUICHET AUTOMATIQUE BNP LE PLUS PROCHE:
PLACE DES ÉPARS 28000 CHARTRES.

GUICHET BNP 13, RUE VILLETTE GÂTÉ 28400 NOGENT-LE-ROTROU
OUVERT MARDI–SAMEDI 9H–12H ET 14H-18H.

MODULE VIII **EN PANNE**

> Suggestion: Review Chapters 10 & 11 of **Entre amis** before completing this module.

MISE EN SCÈNE

Après leurs achats *(purchases)* à Nogent-le-Rotrou, Alissa et Bruno retrouvent Noël, qui les conduit chez lui, à travers *(through)* le beau paysage *(countryside)* percheron (du Perche), avec ses collines *(hills),* ses champs *(fields)* et ses petites fermes *(farms).*

PRÉPARATION

A. Un peu de géographie. Observez attentivement la carte ci-dessous et répondez aux questions qui suivent.

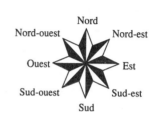

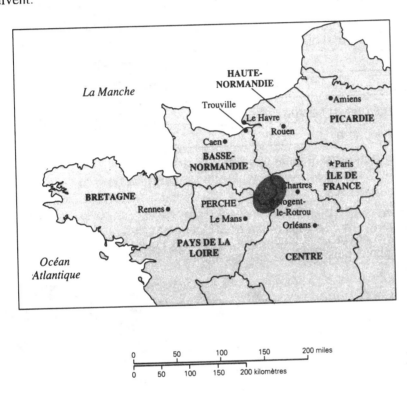

1. Dans quelle direction se trouve le Perche, par rapport à *(with respect to)* Paris? _____

_____

2. À quelle distance? _____

3. Le Perche se trouve à cheval sur *(partially within)* quelles régions? _____

_____

4. Nogent-le-Rotrou se trouve à mi-chemin *(halfway)* entre quelles villes? _____

_____

5. Quelle ville se trouve entre le Perche et Paris? _____

6. Quelles sont les plus grandes villes de la Haute-Normandie? _____

_____

 299

B. Comment conduire? Voici quelques expressions très utiles pour les automobilistes. Complétez l'histoire de Jean-François en employant l'expression qui convient. N'oubliez pas de mettre le verbe à l'impératif quand c'est nécessaire.

allumer les phares — *to turn on the headlights*
tomber en panne — *to have a breakdown*
faire le plein — *to fill up the gas tank*
ouvrir le capot — *to open the hood*
crever — *to get a flat*
mettre la clé de contact — *to put the key in the ignition*
démarrer — *to start up*
donner un coup de freins — *to step on the brake*

C'est mon père qui m'a appris à conduire. Il m'a dit: «Commence par _____. Quand tu es prêt à partir, tourne la clé et _____. Si tu veux t'arrêter rapidement, _____. La nuit, n'oublie pas d'_____. Et n'oublie pas de _____ de temps en temps; sinon tu es sûr de _____. Surveille les pneus *(tires),* parce que tu ne veux pas _____. Si tu as des problèmes, n'hésite pas à _____ et à inspecter le moteur—tu as peut-être grillé le système électrique.»

VISIONNEMENT

C. La pompe à essence *(Gas pump).* Voici une pause-sur-image que vous voyez dans cette séquence. Regardez bien la photo, puis répondez aux questions.

1. Quelle sorte d'essence est distribuée par cette pompe? _____
   _____

2. Quel est le prix de l'essence par litre?
   _____

3. Ça fait à peu près combien de dollars par litre? ($1.00 = environ *[approximately]* 5F.) _____

4. Ça fait à peu près combien de dollars pour un «gallon»? (Un «gallon» = 3,78 litres.)
   _____

5. Combien de litres ont été distribués au moment où cette photo a été prise *(taken)?*
   _____

6. Quel est le prix total à payer? _____

D. Que devinez-vous? Regardez la première partie du Module VIII **«En panne»** sans le son. Est-ce que vous pouvez deviner les actions et le dialogue de cette scène? Montrez que vous comprenez ce qui se passe *(is happening)* en répondant aux questions suivantes. N'oubliez pas que votre capacité de comprendre une langue étrangère *(foreign)* dépend souvent de votre capacité de comprendre **«à demi-mot»,** c'est-à-dire qu'il n'est pas toujours nécessaire de tout entendre pour comprendre.

1. À votre avis, quand la voiture traverse la campagne, que disent Bruno et Alissa? _____
   _____

2. À votre avis, quand la voiture s'arrête, qu'est-ce qui se passe? _____
   _____

   Que dit Alissa? _____

   Que dit Bruno? _____

   Que répond Noël? _____

3. À votre avis, quand la voiture arrive à la station-service, qu'est-ce qui se passe? _____
   _____

   Que dit Noël? _____

   Que dit le garagiste quelques instants après? _____

4. À votre avis, quand Noël sort *(takes out)* son porte-monnaie, qu'est-ce qui se passe?
   _____

   Que dit le garagiste? _____

   Que répond Noël? _____

5. Quand Noël et Alissa remontent dans *(get back in)* la voiture, qu'est-ce qui se passe à votre
   avis? _____
   _____

   Que dit Noël? _____

6. Quand Noël ressort *(gets back out)* de la voiture, qu'est-ce qui se passe à votre avis? _____
   _____

   Que dit Noël? _____

   Que répond le garagiste? _____

7. Quand le garagiste enlève *(lifts)* un fil brûlé *(burned wire)* du moteur, qu'est-ce qui se passe à
   votre avis? _____
   _____

   Que dit le garagiste? _____

E. Avez-vous bien deviné? Maintenant regardez **«En panne»** avec le son. Avec un(e) partenaire, évaluez vos réponses à l'Activité D.

F. Comprenez-vous la publicité? Voici un autocollant *(self-adhesive sticker)* qui fait la publicité de Shell Superplus Sans Plomb 98. Expliquez chacune *(each)* des expressions de cet autocollant. Donnez autant d'informations que vous pouvez.

1. SHELL _____

_____

2. SUPERPLUS _____

_____

3. SANS PLOMB *(lead-free)* _____

_____

4. 98 _____

_____

5. Je roule _____

_____

6. plus propre _____

_____

GROS PLAN   LA VOITURE

PRÉPARATION

G. Une mauvaise influence. Lisez le dialogue suivant entre un juge et une mère qui veut envoyer *(send)* son fils de dix-huit ans en prison. Ensuite, répondez aux questions.

LE JUGE: Comment, Madame, vous voulez voir votre fils en prison?

MADAME CHEVROLET: Oui, Monsieur le juge. Je vais vous expliquer. Jusqu'à l'âge de dix-sept ans, mon Bernard était un enfant modèle. Il débarrassait *(cleared)* la table, il faisait la vaisselle, il rangeait *(straightened)* ses affaires, il faisait son lit. Jamais il ne disait un mot de travers *(unpleasant)*. Il était toujours gentil avec sa maman. Et puis un jour il a eu dix-huit ans. Tous les jours il me disait: «Maman, paie-moi l'auto-école. Je veux passer mon permis.»

LE JUGE: Alors, évidemment, vous lui avez payé l'auto-école.

MADAME CHEVROLET: Bien sûr, Monsieur le juge. Vous pensez bien, un enfant si gentil! Mais l'auto-école ne lui a pas fait de bien. Le jour où il a passé son permis il m'a dit: «À tout à l'heure, maman.» Et il a pris les clés de ma deux-chevaux *(small Citroën car)* et il est parti. Je ne l'ai pas revu ce jour-là. Il est revenu le lendemain matin *(following morning)*, avec le visage changé. Maintenant il ne fait plus son lit, il ne range rien, il ne débarrasse rien, il ne fait même plus la vaisselle.

LE JUGE: Et vous croyez *(believe)* que la solution est de le mettre en prison? Je vous suggère plutôt de vendre la deux-chevaux.

1. Quelle sorte d'enfant était Bernard avant de passer son permis de conduire? _____

_____

_____

2. Qu'est-ce qu'il faisait toujours à cette époque-là? _____

_____

_____

3. Quand est-ce qu'il a commencé à changer? _____

_____

4. Quelle sorte de voiture Madame Chevrolet avait-elle à l'époque? _____

_____

5. À votre avis, pourquoi est-ce que Bernard a changé? _____

_____ _____

_____

6. Qu'est-ce que le juge a suggéré pour résoudre *(solve)* le problème? _____

_____

_____

VISIONNEMENT

H. Le long de la route. D'abord, lisez les questions suivantes. Ensuite, regardez le **Gros plan** du Module VIII **«La voiture»** sans le son et répondez aux questions.

1. Pourquoi certains panneaux de signalisation routière *(road signs)* sont-ils bleus et d'autres blancs? (Pensez aux panneaux américains.) _____

   _____

2. Que fait l'homme debout *(standing up)* dans une station-service à côté d'une voiture blanche?

   _____

3. Qu'est-ce qui est arrivé *(happened)* à la voiture de sport rouge?_____

   _____

4. Comment s'appelle la petite voiture rouge et noire immatriculée *(with license plate number)* 5899RJ28? _____

5. À votre avis, dans quelle ville la voiture de sport rouge se trouve-t-elle? _____

   _____

6. Dans quelle ville les dernières scènes de ce **Gros plan** se passent-elles *(take place)?*_____

   _____

I. Comparez! Maintenant regardez le **Gros plan** avec le son et écrivez une phrase qui compare les choses mentionnées. Employez les adjectifs entre parenthèses et suivez l'exemple. N'oubliez pas de faire l'accord entre le sujet et l'adjectif.

❑ les voitures dans le petit village et sur l'autoroute (nombreux)
   Les voitures sont moins nombreuses dans le petit village que sur l'autoroute.

1. la vitesse maximale sur l'autoroute et sur les routes nationales (élevé)_____

   _____

2. le prix du super et de l'essence ordinaire (cher) _____

   _____

3. les personnes devant le concessionnaire Peugeot *(Peugeot dealer)* et le musée Renault (nombreux) _____

4. le prix de la petite voiture rouge et noire et la voiture de l'avenir (cher) _____

   _____

5. la taille *(size)* d'un autobus et la taille d'une voiture (grand)_____

   _____

PROBLÈME! LE SYSTÈME ÉLECTRIQUE GRILLÉ

PRÉPARATION

J. L'accident. Dans le rapport d'accident (ci-dessous) il manque *(are missing)* plusieurs mots ou expressions. En vous référant au diagramme, complétez les mots qui manquent.

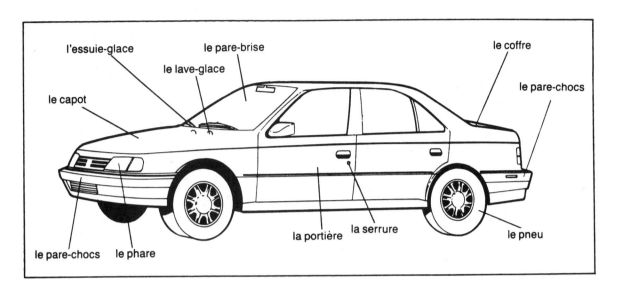

RAPPORT D'ACCIDENT nº ___719___   **DATE** _____

VOITURE ACCIDENTÉE
  Marque: ___Peugeot___   modèle: ___309 GTI___
  année: ___1992___   couleur: ___noir___

AVANT: Le plastique protecteur du _____ gauche est cassé; le

lave-glace ne marche plus parce que _____ a été plié en deux;

_____ a été cassé en mille morceaux *(pieces)*.

CÔTÉ GAUCHE: _____ avant ne ferme plus. La vitre de la

_____ arrière est cassée.

CÔTÉ DROIT: La clé ne rentre plus dans les deux _____; les deux

_____ sont crevés *(flattened)*.

ARRIÈRE: _____ arrière a été endommagé par le pare-chocs de la

voiture qui suivait *(followed)*; les articles dans _____ sont cassés.

NOM DE L'INSPECTEUR _____

VISIONNEMENT

K. Pauvre Noël! Regardez le **Problème** du Module VIII avec le son et répondez aux questions suivantes.

1. Qui a découvert le problème de la voiture de Noël? _____

    _____

2. Quel est le problème? _____

    _____

3. Qu'est-ce que Noël demande au garagiste? _____

    _____

4. Le garagiste met la main près de l'oreille. Que veut dire ce geste? _____

    _____

5. Qu'est-ce que le garagiste propose à Noël? _____

    _____

6. Pourquoi Alissa n'est-elle pas contente? _____

    _____

APPLICATIONS

L. En panne *(Broken down).* Imaginez que votre voiture est en panne. Votre garagiste ne peut la réparer que *(not until)* demain, en fin de journée, et pourtant vous devez être à Paris demain matin. Qu'est-ce que vous faites? Dressez ici une liste des solutions possibles.

1. _____

    _____

2. _____

    _____

3. _____

    _____

4. _____

    _____

M. Au téléphone. Avec un(e) partenaire, simulez le coup de fil entre Alissa et Yves, son ami parisien, qu'elle appelle pour lui expliquer la situation. Ensuite, expliquez à Yves ce que vous allez faire (en choisissant une des solutions de l'activité précédente).

Allô. C'est ... à l'appareil.
Je regrette, mais...
Qu'est-ce que vous pouvez (allez) faire?
Nous pouvons... On peut...
Nous allons... On va...

N. Renseignez-vous. Voici le prix des locations *(rentals)* de voitures pour le week-end offertes par France-Cars, une grande agence de location de voitures. Votre voiture doit être réparée et vous avez besoin de louer *(rent)* une voiture pendant le temps de la réparation. Vous êtes le (la) client(e) et votre partenaire qui est le vendeur (la vendeuse) représente France-Cars. Demandez-lui tous les renseignements *(information)* nécessaires pour louer votre voiture.

Voici quelques questions possibles: Quelles sortes de voitures sont disponibles *(available)?* La voiture est-elle assez grande pour cinq personnes? Est-elle automatique? A-t-elle une galerie, un toit *(roof)* ouvrant? L'assurance *(insurance)* est-elle comprise? Quand est-ce qu'on peut prendre la voiture? Quand est-ce qu'il faut la rendre? Quel est le prix? Ce prix couvre-t-il un nombre de kilomètres illimité? La TVA (taxe sur la valeur ajoutée) est-elle incluse? etc.

Votre partenaire trouve les réponses à ces questions dans le tableau reproduit ici.

France-Cars

UN WEEK-END EN FRANCE

(1) Le véhicule doit être pris le vendredi à partir de 14 H et restitué au plus tard le lundi suivant avant 10 H ou pris le samedi à partir de 14 H et restitué au plus tard le mardi suivant avant 10 H, à la station de départ, sinon le tarif de base jour et kilomètre sera appliqué.

(2) Le véhicule doit être pris le vendredi à partir de 14 H et restitué au plus tard le mardi suivant avant 10 H, à la station de départ, sinon le tarif de base jour et kilomètre sera appliqué.

• Les kilomètres supplémentaires sont facturés selon le tarif de base.
• Les modèles de voitures sont modifiables selon disponibilité.

	TARIF F. TTC Assurance rachat de franchise incluse	(1) Du vendredi 14 h au lundi 10 h/ou du samedi 14 h au mardi 10 h 1 000 km inclus	(2) Du vendredi 14 h au mardi 10 h 1 300 km inclus
Cat.	Modèles ou similaire.		
A	FORD FIESTA SUPER FESTIVAL RENAULT SUPER 5 FIVE PEUGEOT 205 JUNIOR UNO 45 FIRE OPEL CORSA GL	555	777
B	RENAULT SUPER 5 SL PEUGEOT 205 GL	595	840
C	FORD ESCORT 1,6 CL OPEL KADETT 1 200 PEUGEOT 309 GL PROFIL RENAULT 11 GTL	645	900
D	FORD SIERRA 1800 CL PEUGEOT 405 GR RENAULT 21 GTS BMW 316	730	1 020
E	FORD SCORPIO 2.0 GLI "ABS" RENAULT 25 GTS OPEL OMEGA 2.0 I GL	860	1 200
F	FORD ESCORT 1600 CL RENAULT 11 [A] OPEL ASCONA	860	1 200
G	MERCEDES 190 E BMW 320 IA [A] T.O.	1 285	1 800
H	MERCEDES 260 E [A]	1 720	2 400
I	RENAULT ESPACE 2000 GTS T.O.	1 285	1 800
J	FORD TRANSIT (9 places)	1 120	1 560

TVA 28%. ⋅⋅⋅ Galerie · TO Toit ouvrant · [A] Automatique

O. La voiture de mes rêves! Décrivez la voiture de vos rêves avec autant de détail que possible. De quelle marque *(brand/type)* est-elle? Qu'est-ce qu'elle a comme extras *(options)?* etc.

_____

_____

_____

_____

_____

SUPPLÉMENT

P. À votre tour. Voici une pause-sur-image du **Gros plan.** Expliquez avec autant de détail que vous pouvez l'utilisation de cette voiture. Qui s'en sert *(Who uses it)?* Quand? Où? Pourquoi? Seul(e) ou avec quelqu'un d'autre? Gratuitement *(Free)?* Donnez tous les renseignements que vous pouvez.

_____

_____

_____

_____

_____

_____

_____

 Q. Le sens des numéros. Regardez le Module VIII dans sa totalité. Décidez d'abord si les numéros suivants sont prononcés par les personnages ou le narrateur ou sont visibles à l'image. Indiquez votre réponse avec un **x** dans la colonne convenable. Ensuite, regardez la vidéo une deuxième fois et expliquez le sens de ces numéros.

	PRONONCÉ	VU	SENS
3513RH61		x	plaque d'immatriculation *(license plate)*
98			
150			
2			
46			
130			
200			
13			
12			
90			
5.59			
400			
97			
9292ZT77			
37.52.70.87			

MODULE IX   **AU CENTRE POMPIDOU**

Suggestion: Review Chapters 11 & 12 of **Entre amis** before completing this module.

MISE EN SCÈNE

Yves et Moustafa, deux amis de Bruno et Alissa, arrivent au Centre Pompidou, pour faire des recherches à la bibliothèque publique.

PRÉPARATION

A. Beaubourg. Lisez la description suivante et décidez si les phrases qui suivent sont vraies ou fausses.

Conçu *(Conceived)* en 1969, mais ouvert seulement en 1977, le Centre Pompidou a toujours été un sujet de controverse, car il a été bâti *(built)* au centre du vieux Paris dans un style ultramoderne. Néanmoins *(Nevertheless),* le Centre Pompidou (que les Parisiens appellent souvent simplement «Beaubourg», car *[for]* il se trouve sur le plateau Beaubourg) attire *(attracts)* beaucoup de monde à sa Bibliothèque publique d'information (BPI), à son Musée national d'art moderne (MNAM) et à plusieurs autres activités, y compris la musique constamment présente sur l'esplanade (= la place devant un grand monument).

V   F   1. Le Centre Pompidou a été construit dans un style ultramoderne.

V   F   2. Le Centre Pompidou se trouve dans un quartier très moderne.

V   F   3. Les Parisiens appellent le Centre Pompidou «Beaubourg» parce que la rivière à côté s'appelle Beaubourg.

V   F   4. Il y a une bibliothèque et un musée dans le Centre Pompidou.

           309

B. La BPI. Maintenant, lisez les renseignements dans le catalogue de la Bibliothèque publique d'information et répondez aux questions.

1. Comment est-ce qu'on consulte le catalogue de la BPI?

   _____

   _____

2. Est-ce qu'il est nécessaire d'avoir une connaissance des ordinateurs pour consulter le catalogue?

   _____

   _____

3. Si on veut consulter un film, un journal, une revue ou un enregistrement *(recording)*, que faut-il faire?

   _____

   _____

4. Pendant quelles heures la bibliothèque est-elle la plus fréquentée?

   _____

5. Quand est-elle la plus calme?

   _____

   _____

6. Pendant quelle saison de l'année est-elle particulièrement calme?

   _____

   _____

7. Quelles sortes de bibliothèques y a-t-il dans la région parisienne?

   _____

   _____

8. Quelles bibliothèques prêtent à domicile *(are lending libraries)?*

   _____

   _____

LE CATALOGUE DE LA BPI

Le catalogue de tous les documents de la BPI est consultable sur 60 écrans disposés sur les trois niveaux de la bibliothèque. Son mode d'emploi est décrit très précisément dans les premières pages des menus.
Ces systèmes peuvent être consultés sans aucune connaissance informatique.
Les recherches sont possibles à partir de l'auteur, du titre (ou des mots de ce titre), du libellé complet du sujet (ou de mots significatifs de ce sujet) des documents désirés.
Les films, les périodiques et les documents sonores parlés de langue française font l'objet de répertoires imprimés disponibles auprès des bureaux d'informations.

Evitez les périodes d'affluence :

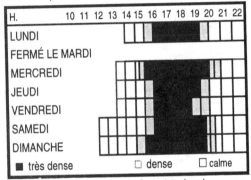

De manière générale, évitez les périodes des vacances de la Toussaint, de février et de Pâques.
Meilleure période : du 15 juin au 15 septembre.
Nous vous rappelons qu'il existe aussi à Paris et dans la région parisienne :
• Les bibliothèques municipales, qui prêtent à domicile.
• Les bibliothèques universitaires, réservées aux étudiants.
• De nombreuses bibliothèques spécialisées dans tous les domaines (vous pouvez en consulter la liste dans les bureaux d'information de la BPI).

VISIONNEMENT

C. Que voyez-vous? Regardez la première partie du Module IX **«Au Centre Pompidou»** sans le son et répondez aux questions suivantes.

1. Où se trouvent Yves et Moustafa?

   _____

2. Comment est-ce qu'ils montent au deuxième étage?

   _____

3. Dans quelle partie du bâtiment vont-ils?

   _____

4. À votre avis, Yves connaît-il déjà le jeune homme assis *(seated)* à côté de lui? Sur quoi basez-vous votre jugement? _____

   _____

5. À votre avis, pourquoi Moustafa est-il venu au Centre Pompidou?

   _____

6. À votre avis, pourquoi Moustafa est-il allé regarder une vidéo?

   _____

D. Qu'entendez-vous? Maintenant, regardez la vidéo avec le son. Écoutez bien la conversation et complétez les expressions suivantes.

1. MOUSTAFA: ... Bruno et Alissa seront là dimanche pour la fête de _____

   _____.

2. YVES: ... ils ont eu _____ _____ de voiture.

3. MOUSTAFA: C'est un truc *(project, thing)* _____ l'architecture.

4. YVES: ... je commence à _____ tout de suite.

5. MOUSTAFA: Je vais _____ _____ _____ dont j'ai besoin.

6. YVES: Il s'agit de *(It's about)* _____?

7. MOUSTAFA: ... un rapport sur la _____ _____.

8. YVES: ... je commence _____ _____ dans le dictionnaire.

9. MOUSTAFA: J'ai fait toute _____ _____ des projets récents _____

   _____.

10. YVES: Par exemple, la pyramide _____ _____.

11. MOUSTAFA: ... _____ _____ du Louvre a été construite en 1989.

12. YVES: C'est _____! Tu ne _____ pas?

APPLICATIONS

E. Comment trouver un livre? Ces pages vous expliquent ce qu'il faut faire pour trouver un livre à la BPI. Lisez les instructions, puis répondez aux questions.

1. À quel étage se trouvent les livres sur la peinture *(painting)* et l'architecture?

   _____

   _____

2. Quelle partie de la bibliothèque se trouve au deuxième étage?

   _____

   _____

3. Quelle est la cote *(call number)* des livres sur les relations internationales?

   _____

   _____

4. Où est-ce qu'on peut consulter le catalogue?

   _____

   _____

5. Si vous devez faire un rapport sur Napoléon 1er, à quel étage irez-vous?

   _____

   _____

6. Si vous voulez lire les œuvres *(works)* de Descartes, Voltaire ou Sartre, vous devrez aller à quel étage?

   _____

   _____

DES CHIFFRES ET DES LETTRES

Tous les documents de la Bibliothèque sont classés ensemble par discipline. Chaque discipline est représentée par un chiffre (ph. 1).

0 documentation générale, **2ᵉ étage**
1 philosophie, **1ᵉʳ étage**
2 religions, **1ᵉʳ étage**
3 sciences sociales, **3ᵉ étage**
5 sciences exactes, **3ᵉ étage**
6 techniques, **3ᵉ étage**
7 arts, sports, loisirs, tourisme, **1ᵉʳ étage**
8 langue et littérature, **1ᵉʳ étage**
9 histoire, géographie, **3ᵉ étage**

Ce classement va du général au particulier : le 1ᵉʳ chiffre indique la discipline dont fait partie le document, les chiffres suivants précisent son sujet (ph. 2 et 3).

3	Droit. Economie. Sciences sociales
3 2	Politique
32 7	Relations internationales
327 .2	Organisations internationales
327.2 1	O.N.U.

Donc, plus le sujet est précis, plus il y a de chiffres (ph. 3)

Plusieurs documents traitant d'un même sujet sont désignés par le même ensemble de chiffres et regroupés sur les rayons (ph. 4).

Sous les chiffres, il y a des lettres, en général les trois premières lettres du nom de l'auteur, ce qui permet de différencier les documents (ph. 4).

La combinaison de ces chiffres et de ces lettres constitue la cote, qui est inscrite aussi bien sur le document (ph.4) que sur les catalogues.

Le catalogue de tous les documents de la BPI est consultable sur 60 écrans disposés sur les trois niveaux de la bibliothèque.

Pour en savoir plus...
Des séances gratuites de formation — le jeudi soir — sont proposées au public.

GROS PLAN   L'ARCHITECTURE À PARIS

PRÉPARATION

F. Visitez Paris! Regardez bien ce plan qui montre quelques monuments importants à Paris et la liste qui donne leurs dates de construction. Ensuite, répondez aux questions.

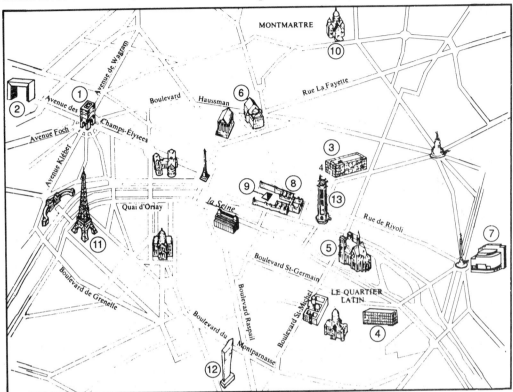

1. Arc de Triomphe (1806–1836)
2. Arche de la Défense (1983–1989)
3. Centre Pompidou (1977)
4. Institut du monde arabe (1987)
5. Notre-Dame de Paris (1163–1345)
6. Opéra de Paris (1862–1874)
7. Opéra de la Bastille (1989)
8. Palais du Louvre (1200–1870)
9. Pyramide du Louvre (1989)
10. Sacré-Cœur (1876–1912)
11. Tour Eiffel (1887–1889)
12. Tour Montparnasse (1972)
13. Tour Saint-Jacques (début du 16ᵉ siècle)

1. Quel monument a été commencé le premier? _____

2. Quel monument a pris le plus de temps à achever? _____

3. Quels sont les quatre monuments les plus récents? _____

   _____

4. Quel monument a été construit pour le centenaire *(hundredth anniversary)* de la Révolution

   française (1789)? _____

5. Quel monument a été construit sous le règne de Napoléon Iᵉʳ (1804–1815)?

   _____

6. Quel monument a été commencé sous le règne de Napoléon III (1848–1852)?

   _____

Module IX: VIDEO WORKBOOK   **313**

G. Et quoi d'autre? Qu'est-ce que vous savez d'autre sur ces monuments? Essayez de répondre aux questions suivantes.

1. Quel édifice s'appelle aussi Beaubourg?

   _____

2. Dans quel édifice vivait Quasimodo le bossu *(hunchback)?*

   _____

3. Quel monument est le plus haut?

   _____

4. Quel monument se trouve à Montmartre?

   _____

5. Quel monument se trouve sur l'Île de la Cité?

   _____

6. Quels monuments se trouvent sur la même ligne droite *(straight line)* que l'Arc de Triomphe et le Louvre?

   _____

   _____

VISIONNEMENT

H. Qu'est-ce qui se passe? Regardez seulement la première partie du **Gros plan** du Module IX **«L'architecture à Paris»** sans le son, et dites ce qui se passe dans chacun des endroits suivants.

1. dans les rues autour *(around)* du Centre Pompidou

   _____

2. sur l'esplanade du Centre Pompidou

   _____

3. au Musée national d'art moderne

   _____

4. à la Bibliothèque publique d'information

   _____

I. Les monuments de Paris. Regardez le reste du **Gros plan** sans le son. Combien de monuments parisiens reconnaissez-vous (à part le Centre Pompidou)? Écrivez leurs noms.

1. _____ 5. _____

2. _____ 6. _____

3. _____ 7. _____

4. _____ 8. _____

J. Le Centre Pompidou. Lisez les questions suivantes. Regardez le **Gros plan** en entier avec le son. Ensuite, répondez aux questions.

1. Quand est-ce que le Centre Pompidou a été mis en service?

   _____

2. Où se trouve le Centre Pompidou?

   _____

3. Qui va au Musée national d'art moderne?

   _____

4. Est-ce que beaucoup de gens viennent à la bibliothèque du Centre Pompidou?

   _____

5. Quel monument mentionné par le narrateur est visible de l'escalator du Centre

   Pompidou? _____

6. Quel mélange *(mixture)* caractérise les monuments de Paris?

   _____

PROBLÈME!   FERMÉ LE MARDI

PRÉPARATION

K. Le Louvre. Lisez la brochure *Louvre: guide d'orientation* à la page suivante, puis répondez aux questions.

1. Si vous voulez écrire au Louvre (par exemple, pour dire que vous avez oublié votre manteau), quelle adresse faut-il employer?

   _____

2. En fin de matinée ou l'après-midi, il y a souvent beaucoup de visiteurs au Louvre. Si vous voulez être devant les portes du Louvre quand il ouvre afin de *(in order to)* pouvoir entrer avant la foule *(crowd),* à quelle heure faut-il arriver?

   _____

3. À quelle heure le musée ferme-t-il le lundi? le jeudi?

   _____

4. Est-ce que le hall Napoléon (sous la pyramide du Louvre) a les mêmes heures d'ouverture que le musée?

   _____

5. Les caisses *(cashiers)* ferment-elles en même temps que le musée et le hall? Sinon, précisez la différence.

   _____

6. Qu'est-ce qu'il faut faire pour avoir des informations?

   _____

7. Les visites guidées sont-elle possibles? Comment?

   _____

8. Au Louvre on peut voir des œuvres d'art, bien entendu. Mais que peut-on faire d'autre?

   _____

VISIONNEMENT

L. La déception *(disappointment)* **de Moustafa.** Regardez le **Problème** du Module IX avec le son. Ensuite, répondez aux questions suivantes.

1. Qu'est-ce que Moustafa veut mettre *(put)* dans son rapport?

   _____

2. Où est-ce qu'il a eu cette idée? _____

3. Où se trouve l'entrée du musée? _____

4. Pourquoi Yves et Moustafa n'entrent-ils pas au musée?

   _____

LOUVRE
guide d'orientation

Musée du Louvre
34-36, quai du Louvre
75058 Paris Cedex 01

Informations
Tél. : 40 20 51 51 - 40 20 53 17

Entrée principale
Pyramide (cour Napoléon)

Autres entrées
• passage réservé aux Amis du Louvre et aux groupes (entre la place du Palais-Royal et la cour Napoléon)
• Porte Jaujard

Heures d'ouverture du musée
jeudi, vendredi, samedi et dimanche : **ouvert de 9 h à 18 h.** Fermeture des caisses : 17 h 15. Lundi et mercredi : **ouvert de 9 h à 21 h 45.** Fermeture des caisses : 21 h 15.
Le musée est fermé le mardi.

Heures d'ouverture du hall Napoléon
sont ouverts tous les jours de 9 h à 22 h - sauf le mardi : le restaurant le Grand Louvre, le Café du Louvre, la Librairie du musée (à partir de 9 h 30), l'Auditorium du Louvre, les salles de l'Histoire du Louvre, les fossés du Louvre médiéval et les expositions temporaires (de 12 h à 22 h).

Fermeture des caisses à 21 h 15 pour l'Auditorium du Louvre, les salles d'Histoire du Louvre, les fossés du Louvre médiéval et les expositions temporaires.

Informations des visiteurs
Au niveau accueil du hall Napoléon, les écrans vidéo des deux murs d'information indiquent chaque jour :
• les programmes de l'Auditorium du Louvre, des visites-conférences et des activités en ateliers
• les expositions temporaires en cours et leur localisation
• les collections accessibles ce même jour

Auditorium du Louvre
Conférences, colloques, films, concerts... Le programme du jour est indiqué sur les murs d'information au niveau d'accueil.
Réservations : 40 20 52 29
Informations : 40 20 52 99

Expositions temporaires
Elles sont organisées :
• dans le hall Napoléon
• au Pavillon de Flore, Denon 10, 2ᵉ étage, porte Jaujard
• exceptionnellement, dans d'autres salles du musée

Acoustiguides
Disponibles en 6 langues (50 minutes), hall Napoléon, niveau mezzanine.

Boutiques du musée du Louvre
Livres d'art, reproductions d'œuvres, objets-cadeaux sont disponibles à la Librairie du musée (hall Napoléon) ainsi qu'en divers points de vente dans le Louvre.
Informations : 40 20 52 06.
Chalcographie du Louvre, niveau accueil : consultation et vente de gravure.

Restaurants
Restaurant, café, cafétéria sont accessibles dans le hall Napoléon, niveau accueil et niveau mezzanine.

Amis du Louvre
La société des Amis du Louvre propose à ses adhérents des avantages et des services :
entrée gratuite par le passage réservé, information privilégiée... Information et adhésion : hall Napoléon, niveau accueil.
Tél. : 40 20 53 34.

⚠ Sortie Pyramide

📷 Photographies autorisées mais flashes interdits

🚭 Il est interdit de fumer dans le hall Napoléon et le musée

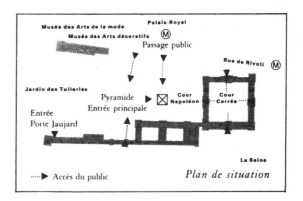

Plan de situation

·····► Accès du public

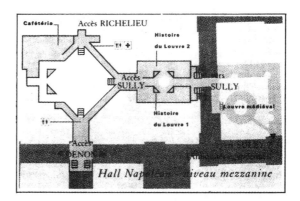

Hall Napoléon - niveau mezzanine

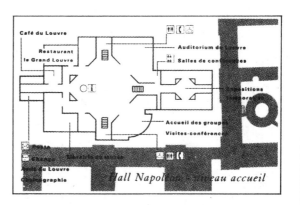

Hall Napoléon - niveau accueil

APPLICATIONS

M. À vous de jouer. Avec un(e) partenaire, jouez les rôles d'Yves et Moustafa. Considérez les diverses façons de résoudre *(ways to solve)* leur dilemme et déterminez ce que vous allez faire.

 317

SUPPLÉMENT

N. La colonie de vacances (*Summer camp*). Vous êtes moniteur (monitrice) (*counselor*) dans une colonie de vacances. Vous voulez amener votre groupe au musée national d'art moderne ou au Louvre. Sur une autre feuille de papier, écrivez la lettre que vous envoyez au directeur du Musée pour demander un tarif réduit (*reduced rate*). N'oubliez pas de donner tous les détails de la visite prévue (*planned*).

 O. Réservations. Faites cette activité avec un(e) partenaire. Une personne joue le rôle du (de la) réceptionniste au Select Hôtel; l'autre personne est le (la) client(e) au téléphone qui réserve une chambre et qui demande des renseignements sur les restaurants dans le quartier. Le (La) client(e) demande au (à la) réceptionniste de réserver une table à l'Ardelène ou au Paris-Dakar.

☐ RÉCEPTIONNISTE: *Allô, Select Hôtel, bonjour.*

CLIENT(E): *Oui, bonjour. Je voudrais réserver une chambre, s'il vous plaît.*

RÉCEPTIONNISTE: *Combien de personnes?*

CLIENT(E): *Pour ... personnes.*

RÉCEPTIONNISTE: *Avec salle de bain? (douche, grand lit, etc.)*

CLIENT(E): *...*

RÉCEPTIONNISTE: *Voulez-vous prendre le petit déjeuner? (etc.)*

CLIENT(E): *...*

RÉCEPTIONNISTE: *Votre nom, s'il vous plaît?*

CLIENT(E): *... Y a-t-il de bons restaurants dans le quartier?*

RÉCEPTIONNISTE: *Oui, il y a...*

CLIENT(E): *Voulez-vous bien réserver une table pour ... personnes à ... (restaurant)? On voudrait dîner à 20 heures.*

RÉCEPTIONNISTE: *D'accord. À ce soir, Monsieur (Madame).*

CLIENT(E): *Merci, à ce soir.*

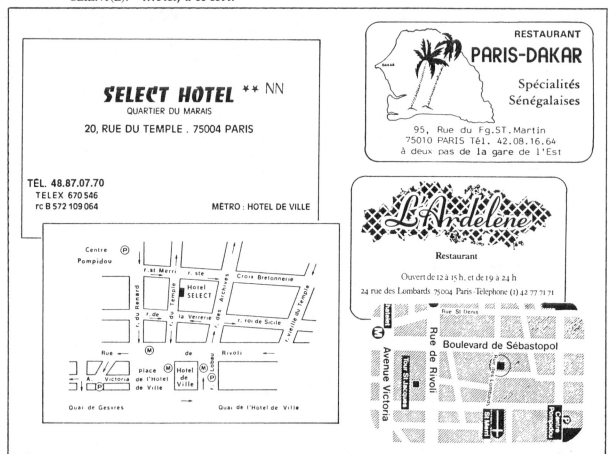

MODULE X   AU MARCHÉ, RUE MOUFFETARD

Suggestion: Review Chapters 12 & 13 of **Entre amis** before completing this module.

MISE EN SCÈNE

C'est bientôt l'anniversaire d'Yves. Pour fêter *(To celebrate)* ses 21 ans, Yves a décidé de préparer un repas pour ses amis. Malgré *(Despite)* le mauvais temps, il se rend au marché de la rue Mouffetard, dans le cinquième arrondissement, pour faire ses courses.

PRÉPARATION

A. Faisons le marché! Regardez bien ce plan de l'Intermarché à Nogent-le-Rotrou et répondez aux questions suivantes.

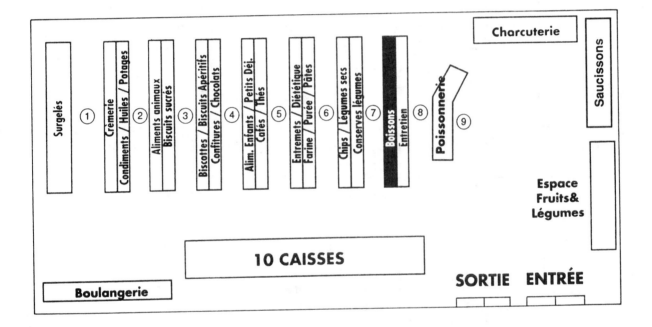

1. Dans quelle allée *(aisle)* le beurre se trouve-t-il?

   _____

2. Le café se trouve dans la même allée que quel autre produit?

   _____

3. Où trouve-t-on les saucisses?

   _____

4. Si on veut acheter du saumon, du thon *(tuna fish)* ou de la truite, où faut-il aller?

   _____

5. À votre avis, où se trouve le riz?

   _____

6. Où trouve-t-on les gâteaux? (Attention! il y a plus d'une réponse.)

   _____

 319

B. Que voyez-vous? Regardez la première partie du Module X «**Au marché, rue Mouffetard**» sans le son. Ensuite, répondez aux questions suivantes.

1. Dans quel arrondissement est-ce qu'Yves fait ses courses aujourd'hui?

   _____

2. Quel temps fait-il?

   _____

3. À votre avis, que demande Yves à la poissonnière *(fish merchant)?*

   _____

4. Qu'est-ce qu'elle lui propose, à votre avis?

   _____

5. Qu'est-ce qu'Yves achète?

   _____

6. À quel prix?

   _____

7. Que pensez-vous que la poissonnière dit à Yves après avoir pesé *(weighed)* le poisson?

   _____

C. Écoutez! Regardez encore une fois la première partie du Module X, cette fois-ci avec le son. Ensuite, répondez aux questions suivantes.

1. Pourquoi Yves veut-il préparer un repas pour ses amis?

   _____

2. Quelle sorte de recette *(recipe)* Yves cherche-t-il pour le poisson qu'il va acheter?

   _____

3. Comment la poissonnière propose-t-elle de préparer les différents poissons? Indiquez si c'est au four *(oven)*, au barbecue ou à la poêle *(frying pan)*.

   des truites: _____

   _____

   des tranches de thon: _____

   _____

   des filets de saumon: _____

   _____

4. Combien coûte le poisson qu'Yves a acheté?

   _____

D. Faisons la cuisine! Reconstituez ici la recette donnée par la poissonnière pour préparer le saumon. Entourez d'un cercle chaque élément que vous entendez dans la vidéo.

Ingrédients

du vin   du sel   des filets
de l'ail   du poivre   des oignons *(onions)*

Ustensiles

un plat en terre *(earthenware)*
une poêle

Préparations à faire avant de mettre au four

salez *(salt)*   sucrez   poivrez   mélangez *(mix)*
mettez du vin blanc   mettez du vin rouge   ajoutez *(add)*

Température de cuisson *(cooking)*

à four chaud   à four moyen *(medium)*   au gril

Temps de cuisson

dix minutes   douze minutes   deux minutes

APPLICATIONS

E. La politesse. Même au marché, les Français sont toujours extrêmement polis. Ils disent «Bonjour, Madame» ou «Monsieur, bonjour» avant de commander. Quand ils finissent, ils disent «Merci bien, bonne journée» ou «Merci beaucoup, à la semaine prochaine». Avec un(e) partenaire, imaginez que vous êtes au marché et que vous voulez faire les achats *(purchases)* suivants. L'un(e) joue le rôle du (de la) client(e); l'autre joue le rôle du (de la) marchand(e). N'oubliez pas les formules de politesse.

❑ une livre *(pound)* de fraises

LE (LA) CLIENT(E): *Bonjour, Monsieur (Madame). Une livre de fraises, s'il vous plaît.*
LE (LA) MARCHAND(E): *Voici. Ça fait dix francs.*
LE (LA) CLIENT(E): *Voilà dix francs. Merci bien, bonne journée.*

1. quatre artichauts et un kilo de tomates
2. trois kilos de pommes de terre
3. deux truites et un litre de moules *(mussels)*
4. une tranche de pâté de campagne

F. Une recette spéciale. Avez-vous une recette préférée? Écrivez-la ici. Si vous n'avez pas de recette préférée, expliquez comment on prépare des œufs brouillés *(scrambled eggs)*.

MOTS UTILES

une poêle *frying pan*
une casserole *pot*
une cuillère en bois *wooden spoon*
une tasse *cup*
un bol *bowl*
mettez *put*
ajoutez *add*
mélangez *mix*
mettez au four *put in the oven*

RECETTE

_____ (plat)

TEMPÉRATURE: _____
(en degrés Fahrenheit)

MODE DE CUISSON: _____

INGRÉDIENTS: _____

_____

_____

_____

USTENSILES: _____

_____

INSTRUCTIONS À SUIVRE: _____

_____

_____

_____

_____

PRÉSENTATION À TABLE: _____

_____

GROS PLAN

PRÉPARATION

G. Catégories. Mettez chacun des aliments de la liste suivante dans la catégorie appropriée.

le fromage	la banane	la pomme de terre	la fraise
la pomme	le pâté	le beurre	la crème
la tomate	la carotte	le poulet	le rosbif

LÉGUMES	FRUITS	PRODUITS LAITIERS	CHARCUTERIE ET VIANDE
_____	_____	_____	_____
_____	_____	_____	_____
_____	_____	_____	_____

VISIONNEMENT

H. À table! Regardez les gens qui sont à table dans la première partie du Module X et répondez aux questions suivantes (en anglais, si nécessaire).

1. Que voyez-vous de différent entre le couvert *(place setting)* que vous voyez dans la vidéo et un couvert américain?

   _____

   _____

2. Remarquez-vous quelque chose de différent entre la façon française et la façon américaine de tenir l'argenterie *(hold the silverware)?*

   _____

   _____

3. Dessinez ici le couvert que vous voyez dans la vidéo et écrivez le nom de chaque objet.

I. Avec les yeux ou avec les oreilles? Regardez le **Gros plan** du Module X «**Le marché**» avec le son. Dans les listes suivantes, *encerclez* les noms de légumes, de fruits et d'autres aliments que vous voyez. Ensuite, regardez le **Gros plan** encore une fois et *soulignez* les noms des articles qui sont prononcés par la narratrice.

des artichauts

des concombres

des tomates

des pommes de terre

des carottes

le fromage

le beurre

le lait

la crème

des pommes

des fraises

des bananes

des framboises *(raspberries)*

des radis

le pâté

des saucisses

un poulet rôti

 J. D'un endroit à l'autre. Dans ce **Gros plan,** comment s'appellent les divers endroits que vous voyez?

1. _____
2. _____
3. _____
4. _____
5. _____
6. _____

 325

K. Votre table est prête. Si Madame veut bien prendre place. Si Monsieur veut bien s'asseoir. Vous êtes dans un petit restaurant de quartier, dont voici le menu. Passez votre commande.

Menu à 55 francs

*Salade de tomates ou œuf dur mayonnaise
ou pâté de campagne*

*Bifteck frites ou côtelette de porc à la crème
ou moules marinières*

Fromage ou dessert

¼ vin ou eau minérale

biifteck frites = *steak with French fries*
côtelette de porc = *pork chop*
moules marinière = *mussels with wine sauce*
œuf dur = *hard-boiled egg*

PROBLÈME!   PAS DE RIZ

PRÉPARATION

L. Les achats. Un(e) touriste qui ne connaît pas le système en France va dans les mauvais *(wrong)* magasins. Imaginez que vous êtes le vendeur (la vendeuse). Expliquez-lui que vous n'avez pas ce qu'il (elle) veut, et envoyez-le (la) dans le bon magasin ou la bonne boutique.

❑ (dans une crémerie) CLIENT(E): *Je voudrais trois saucisses de Toulouse, s'il vous plaît.*
    CRÉMIER (CRÉMIÈRE): *Je regrette, mais nous n'avons pas de saucisses. Il faut aller dans une charcuterie.*

1. (dans une boucherie) CLIENT(E): Donnez-moi s'il vous plaît un kilo de pêches *(peaches)*.

    BOUCHER (BOUCHÈRE): _____

    _____

2. (dans une épicerie) CLIENT(E): Est-ce que vous avez du bifteck haché *(chopped, ground)?*

    ÉPICIER (ÉPICIÈRE): _____

    _____

3. (dans une charcuterie) CLIENT(E): J'aimerais deux parts de gâteau au chocolat.

   CHARCUTIER (CHARCUTIÈRE): _____

   _____

4. (dans une pâtisserie) CLIENT(E): Un kilo de riz, s'il vous plaît.

   PÂTISSIER (PÂTISSIÈRE): _____

   _____

5. (dans une pharmacie) CLIENT(E): J'ai besoin de trois tranches de thon.

   PHARMACIEN (PHARMACIENNE): _____

   _____

VISIONNEMENT

M. Que voyez-vous? Regardez le **Problème** du Module X sans le son et répondez aux questions suivantes.

1. Quel temps fait-il?

   _____

2. Où est Yves?

   _____

3. Que vend le vendeur?

   _____

4. Qu'est-ce que le vendeur a dans la main?

   _____

5. Yves trouve-t-il ce qu'il cherche chez ce vendeur?

   _____

6. Yves achète-t-il quelque chose?

   _____

 327

N. Que disent-ils? Regardez le **Problème** du Module X avec le son et complétez le dialogue.

YVES (*à lui-même*): Bon. Avec le _____ il me faut du riz.

VENDEUR: _____.

YVES: Bonjour, _____. Bon, ben, est-ce que _____

_____ du riz?

VENDEUR: Ah non. Je regrette. _____ ne faisons _____ le riz _____. Nous ne

_____ que _____ légumes.

YVES: Vous ne vendez _____ de _____?

VENDEUR: Non, nous ne faisons _____ les _____ seulement.

YVES (*à la caméra*): Qu'est-ce que _____ _____ faire?

APPLICATIONS

O. Qu'est-ce qu'il va faire? Voici l'agenda d'Yves pour aujourd'hui. Remplissez-le (*Fill it in*) avec toutes les activités montrées ou mentionnées dans le Module X. Ajoutez d'autres activités selon votre imagination.

8 h	
9 h	
10 h	
11 h	
12 h	
13 h	
14 h	
15 h	
16 h	
17 h	
18 h	
19 h	
20 h	
21 h	
22 h	

SUPPLÉMENT

P. Le menu. Vous êtes propriétaire d'un restaurant. Ce matin vous êtes allé(e) au marché où vous avez acheté tout ce qu'il y a sur votre liste. Regardez la liste ci-dessous et établissez votre menu pour aujourd'hui. N'hésitez pas à utiliser toute votre imagination.

LISTE D'ACHATS

des tomates
des carottes
un chou *(cabbage)* rouge
de la salade *(lettuce)*
du pâté de campagne *(country pork pâté)*
des moules *(mussels)*
un thon *(tuna)*
des truites
du filet de bœuf
des saucisses de Morteau

des côtelettes d'agneau *(lamb chops)*
des œufs
de la crème
du fromage de chèvre
un brie
deux camemberts
des fraises
deux tartes
un gâteau aux framboises *(raspberries)*

Menu à 88 francs

Hors-d'œuvre {
_____ ou
_____ ou
_____

Entrées {
_____ ou
_____ ou
_____

Fromages {
_____ ou
_____ ou
_____

Desserts {
_____ ou
_____ ou
_____

Q. Commandez *(Order)* **votre repas.** Votre partenaire est client(e) dans votre restaurant. Il (Elle) commande son repas dans le menu ci-dessus. Ensuite, changez de rôle.

 329

MODULE XI   LE PAPILLON

> Suggestion: Review Chapters 14 & 15 of **Entre amis** before completing this module.

MISE EN SCÈNE

Une voiture dans une grande ville n'est pas sans problèmes. D'abord, il faut chercher à se garer *(to park)*. Et si jamais *(ever)* on reste trop longtemps, on risque de trouver un papillon *(parking ticket)* sous son essuie-glace *(windshield wiper)*.

PRÉPARATION

A. Connaissez-vous l'Europe? Étudiez la carte de l'Europe ci-dessous. D'abord, fournissez *(provide)* les informations qui manquent *(are missing)* dans le tableau ci-dessous. Ensuite, entourez d'un cercle le nom des pays où on parle français.

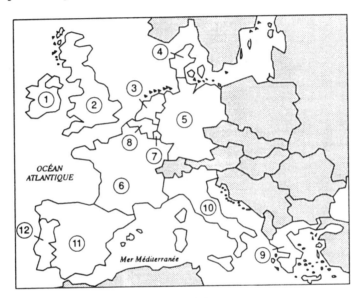

Pays	Habitants Homme/Femme	Langue
1. _____	un Irlandais/une Irlandaise	l'anglais
2. _____	un Anglais/_____	_____
3. les Pays-Bas	_____/_____	le hollandais
4. _____	un Danois/une Danoise	le danois
5. l'Allemagne	_____/_____	_____
6. la France	_____/une Française	_____
7. _____	un Luxembourgeois/_____	le français, l'allemand
8. _____	un Belge/une Belge	le français, le flamand
9. la Grèce	_____/_____	_____
10. _____	un Italien/_____	_____
11. l'Espagne	_____/une Espagnole	l'espagnol
12. _____	un Portugais/_____	le portugais

B. Une machine intéressante. Voici la photo d'une machine courante *(common)* en France. Regardez bien la photo et essayez de répondre aux questions.

1. À quoi sert *(is used)* cette machine?

   _____

2. Où est-ce qu'on trouve ce genre de machine?

   _____

3. Quand faut-il employer ce genre de machine?

   _____

4. Que faut-il faire pour employer cette machine?

   _____

5. Quelles pièces peut-on introduire dans cette machine?

   _____

6. Qu'est-ce qui se passe *(happens)* si on oublie de se servir de *(use)* cette machine?

   _____

7. Expliquez ce petit ticket:

   _____

   _____

   _____

VISIONNEMENT

C. Les yeux travaillent. Regardez le dialogue du Module XI **«Le papillon»** sans le son. Ensuite, répondez aux questions suivantes.

1. Pour qui travaille la femme en bleu?

_____

2. Qu'est-ce qu'elle fait?

_____

3. À votre avis, que dit le monsieur qui parle avec la femme en bleu?

_____

4. À quoi les hommes jouent-ils?

_____

5. Qu'est-ce que le monsieur en costume *(suit)* a trouvé sur le pare-brise *(windshield)* de sa voiture?

_____

6. Qu'est-ce que c'est que la machine avec un grand «P»?

_____

7. Quel mot le grand «P» représente-t-il?

_____

D. Quelques mots importants. Maintenant regardez le dialogue du Module XI avec le son. Avec l'aide du contexte visuel et du dialogue, expliquez le sens des mots suivants et leur importance dans ce dialogue.

1. le papillon _____

_____

2. le parcmètre _____

_____

3. la Belgique _____

_____

4. le bureau de tabac _____

_____

5. le timbre _____

_____

6. la contravention _____

_____

APPLICATIONS

E. Le papillon. Étudiez le papillon que vous voyez ici et répondez aux questions.

1. Quand est-ce que ce papillon a été posé (jour et heure)?

   _____

   _____

2. Pourquoi le papillon a-t-il été posé?

   _____

   _____

3. Ce papillon a été mis sur quelle marque de voiture?

   _____

   _____

4. Où est-ce que cette voiture est immatriculée *(registered)*?

   _____

   _____

5. Qu'est-ce que la personne peut acheter et coller *(stick)* sur le papillon pour payer l'amende *(fine)*?

   _____

   _____

GROS PLAN   LE TABAC

PRÉPARATION

F. Partout *(Everywhere)* **en France.** Lisez le texte suivant sur un projet d'établissement *(establishment)* d'une nouvelle agence. Puis, répondez aux questions.

PROJET pour une présence active de l'administration française dans chaque village en France

Mesdames et Messieurs, je m'adresse à vous *(I'm speaking to you)* aujourd'hui pour vous convaincre *(convince)* que le gouvernement français a besoin d'être directement représenté partout en France. Pensez à ceci: notre gouvernement limite la vente de certains produits (les timbres, les cigarettes et les allumettes *[matches]*, par exemple).

Qui surveillera la vente de ces produits? La poste n'est ouverte qu'en semaine, et seulement pendant la journée. Les notaires *(lawyer-notaries)* et les mairies ont déjà trop à faire. Les épiceries n'offrent pas la sécurité nécessaire.

Et qui plus est *(Moreover)*, mes chers collègues, il faut songer à *(consider)* la vente des timbres fiscaux *(tax stamps)* pour payer les contraventions, les taxes et les impôts *(income tax)*. Qui s'en occupera? Qui vendra la vignette automobile *(annual automobile registration)*? Et qui—Mesdames et Messieurs, je vous le demande— assurera la vente des billets de loto *(lottery tickets),* ainsi que le paiement des prix?

C'est évident, Mesdames et Messieurs, nous avons besoin d'un représentant du gouvernement dans chaque ville, dans chaque quartier *(district)*, dans chaque village. De cela nous sommes persuadés. Je vous pose donc aujourd'hui la question suivante: comment assurer cette présence?

1. Qui parle ici?

   _____

2. Qu'est-ce qu'il (elle) veut?

   _____

3. Pourquoi?

   _____

4. À quoi sert *(is used)* un timbre fiscal?

   _____

5. Qu'est-ce que l'agence suggérée doit vendre?

   _____

G. Dans les cafés-tabac. Regardez le **Gros plan** du Module XI **«Le tabac»** sans le son et faites une liste des activités que vous voyez dans les cafés-tabac représentés à l'écran *(screen).*

_____

_____

_____

_____

_____

_____

H. Descriptions. Regardez bien cette pause-sur-image. Expliquez tout ce que vous voyez dans cette photo.

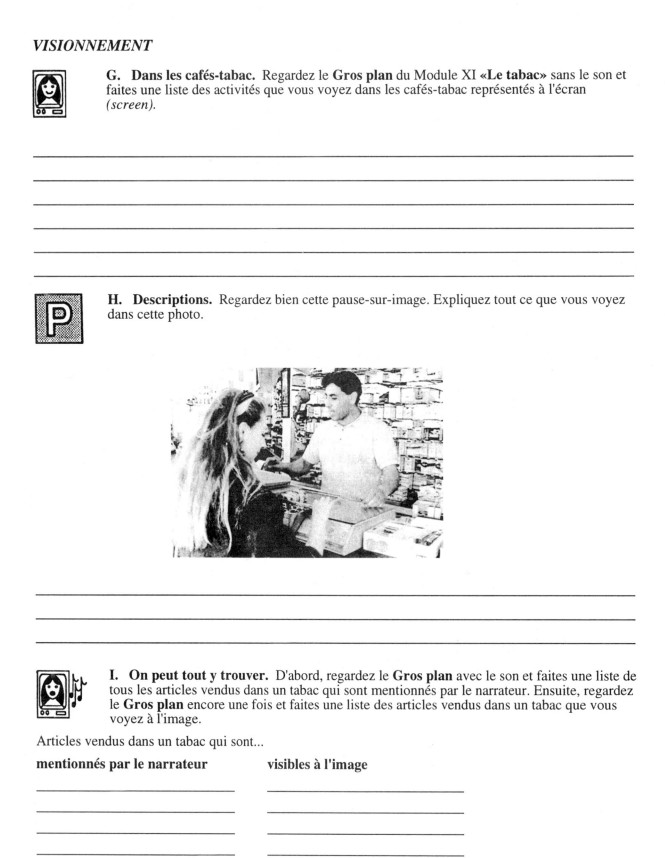

_____

_____

_____

I. On peut tout y trouver. D'abord, regardez le **Gros plan** avec le son et faites une liste de tous les articles vendus dans un tabac qui sont mentionnés par le narrateur. Ensuite, regardez le **Gros plan** encore une fois et faites une liste des articles vendus dans un tabac que vous voyez à l'image.

Articles vendus dans un tabac qui sont...

mentionnés par le narrateur	**visibles à l'image**
_____	_____
_____	_____
_____	_____
_____	_____
_____	_____

APPLICATIONS

J. S'il vous plaît, Monsieur. Regardez tous les articles représentés ici, tous vendus dans les bureaux de tabac. Imaginez que vous êtes dans un bureau de tabac et écrivez ce que vous diriez pour acheter chacun de ces articles.

EXPRESSIONS UTILES

S'il vous plaît...

Pourriez-vous me donner...?   *May I have . . . ?*

Je voudrais...   *I would like . . .*

J'aimerais...   *I would like . . .*

C'est combien...?   *How much is it (the . . .)?*

1. _____

_____

2. _____

_____

3. _____

_____

         337

4.

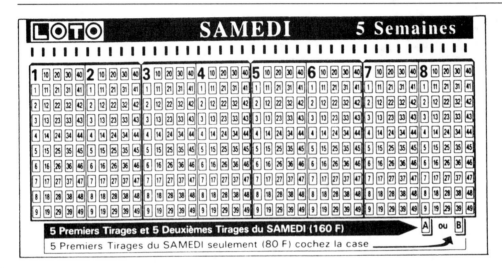

5.

6.

PROBLÈME!   LA POSTE EST FERMÉE

PRÉPARATION

K. La poste, s'il vous plaît. Imaginez que, dans la rue, un homme vous a posé la question suivante: «Elle se trouve où la poste, s'il vous plaît?» Comment répondriez-vous dans les cas suivants?

❑ La poste est fermée, parce que c'est dimanche.
   Je regrette, Monsieur, mais la poste est fermée aujourd'hui.

1. La poste est fermée depuis un quart d'heure.

   _____

2. La poste se trouve derrière le bâtiment devant vous.

   _____

3. La poste est dans la rue où vous vous trouvez, mais elle va fermer dans quelques

   minutes. _____

4. Vous n'avez aucune idée *(no idea)* où se trouve la poste.

   _____

VISIONNEMENT

L. Pas de chance. Regardez le **Problème** du Module XI avec le son et répondez aux questions suivantes.

1. Décrivez l'endroit où se trouve Moustafa.

   _____

2. Selon Moustafa, où se trouve la poste?

   _____

3. Pourquoi Moustafa dit-il «Vous n'avez pas de chance»?

   _____

4. La poste ferme à cinq heures. Quelle heure est-il?

   _____

5. Quelle est la réaction du monsieur qui cherche la poste?

   _____

M. Quelques solutions. Imaginez que vous êtes le passant qui cherche la poste dans le **Problème** du Module XI. Donnez quatre solutions possibles à votre dilemme.

1. _____
2. _____
3. _____
4. _____

APPLICATIONS

N. Un télégramme. Imaginez que vous êtes le chauffeur belge que vous avez vu dans le dialogue du Module XI. Vous venez de recevoir une contravention de 450 francs. Vous n'avez pas assez d'argent pour payer cette contravention. Écrivez ici le télégramme que vous envoyez en Belgique pour demander l'argent nécessaire. N'oubliez pas de remplir *(fill out)* toutes les parties du formulaire qui vous concernent.

N° 698 **TÉLÉGRAMME**	Étiquettes	Timbre à date	N° d'appel :
			INDICATIONS DE TRANSMISSION

Ligne de numérotation — N° télégraphique — **Taxe principale.**
ZCZC

Ligne pilote — Taxes accessoires

N° de la ligne du P.V. :

Total . .

Bureau de destination — Département ou Pays

Bureau d'origine — Mots — Date — Heure — Mentions de service

Services spéciaux demandés : (voir au verso)

Inscrire en **CAPITALES** l'adresse complète (rue, n° bloc, bâtiment, escalier, etc...), le texte et la signature (une lettre par case ; **laisser une case blanche entre les mots**).

Nom et adresse

TEXTE et éventuellement signature très lisible

Nom et adresse de l'expéditeur :
Pour avis en cas de non remise. - Indications transmises et taxées sur demande expresse de l'expéditeur.

O. À la poste. Vous avez écrit votre télégramme et vous arrivez à la poste. Que dites-vous au guichet de la poste? Comment est-ce que le guichetier (la guichetière) *(teller)* vous répond? Écrivez ici votre dialogue à la poste. Inventez tous les détails nécessaires.

SUPPLÉMENT

P. Vos réactions. Êtes-vous fâché(e)? Êtes-vous content(e)? Donnez votre réaction dans les situations suivantes.

Je suis ravie(e)   **Je suis heureux(-euse)**
Je suis fâché(e)   **Je suis frustré(e)** *frustrated*
Je suis content(e)

1. Vous venez de recevoir une contravention de 75 francs.

   _____

2. Vous avez gagné 14.000 francs au loto *(lottery)*.

   _____

3. Vous avez besoin d'un timbre et vous venez d'apprendre que la poste est fermée.

   _____

4. Vous arrivez à votre voiture juste avant de recevoir un papillon.

   _____

5. Vous avez eu une contravention de 900 francs.

   _____

6. Vous avez gagné 100 francs au Tapis Vert, mais vous avez failli *(just missed)* gagner

   10.000 francs. _____

Q. Les amendes *(Fines).* Voici la première partie du papillon reçu par notre ami belge. Regardez bien cette contravention et répondez aux questions suivantes.

		CONTRAVENTION 29419051		DATE	EMPLACEMENT RÉSERVÉ AU TIMBRE-AMENDE	TIMBRE-POSTE TARIF LETTRE
IMMATRICULATION			DÉPT. ARRT. SERVICE	JOUR MOIS		

LA CONTRAVENTION RELEVÉE A VOTRE ENCONTRE ENTRE DANS LE CAS SUIVANT :

		AMENDE FORFAITAIRE	AMENDE FORFAITAIRE MAJORÉE
CAS PIÉTON		30 F	50 F
CAS N° 1		75 F	220 F
CAS N° 2		230 F	500 F
CAS N° 3		450 F	1 200 F
CAS N° 4		900 F	2 500 F

L'AMENDE FORFAITAIRE MINORÉE NE S'APPLIQUE QU'AUX CONTRAVENTIONS DE LA 2e A LA 4e CLASSE AU CODE DE LA ROUTE PUNIES D'UNE SIMPLE PEINE D'AMENDE A L'EXCEPTION DE CELLES RELATIVES AU STATIONNEMENT.

	AMENDE FORFAITAIRE MINORÉE	AMENDE FORFAITAIRE	AMENDE FORFAITAIRE MAJORÉE
CAS N° 2 *bis*	150 F	230 F	500 F
CAS N° 3 *bis*	300 F	450 F	1 200 F
CAS N° 4 *bis*	600 F	900 F	2 500 F
CAS N° 5	VOUS ALLEZ FAIRE L'OBJET D'UNE PROCÉDURE DEVANT LE TRIBUNAL DE POLICE		

PAIEMENT OU CONTESTATION VOIR INSTRUCTIONS AU VERSO

DESTINATAIRE

CENTRE D'ENCAISSEMENT DES AMENDES 35073 RENNES CEDEX

cerfa

CARTE-LETTRE N° 10-0084

00600 29419051 1

1. L'amende *(fine)* prévue *(prescribed)* par cette contravention s'élève à *(comes to)* quelle somme?

   _____

2. Si cette contravention n'est pas payée dans les trente jours, elle sera majorée *(increased).* Combien faudra-t-il payer dans ce cas-là?

   _____

3. Pourquoi cette amende ne peut-elle pas être réduite *(reduced)?*

   _____

4. Expliquez les deux timbres mentionnés en haut *(top)* et à droite de cette contravention.

   _____

   _____

5. Que veut dire CARTE-LETTRE?

   _____

MODULE XII   LA FÊTE DE LA MUSIQUE

> Suggestion: Review Chapters 14 & 15 of **Entre amis** before completing this module.

MISE EN SCÈNE

Tous les ans, au mois de juin, Paris fait la fête à la musique. Partout (*Everywhere*), pendant deux jours, il y a de la musique de toutes sortes. Ce soir, Marie-Christine et Jean-François, Bruno et Alissa, Yves et Moustafa se rendent (*are going*) tous à la fête de la Musique. Yves et Moustafa doivent y rencontrer leur amie Betty.

PRÉPARATION

A. Toutes sortes de musique. Lisez le programme suivant. Ensuite, répondez aux questions.

Mercredi 12 juin
ORCHESTRE DE CHAMBRE JEAN-FRANÇOIS PAILLARD. "Les Quatre Saisons" de Vivaldi. Église Saint-Germain-des-Prés. 21h. *Places 100 et 120 francs.*

Jeudi 13 juin
YVES DUTEIL. Chante ses propres compositions. 21h. Gymnase Robert Desnos. *Places 80 à 120 francs.*

Vendredi 14 juin
RHODA SCOTT. Orgue jazz. À partir de 21 heures. Le Bilboquet. Couvert (*Cover charge*) 30 francs, avec consommation (*drink included*).

ORCHESTRE NATIONAL DE FRANCE. Oeuvres de Debussy, Ravel, Poulenc. Salle Pleyel. 20 h 30. *Places 50 à 100 francs.* Concert télévisé.

Samedi 15 juin
LES TROMPETTES DE VERSAILLES. Oeuvres de Haendel, Vivaldi, Purcell, Telemann. 21h. Église Saint-Julien-le-Pauvre. *Places: 90 à 150 francs.*

FESTIVAL BAROQUE DE VERSAILLES. Opéra. CARMEN de Bizet. Château de Versailles. 19 h 30. Places: *100 à 1 000 francs.*

Dimanche 16 juin
ENSEMBLE ARS ANTIQUA DE PARIS. Musique du temps des troubadours et des trouvères; musique de la cour de Bourgogne (XVème siècle). 18 h 45 et 21 h. Sainte Chapelle. *Places: 75 et 110 francs.*

Mardi 18 juin
KING PLEASURE AND THE BISCUIT BOYS. Rock rétro. À partir de 22 heures. Slow-club de Paris. Consommation.

---

1. Si vous voulez entendre de la musique rock, où faut-il aller? À quelle heure?

   _____

2. Quel est le concert le plus cher? Quelle sorte de concert est-ce?

   _____

3. Où peut-on écouter de la musique médiévale?

   _____

4. Quels concerts ont lieu dans les églises parisiennes?

   _____

5. Quel concert ne se passe pas à Paris?

   _____

6. Quel concert peut-on voir et entendre sans quitter son appartement?

   _____

7. Quel soir peut-on écouter un chansonnier français?

   _____

8. Quels concerts offrent uniquement de la musique française?

   _____

B. De la musique partout! Regardez le dialogue avec le son et reliez les mots qui conviennent pour compléter les phrases suivantes.

1. Il y a du jazz...	à la République.
2. On peut entendre Joe Cocker...	à l'Hôtel de Sully.
3. Il y a de la musique d'Amérique latine...	partout.
4. Il y a des groupes de rock...	au musée Picasso.

C. Extra! Regardez le dialogue du Module XII **«La fête de la Musique»** avec le son. Vous entendrez beaucoup d'expressions populaires, très courantes parmi *(among)* les jeunes en France. D'abord, identifiez la personne qui a employé l'expression mentionnée. Ensuite, expliquez le sens de l'expression (en anglais, si nécessaire). Si vous ne connaissez pas le sens exact de l'expression, laissez-vous guider par le contexte: qu'est-ce que vous diriez dans une situation semblable *(similar)*?

1. Super: _____

   sens: _____

2. D'où tu sors?: _____

   sens: _____

3. Sympa: _____

   sens: _____

4. Qu'est-ce que tu fous dans le coin?: _____

   sens: _____

5. Ciao les mecs: _____

   sens: _____

6. Bisous: _____

   sens: _____

Maintenant, écrivez sur une autre feuille un dialogue avec un(e) partenaire en employant au moins trois de ces expressions.

D. Les verbes. Écoutez bien les verbes dans le dialogue du Module XII. Trouvez au moins une forme verbale utilisée dans la vidéo à chacun des temps ci-dessous.

1. présent de l'indicatif: _____

2. subjonctif: _____

3. passé composé: _____

4. imparfait: _____

APPLICATIONS

E. Les concerts. Voici plusieurs affiches *(posters)* pour des concerts extrêmement variés. Étudiez bien ces affiches et répondez aux questions qui suivent. Commencez vos réponses par le mot **si** et faites attention aux temps des verbes.

PAVILLON BALTARD
RER Nogent-sur-Marne

Mardi 13 octobre - 20 h 30
Unique representation
LE BARBIER DE SEVILLE
OPÉRA DE ROSSINI
THEATRE LYRIQUE ARTURO TOSCANINI
DE MILAN tournée internationale
LOCATIONS - tél. : 43.94.08.00

❑ Si votre ami(e) aimait le jazz, quel concert lui proposeriez-vous?
  Si mon ami(e) aimait le jazz, je lui proposerais le programme au Jazz Club.

1. Si vous n'aimiez pas la musique sacrée, quel concert ne faudrait-il pas choisir?
   Réponse: Si _____
   _____

2. Si vous êtes à Montpellier le 18 juillet, qu'est-ce que vous pourrez entendre?
   Réponse: Si _____
   _____

3. Si vous n'aviez pas de voiture, serait-il possible d'aller à l'Opéra le 13 octobre?
   Réponse: Si _____
   _____

4. Si vous aimiez la musique espagnole, quel numéro de téléphone devriez-vous appeler?
   Réponse: Si _____
   _____

5. Si votre ami(e) n'était libre qu'à dix heures et demie du soir, quel concert faudrait-il choisir?
   Réponse: Si mon _____
   _____

 345

PROBLÈME!   COMMENT SAVOIR À QUELLE HEURE?

PRÉPARATION

F. Qu'est-ce qu'on va regarder? Voici une liste partielle des programmes de la télévision pour le 22 septembre, au soir. Lisez ce guide, puis répondez aux questions. Vous n'avez pas besoin de comprendre chaque mot pour trouver les réponses aux questions.

20h00
TF1/F2/F3   JOURNAL
20h30
Canal+   FOOTBALL: Caen/Marseille
M6   *Mission Impossible, 20 ans après.* FEUILLETON AMÉRICAIN.
20h40
TF1/F2   MÉTÉO
20h45
TF1   *L'Étudiante,* FILM de Claude Pinoteau. Pour Valentine, seule compte *(the only thing that matters)* l'agrégation *(competitive examination)* de lettres classiques qu'elle prépare avec ardeur. Cependant *(Nevertheless),* un événement imprévu *(unforeseen)* va perturber sa vie si bien organisée. Elle tombe amoureuse d'Édouard, qui est tout son contraire: musicien de rock sans organisation aucune. COMÉDIE.

20h45
F3   *Les Aventures de Tintin: L'Île noire,* DESSIN ANIMÉ d'après Hergé, réalisé par Stéphane Bernasconi. Au cours *(During)* d'une promenade en campagne, Tintin aperçoit *(sights)* un avion en difficulté; mais quand il s'en approche, il est accueilli *(welcomed)* par des coups de feu *(gunshots).* Ses aventures le conduisent jusqu'en Écosse *(Scotland).* POUR ENFANTS.
20h50
F2   *La Révolution française,* FILM de Robert Enrico. Mars 1789: face au mécontentement *(discontent)* du peuple et aux problèmes de trésorerie *(financial problems)* du pays, Louis XVI convoque *(convokes)* les États généraux. Le 23 juin, le tiers état *(Third Estate)* se constitue en Assemblée nationale. Le 14 juillet

le peuple s'empare *(takes over)* de la Bastille. GRANDE FRESQUE HISTORIQUE.
22h35
F3   JOURNAL
22h45
TF1   *Le Point sur la Table,* DÉBAT POLITIQUE avec Anne Sinclair. Discussion de la position de la France dans l'Europe d'après Maastricht.
23h30
F2   *Prénom Marianne,* document de Djamila Sahraoui. La France, lorsqu'elle *(when it)* est représentée sur un tableau, une place publique ou dans une mairie, est toujours représentée sous les traits d'une femme. Mais depuis quand? Depuis que l'on ne dit plus le royaume *(kingdom)* de France mais la République française. DOCUMENTAIRE HISTORIQUE.

---

1. Si vous vous intéressez à l'avenir de l'Europe, quel programme aurez-vous envie de voir ce soir? _____

2. Des trois films qui passent entre huit heures et demie et neuf heures, lequel préférez-vous? Pourquoi? _____

    _____

3. Si vous êtes particulièrement intéressé(e) par les sports, quel programme regarderez-vous, à quelle heure et sur quelle chaîne? _____

    _____

4. Qui est Marianne? Depuis quand existe-t-elle? Pour en savoir plus, peut-on se coucher tôt? Pourquoi (pas)? _____

    _____

5. Voyez-vous une différence entre cet exemple de la programmation télévisuelle en France et la programmation de la télévision américaine? Les sujets sont-ils différents? À quoi attribuez-vous cette différence? _____

_____

_____

VISIONNEMENT

G. Les temps du verbe. Regardez le **Problème** du Module XII avec le son. Dans l'espace de seulement quelques phrases, les personnages emploient beaucoup de différents temps de verbes. D'abord, trouvez dans la vidéo un verbe conjugué à chaque temps mentionné. Ensuite, écrivez la phrase dans laquelle ce verbe est employé.

❑ futur proche: on va faire
     phrase: *Mais on va bientôt faire une émission sur la musique pour les jeunes.*

1. présent: _____
   phrase: _____

2. imparfait: _____
   phrase: _____

3. infinitif: _____
   phrase: _____

4. conditionnel: _____
   phrase: _____

5. passé composé: _____
   phrase: _____

H. Comprenez-vous? Regardez encore une fois le **Problème** et répondez aux questions suivantes.

1. Que pense Betty du guitariste? _____

_____

2. Qu'est-ce qu'elle lui demande? _____

3. Comment répond-il? _____

4. Quel est le problème de Betty à la fin de cette séquence? _____

_____

5. Comment peut-elle résoudre *(solve)* son problème? Donnez au moins deux solutions possibles.

   a. _____

   b. _____

GROS PLAN   LE MONDE FRANCOPHONE

PRÉPARATION

I.   La francophonie. Dans le monde, il y a des dizaines de pays où on parle français. Regardez bien cette carte sur laquelle huit pays ou régions francophones sont indiqués par des numéros. Écrivez le nom de chaque pays ou région à côté du numéro correspondant. Choisissez dans la liste fournie.

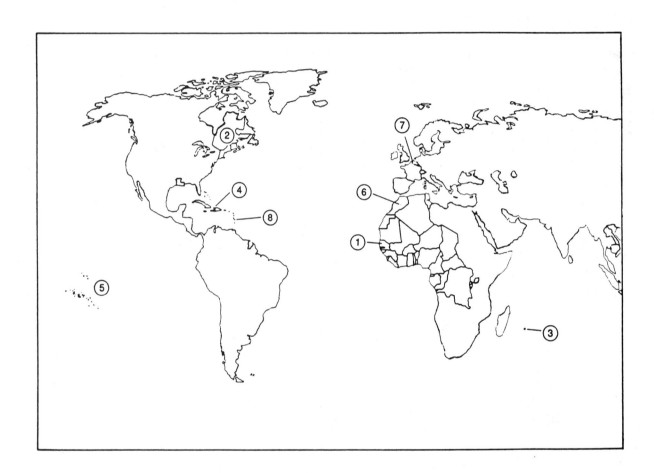

la Belgique	le Québec
Haïti	la Réunion
le Maroc	le Sénégal
la Martinique	Tahiti

1. _____   5. _____

2. _____   6. _____

3. _____   7. _____

4. _____   8. _____

J. Les capitales. Voici une liste de quelques pays où on parle français et le nom de leurs capitales. Tracez une ligne entre chaque pays et sa capitale.

la Guyane française   Ouagadougou

le Canada   Alger

la France   Bruxelles

la Belgique   Ottawa

l'Algérie   Rabat

le Burkina-Faso   Tunis

le Maroc   Paris

la Nouvelle-Calédonie   Berne

la Suisse   Nouméa

la Tunisie   Cayenne

VISIONNEMENT

K. Vive la différence! Regardez le **Gros plan** du Module XII **«Le monde francophone».** Indiquez dans le tableau les caractéristiques particulières de chaque endroit représenté.

	Québec	**Martinique**	**Sénégal**	**Tahiti**
climat				
végétation				
habits				
architecture				
activités				
musique				

 349

APPLICATIONS

L. Êtes-vous fort(e) en maths? Regardez bien cette carte de l'Afrique du Nord et de l'Ouest et lisez les statistiques qui l'accompagnent. D'abord, utilisez les informations données et écrivez le pourcentage de Francophones dans chaque pays dans la colonne à droite. Ensuite, classez les 17 pays du plus francophone au moins francophone (le pays le plus francophone = 1; le pays le moins francophone = 17) dans la colonne à gauche.

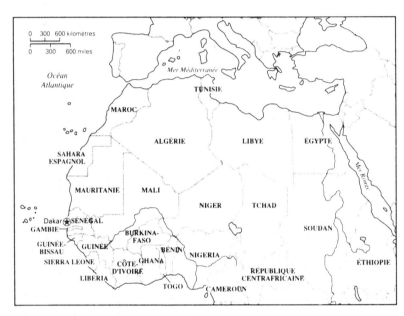

Classification	Pays d'Afrique du Nord et de l'Ouest	Francophones (en millions)	Population (en millions)	Pourcentage
_____	l'Algérie	6,650	24,2	27,50
_____	le Bénin	0,620	4,5	_____
_____	le Burkina-Faso	0,410	8,5	_____
_____	le Cameroun	1,460	10,5	_____
_____	la République centrafricaine	0,310	2,8	_____
_____	la Côte d'Ivoire	2,650	11,2	_____
_____	l'Égypte	0,205	53,3	_____
_____	la Guinée	0,515	6,9	_____
_____	la Libye	0,006	4,0	0,15
_____	le Mali	0,610	8,7	_____
_____	le Maroc	4,130	25,0	_____
_____	la Mauritanie	0,108	2,1	_____
_____	le Niger	0,315	7,2	_____
_____	le Sénégal	0,760	7,0	_____
_____	le Tchad	0,310	4,8	_____
_____	le Togo	0,515	3,3	_____
_____	la Tunisie	2,270	7,7	_____

M. L'Afrique francophone. Maintenant utilisez la carte de l'Afrique du Nord et de l'Ouest et les statistiques que vous avez trouvées pour répondre aux questions suivantes.

1. Quels sont les pays de l'Afrique qui sont les plus proches de la France?

   _____

   _____

2. Quels sont les pays où plus de dix pour cent de la population parlent français?

   _____

   _____

3. Y a-t-il des pays où plus de vingt pour cent de la population parlent français? Si oui,

   indiquez lesquels. _____

   _____

4. Dans quelle partie de l'Afrique les pays les plus francophones se trouvent-ils?

   _____

5. Avez-vous jamais *(ever)* étudié l'histoire des Européens en Afrique? Pouvez-vous

   suggérer *(suggest)* pourquoi il y a une forte présence de la langue française en Afrique

   du Nord et en Afrique de l'Ouest? _____

   _____

   _____

SUPPLÉMENT

N. À vous maintenant! À la page suivante, vous trouverez le programme de la fête de la Musique pour Nogent-le-Rotrou. Lisez bien le programme et avec un(e) partenaire planifiez votre dimanche. Vous voulez consacrer toute la journée à la musique. D'abord, établissez vos préférences en musique. Puis, mettez-vous d'accord sur un emploi du temps. Ensuite, écrivez vos sélections.

EXPRESSIONS UTILES

Quel genre de musique aimes-tu?
Moi, je préfère...
As-tu envie d'écouter...?
Qu'est-ce que tu penses de la musique classique? du rock? du jazz? etc.
Est-ce que tu aimes...?
Et l'après-midi, qu'est-ce que tu préfères?
Qu'est-ce qu'on fait le soir?

Answer Keys

WORKBOOK ANSWER KEY

Chapitre préliminaire

A. En classe.
1. Asseyez-vous.
2. Levez-vous.
3. Allez à la porte.
4. Ouvrez la porte.
5. Sortez.
6. Fermez la porte.

B. Les nombres.
1. neuf
2. onze
3. quatre
4. treize
5. un
6. vingt-huit
7. quinze
8. vingt-neuf
9. dix
10. six
11. huit
12. vingt et un

C. Les mathématiques.
1. vingt-six
2. seize
3. vingt
4. vingt-cinq
5. sept
6. quinze
7. quatorze
8. quinze
9. vingt-sept
10. quatorze

D. Il est ...
1. Il est deux heures trente.
2. Il est trois heures dix.
3. Il est six heures et quart.
4. Il est dix heures.
5. Il est quatre heures trente.
6. Il est cinq heures vingt.
7. Il est onze heures trente.
8. Il est midi / minuit moins le quart.
9. Il est dix heures moins le quart.
10. Il est midi / minuit.

E. Quel temps fait-il?
1. Il fait beau.
2. Il neige.
3. Il fait du vent.
4. Il fait froid. / Il fait du vent.
5. Il fait chaud.

F. La météo.
1. À Paris, il fait du vent.
2. À Marseille, il fait chaud (beau).
3. À Grenoble, il neige.
4. À Nantes, il fait froid.
5. À Rennes, il pleut.

Chapitre 1

A. À l'hôtel.
1. c
2. e
3. a
4. d
5. b

B. Les salutations.
1. Bonjour, Madame / Mademoiselle.
2. Bonjour, Raoul. / Salut, Raoul.
3. Bonjour, Madame / Mademoiselle.
4. Bonsoir, Mademoiselle.
5. Bonsoir, Monsieur.
6. Bonjour, Marie. / Salut, Marie.

C. Première rencontre.
1. Comment vous appelez-vous? / Je m'appelle ... Et vous?
2. Êtes-vous française? (allemande, russe, etc.)
3. Où habitez-vous? / J'habite à ... . Et vous?
4. Êtes-vous célibataire?
5. Êtes-vous étudiante?
6. Où étudiez-vous? / J'étudie à ... . Et vous?

D. Quelques personnes.
1. est
2. sommes
3. sont
4. es
5. est
6. êtes
7. sont
8. est
9. est
10. sont

E. En vacances.
1. Elle est à Cannes.
2. Ils sont à Bordeaux.
3. Elles sont à Lyon.
4. Il est à Paris.
5. Ils sont à Biarritz.
6. Ils sont à Euro-Disney.
7. Il est à Strasbourg.
8. Je suis à ... (*answers will vary*)

F. Fiches de voyageur.

Questions:

1. Sophie Cunin est célibataire.
2. Christopher McGrath est anglais.

3. Sophie Cunin est française.
4. Christopher McGrath est marié.
5. Sophie Cunin habite à Dijon.
6. Christopher McGrath habite à Londres.
7. Christopher McGrath est professeur.
8. Sophie Cunin est artiste.

G. Galerie de portraits.
1. Ils sont anglais.
2. Il est français.
3. Elles sont américaines.
4.–5. *Answers will vary.*

H. Chassez l'intrus.
1. beau
2. gros
3. petite
4. grand
5. vieux
6. jolis
7. petits
8. belles

I. Quelques descriptions.
1. Mireille est vieille.
2. Françoise est petite.
3. Jean-Luc et Pierre sont très grands.
4. Vous êtes célibataire(s).
5. Michel et Delphine sont mariés.
6. Nous sommes fiancé(e)s.
7. Tu es grand(e) et assez mince.
8. Bernard et Ghislaine sont divorcés.
9. Béatrice est très mince et très belle.
10. Alice est assez petite et très belle.

J. Le Courrier du Cœur.
1. Non, Monique n'est pas laide, elle est belle.
2. Non, Georges n'est pas jeune, il est vieux.
3. Oui, Jacques est célibataire.
4. Oui, Monique est mince.
5. Non, Jacques n'est pas petit, il est grand.
6. Non, Georges n'est pas français, il est suisse.
7. Oui, Jacques adore les sports.
8. Non, Monique n'habite pas à Genève, elle habite à Paris.

K. Les mots apparentés.
1. last name
2. first name
3. home address
4. zip code
5. home phone number
6. number of dependents
7. Do you own property?
8. date and place of birth
9. bank
10. account number

L. Rédaction: Un dialogue au café. *Answers will vary.*

Chapitre 2

A. À l'université.
1. e
2. b
3. d
4. f
5. c
6. a

B. Une promenade. *Answers will vary.*
1. Ça va (très) bien. / Je vais (très) bien.
2. ... ça va mal / pas (très) bien.
3. Pas très bien. / Je suis (un peu) malade.
4. Comme-ci, comme-ça.
5. Ça va mal. / Assez mal. / Pas très bien. / Je suis ...
6. *Answers will vary.*

C. Quelques activités.
1. travailles
2. habite
3. nage
4. parle
5. Aimes
6. mangeons
7. trouvez
8. regarde
9. aiment
10. étudient

D. Une carte postale de Biarritz.
jouent
nage
étudie
parle
regardons
mangeons
dansons
adore
travailles

E. Compréhension.
1. Marie-Laure, Benoît, Delphine, Jean, la grand-mère et Marc.
2. Marc et Marie-Laure.
3. *Answers will vary.*
4. Oui, ils aiment le tennis.
5. Non, elle étudie la biologie marine.
6. Jean nage beaucoup.
7.–10. *Answers will vary.*

F. Chez les Brunet.
1. Voulez-vous un verre de coca?
   Oui, je veux bien. / Non, merci.
2. Voulez-vous un verre de Perrier / d'eau minérale?
   Oui, je veux bien. / Non, merci.

3. Voulez-vous une tasse de thé?
   Oui, je veux bien. / Non, merci.
4. Voulez-vous un verre de bière?
   Oui, je veux bien. / Non, merci.
5. Voulez-vous un verre de jus d'orange?
   Oui, je veux bien. / Non, merci.
6. Voulez-vous un verre de lait?
   Oui, je veux bien. / Non, merci.
7. *Answers will vary.*

G. **Un sondage.** *Answers will vary.*

H. **Boissons fraîches.** *Answers will vary.*

I. **Au café.**
   Assez bien
   Pourquoi pas
   vous voulez boire
   s'il vous plaît
   Vous êtes
   étudiante
   Vous aimez
   J'aime beaucoup

J. **Au tribunal.**
   1. Habitez-vous à Boston?
   2. Êtes-vous américaine?
   3. Êtes-vous mariée?
   4. Êtes-vous professeur de français?
   5. Étudiez-vous le français?
   6. Parlez-vous bien le français?
   7. Voyagez-vous souvent?
   8. Travaillez-vous?

K. **Rédaction: Des conversations au téléphone.** *Answers will vary.*

Chapitre 3

A. **À la gare.**
   1. e
   2. a
   3. f
   4. c
   5. b
   6. d

B. **Couples.**
   1. un fils
   2. une cousine
   3. une sœur
   4. un grand-père
   5. une belle-sœur
   6. un oncle
   7. une femme
   8. un neveu
   9. un beau-père
   10. un ami

C. **La famille de Marc Dupin**
   1. mon oncle
   2. ma grand-mère
   3. mon grand-père
   4. mon frère
   5. ma belle-sœur / ma sœur
   6. mes grands-parents
   7. ma tante
   8. ma sœur
   9. mes cousins
   10. ma nièce

D. **Les boissons des amis.**
   une
   un
   une
   un
   une
   un
   des
   des
   un

E. **Les liens de parenté.**
   1. as   6. ont
   2. ai, ai   7. a
   3. Avez   8. ont
   4. avons   9. a
   5. a   10. ont

F. **Un dialogue avec la concierge.**
   avez, êtes
   suis
   est
   est
   est
   a, ont
   avons
   est
   ai

G. **Nous sommes en 1789.**
   1. Napoléon Bonaparte a vingt ans.
   2. Le marquis de Lafayette a trente-deux ans.
   3. Georges-Jacques Danton a trente ans.
   4. Maximilien de Robespierre a trente et un ans.
   5. Honoré-Gabriel de Mirabeau a quarante ans.
   6. Louis XVI a trente-cinq ans.
   7. Marie-Antoinette a trente-quatre ans.
   8. Thomas Jefferson a quarante-six ans.

H. **L'inondation.**
   1. une télévision
   2. un ordinateur
   3. des livres
   4. un fauteuil
   5. une stéréo

6. un bureau
7. un vélo
8. une chaise
9. un lit
10. un chien

I. Contrastes. *Answers will vary.*

J. C'est à qui?
1. C'est la maison de Thérèse.
2. Ce sont les amis de Patrick.
3. Ce sont les voitures de Monsieur et Madame Morel.
4. C'est l'ordinateur de ma camarade de chambre.
5. Ce sont les calculatrices des étudiants.
6. C'est la mobylette de l'oncle de Didier.
7. C'est la télé du frère de Jean-Luc.
8. Ce sont les cousins de Madame Richard.
9. C'est le vélo de Laure.
10. C'est le bureau du professeur.

K. Louise n'est pas d'accord.
1. C'est la calculatrice de Raphaëlle.
   Non, c'est la calculatrice de sa sœur.
2. C'est l'ordinateur de Fabien.
   Non, c'est l'ordinateur de son père.
3. C'est la stéréo de Delphine.
   Non, c'est la stéréo de sa tante.
4. C'est la voiture du père de Nathalie.
   Non, c'est la voiture de son grand-père.
5. C'est la photo du frère de Madeleine.
   Non, c'est la photo de sa cousine Isabelle.

L. Tartuffe.
1. Oui, elle est sa fille.
2. Non, il est son mari.
3. Non, elle est leur grand-mère.
4. Oui, ils sont leurs parents.
5. Elle s'appelle Madame Pernelle.
6. Non, il n'a pas de beau-père.

M. Rédaction: Chez moi. *Answers will vary.*

Chapitre 4

A. Qu'est-ce que c'est? *Adjectives will vary.*
1. C'est un manteau ...
2. C'est un chapeau ...
3. C'est une ceinture ...
4. C'est un tee-shirt ...
5. Ce sont des gants ...
6. Ce sont des lunettes ...
7. C'est une robe ...
8. Ce sont des chaussettes ...

B. Les amies de Kelly.
gentilles
bavarde
active
sportive
discrète
généreuse
bons
travailleur
intelligent

C. C'est Véronique!
1. Bérangère est rarement impatiente.
2. Son petit frère est toujours méchant.
3. Son petit ami est souvent généreux.
4. Ses deux sœurs ne pleurent jamais.
5.–8. *Answers will vary.*

D. Mais où est ... ? *Adjectives will vary.*
1. une cravate rouge, une chemise blanche, une montre élégante, une ceinture noire, un complet gris, des chaussettes noires et des chaussures noires
2. un chapeau bleu, un foulard vert, un imperméable orange, des gants verts et des bottes blanches

E. Les stéréotypes. *Answers will vary.*

F. Faire du lèche-vitrines.
1. ces, ces
2. cette, ce
3. cette, ces
4. cet, ce
5. ces, ces
6. ce, ce
7. ces, ces
8. ces

G. Tel père, tel fils: une exception.
1. Karine, Arnaud et Christian
2. 13 et 11 ans
3. des jeans, des tee-shirts, des sweat-shirts et des tennis
4. blonds
5. bleus
6. non, roux
7. noirs et bruns
8. Non, il est un peu chauve.

H. Les vêtements.
1. Vous n'avez pas de chemisiers bleus.
2. Elle a un imperméable gris.
3. Ils n'ont pas de beaux pull-overs.
4. Les professeurs ne portent jamais de shorts bizarres.
5. Il a une grande ceinture.
6. Tu as des nouvelles tennis.
7. Je n'ai pas de chaussettes violettes.
8. Nous avons de jolies robes rouges.

9. Mes amis ne portent pas de smokings
élégants.
10. Ma cousine déteste les personnes qui
portent des vêtements sales.

I. Au camping.
1. Hervé et Mehmet font les courses à 10 h
du matin.
2. Yann fait la cuisine à 8 h du matin.
3. Nicole fait la vaisselle à 8 h 30 du matin.
4. Robert et Loïc font la cuisine à midi.
5. Patricia et Isabelle font la vaisselle à 2 h.
6.–8. *Answers will vary.*

J. Vous êtes journaliste.
Quelle est votre nationalité?
Quelle est votre profession?
Qu'est-ce que vous étudiez?
Que voulez-vous faire?
Que font vos parents?
Qui fait le ménage dans votre famille?
Quelles professions est-ce que vos amis
préfèrent?

K. Rédaction: Les présentations. *Answers will vary.*

Chapitre 5

A. Un projet de cinéma.
1. b	6. a
2. a	7. a
3. b	8. b
4. a	9. a
5. b	

B. Qu'est-ce que c'est?
1. C'est une banque.
2. C'est un cinéma.
3. C'est une église.
4. C'est un hôtel.
5. C'est un café.

C. Chassez l'intrus
1. église
2. épicerie
3. toilettes
4. piscine
5. couloir

D. Des destinations
1. Monsieur Barbezot va à la banque.
2. Laure va à l'aéroport.
3. Mes petits cousins vont à l'école.
4. Tu vas à la piscine.
5. Je vais au musée.
6. Vous allez à la gare.
7. Ma mère va au centre commercial.

8. Les étudiants vont au restaurant
universitaire.
9. Mon frère va au campus.

E. Qu'est-ce que tu vas faire?
1. à la
   à la
   à la
   au
2. à la
   à la
   au
   aux
   au
3. au
   à la
   au
4. *Answers will vary.*

F. Une soirée à Montréal.
1. Ce soir, il va voir «La guerre des
étoiles» au cinéma St Laurent.
2. Ce soir, ils vont au Club Babacool.
3. Ce soir, elle va au Bistro Paradis.
4. Ce soir, elle va voir «Huis-Clos» au
théâtre du Mont-Royal.
5. Ce soir, il va au Club Fusion.
6. Ce soir, elles vont au Bistro Le Néon.
7. *Answers will vary.*

G. Quelle heure est-il?
1. Il est quatre heures et quart. /
Il est quatre heures quinze.
2. Il est neuf heures et demie. /
Il est neuf heures trente.
3. Il est huit heures moins dix. /
Il est sept heures / dix-neuf heures
cinquante.
4. Il est minuit. /
Il est zéro heure.
5. Il est midi. /
Il est douze heures.
6. Il est deux heures vingt-cinq. /
Il est quatorze heures vingt-cinq.

H. Quelles sont vos habitudes? *Answers will vary.*

I. Les corvées ménagères.
Mardi, Sylvie et Céline doivent faire la
lessive.
Mercredi, je dois faire la cuisine.
Jeudi, David doit faire la vaisselle.
Vendredi, Céline et Pierre doivent laver la
voiture.
Samedi, Pierre et moi devons faire le
ménage.

J. Le centre-ville. *Answers may vary.*
1. Elle est à côté de la librairie, boulevard
Jacques Cartier.

2. Il est devant l'église et à côté de l'Hôtel du Nord.
3. Il est à côté du château et en face de l'église.
4. Elle est derrière l'église et devant le marché.
5. Elle est devant le cinéma et l'Hôtel du Nord.
6. Il est à côté du cinéma et devant le musée.
7. Il est à côté du musée et devant le parc.
8. Elle est derrière le marché et à côté de la pâtisserie.
9. Elle est à côté de la banque et derrière le parc.
10. Il est à côté de l'Hôtel du Nord et en face de la gare.

K. Testez vos connaissances en géographie!
1. Elle habite à Rome, en Italie.
2. Ils habitent à Berne, en Suisse.
3. Il habite à Alger, en Algérie.
4. Ils habitent à Bruxelles, en Belgique.
5. Il habite à Paris, en France.
6. Ils habitent à Beijing, en Chine.
7. Il habite à Tokyo, au Japan.
8. Elle habite à Londres, en Angleterre.

L. Testez votre connaissance du monde.
1. en Espagne, espagnol
2. au Maroc, arabe, français
3. au Sénégal, wolof, français
4. en Belgique, français, flamand
5. aux États-Unis, anglais
6. au Mexique, espagnol
7. en Suède, suédois
8. au Japon, japonais
9. en Allemagne, allemand
10. en Angleterre, anglais

M. Au campus. *Answers may vary.*
1. Où vas-tu?
   Où est-ce que tu vas?
2. Pourquoi vas-tu à la bibliothèque ce soir?
   Pourquoi est-ce que tu vas à la bibliothèque ce soir?
3. Où est la bibliothèque?
   La bibliothèque, où est-elle?
4. Quand as-tu un examen?
   Quand est-ce que tu as un examen?
5. Quand est-ce que ta camarade de chambre travaille?
   Ta camarade de chambre, quand travaille-t-elle?
   Ta camarade de chambre, qu'est-ce qu'elle fait maintenant?
6. Qu'allez-vous faire le week-end prochain?

Qu'est-ce que vous allez faire le week-end prochain?

N. Rédaction: L'emploi du temps. *Answers will vary.*

Chapitre 6

A. Une fille au pair.
1. chez
2. tant de choses
3. fait le ménage, garde
4. à table
5. se lève tard
6. écrit
7. différences
8. a remarqué, la salle de bain
9. pour «chaud», pour «froid»

B. Les activités du week-end dernier.
1. avez téléphoné
2. n'ai pas eu
3. avons fait
4. as passé
5. ai travaillé
6. avons regardé
7. ont joué
8. n'ont pas fait
9. a dîné
10. a eu

C. Trop tard.
1. Non, j'ai déjà travaillé à la bibliothèque.
2. Non, elle a déjà joué au tennis.
3. Non, nous avons déjà fait la cuisine.
4. Non, elles ont déjà nagé.
5. Non, elle a déjà téléphoné à ce jeune homme.
6. Non, ils ont déjà regardé le match.
7. Non, elle a déjà fait du jogging.
8. Non, nous avons déjà mangé une pizza.

D. Le journal de Paul.

ai passé	avons passé
ai dormi	ai fait
ai pas eu	ai téléphoné
ai pas fait	ai mangé
ai mangé	ai regardé
avons écouté	ai pas fait

E. Les plaisirs de la lecture.
1. lit toujours des romans, mais il ne lit jamais de journaux.
2. lisent souvent des magazines, mais ils lisent rarement des bandes dessinées.
3. lisons quelquefois des magazines, mais nous lisons régulièrement des journaux.

4. ne lis jamais de romans, mais tu lis toujours des journaux.
5. lis souvent des magazines, mais je ne lis jamais de bandes dessinées.
6. lisez quelquefois des romans, mais vous ne lisez pas du tout de poèmes.
7. *Answers will vary.*

F. Un voyage exotique.
dernière fois
pendant
deux jours / quinze jours
quinze jours / deux jours
Le week-end dernier
hier soir

G. Qu'est-ce qu'on écrit?
1. écrit, carte postale / lettre, a écrit, lettre
2. avez écrit, dissertation
3. n'écris rien / n'as rien écrit?
4. n'ont jamais écrit / n'écrivent jamais, poèmes / cartes postales / lettres / dissertations
5. avons écrit, pièce, ai écrit / écris, a écrit
6. écrivent, journal
7.–9. *Answers will vary.*

H. Quelques questions personnelles. *Answers will vary.*

I. Au contraire.
1. Non, elle a joué au tennis avec Alice cet après-midi.
2. Non, je vais jouer au foot (avec Jean-Luc) ce soir.
3. Non, ils vont jouer de l'accordéon et du saxophone ce week-end.
4. Non, ils vont jouer aux cartes avec nous ce samedi.
5. Non, elle aime jouer aux échecs.
6. Non, elle a joué du violon hier soir.
7. Non, il a joué au golf.
8. *Answers will vary.*

J. Où sont-ils?
1. elle.
2. lui.
3. eux.
4. vous.
5. moi.
6. toi.
7. nous.
8. elles.

K. Les conformistes.
1. Elle aussi.
2. Lui non plus.
3. Elles aussi.
4. Eux aussi.
5. Eux non plus.
6. Eux aussi.
7. Eux aussi.
8. Lui non plus.
9. Elle aussi.

L. Que font-ils ce week-end?
1. sors
2. sortons
3. dormez
4. dormons
5. partons
6. partez
7. part
8. dors
9. pars

M. Le Club Med.

Questions:

1. Le Club Med Pompadour se trouve en France.
2. Il y a trois Club Med au Maroc.
3. Le Club Playa Blanca est au Mexique.
4. Le Club Malabata
5. Le Club Roussalka
6.–9. *Answers will vary.*

N. Rédaction: La vie en dehors de la classe.
Answers will vary.

Chapitre 7

A. Au téléphone.
1. c
2. e
3. d
4. a
5. b

B. À la gare.
1. êtes allés
2. sommes arrivés
3. est entré
4. est restée
5. sommes rentrés
6. est tombée, est allée
7. ne sont pas revenus
8. êtes sortis
9. sommes descendus

C. Quel week-end!
sommes allés
n'est pas arrivé
est arrivé
a eu
sommes partis
sommes arrivés
ai trouvé

sommes allés
avons parlé
suis rentrée
ai bien dormi
n'ai pas dormi
me suis levée
suis allée
ai fait
ai joué
as fait

Questions:

1. Elle est allée au cinéma avec des amis (Arnaud, Antoine et Delphine).
2. Elle a trouvé le film très intéressant.
3. Il a eu des problèmes avec ses parents.
4. Ils sont partis vers 8 h 20.
5. Ils sont allés manger des glaces au Mont Royal.
6. Elle est rentrée vers minuit.

7.–10. *Answers will vary.*

D. Quelle coïncidence!

1. Elle aussi, elle est rentrée vers minuit.
2. Elles aussi, elles sont retournées à Montréal.
3. Moi aussi, je suis sortie samedi soir.
4. Eux aussi, ils sont partis à 8 heures pour aller en ville.
5. eux aussi, ils sont tombés malades la semaine dernière. / Elles aussi, elles sont tombées ...
6. Elles aussi, elles sont restées dans leur(s) chambre(s) ce week-end.
7. Moi aussi, je me suis levée à sept heures du matin.
8. Nous aussi, nous sommes descendus du train de Québec.
9. Eux aussi, ils sont revenus hier après-midi.
10. Eux aussi, ils sont allés au théâtre jeudi soir.

E. Des lieux publics.

1. J'y vais quelquefois.
2. Nous y passons deux heures chaque jour.
3. Elle y travaille.
4. Ils y ont fait un voyage il y a cinq ans.
5. Ils y ont écrit leurs dissertations.
6. Je vais y poster une lettre.
7. Elles y sont restées toute la journée.
8. Mon frère y a habité pendant cinq ans.
9. Vous y allez le dimanche?

F. L'emploi du temps de Sabine.

1. —Tu es vraiment descendue en ville trouver un pull à 11 h?
   —Non, je n'y suis pas descendue.
2. —Tu as vraiment déjeuné avec Mathilde au Bistro du Coin à 12 h 30?
   —Oui, j'y ai déjeuné.
3. —Tu es vraiment allée au bureau de poste à 14 h?
   —Non, je n'y suis pas allée.
4. —Tu es vraiment allée à la librairie à 14 h 30?
   —Non, je n'y suis pas allée.
5. —Tu as vraiment nagé à la piscine à 15 h?
   —Oui, j'y ai nagé.
6. —Tu as vraiment étudié à la bibliothèque à 17 h?
   —Oui, j'y ai étudié.

G. D'où viennent-ils?

1. vient du bureau de poste.
2. viennent du cinéma.
3. venez du bureau de tabac.
4. vient de l'école.
5. viens de la boulangerie.
6. viennent de la piscine.
7. venons de la librairie.
8. venez de la pharmacie.

H. Une collection philatélique.

1. On a posté cette lettre le 21 janvier 1976, à Munich, en Allemagne.
2. On a posté cette lettre le 18 août 1979, à Berne, en Suisse.
3. On a posté cette lettre le 26 juin 1946, à Casablanca, au Maroc.
4. On a posté cette lettre le 9 novembre 1959, à Indianapolis, aux États-Unis.
5. On a posté cette lettre le 12 novembre 1911, à Montréal, au Canada.
6. On a posté cette lettre le 2 février 1922, à Londres, en Angleterre.
7. On a posté cette lettre le 27 septembre 1938, à Guadalajara, au Mexique.
8. On a posté cette lettre le 14 juillet 1941, à Tokyo, au Japon.
9. On a posté cette lettre le 28 octobre 1896, à Milan, en Italie.
10. On a posté cette lettre le 2 décembre 1927, à Séville, en Espagne.
11. On a posté cette lettre le 21 mars 1984, à Venise, en Italie.

I. Les fêtes en France.

1. Les banques sont fermées le 10 avril 1998 (Vendredi Saint).
2. Les banques sont fermées le 1er mai 1998 (Fête du Travail).
3. Les banques sont fermées le 8 mai 1998 (Armistice).
4. Les banques sont fermées le 21 mai 1998 (Ascension).

5. Les banques sont fermées le 1er juin 1998 (Lundi de Pentecôte).
6. Les banques sont fermées le 14 juillet 1998 (Fête Nationale).
7. Les banques sont fermées le 15 août 1998 (Assomption).
8. Les banques sont fermées le 1er novembre 1998 (Toussaint).
9. Les banques sont fermées le 11 novembre 1998 (Armistice).
10. Les banques sont fermées le 25 décembre 1998 (Noël).

J. Le temps chez vous. *Answers will vary.*

K. C'est vrai ou ce n'est pas vrai?

1. Oui, je viens de lire le journal.
2. Si, je viens de téléphoner à mes parents.
3. Oui, nous venons de jouer aux échecs.
4. Oui, nous venons d'aller à la gare.
5. Si, ils viennent de jouer au basket.
6. Oui, nous venons de faire nos devoirs de maths.
7. Si, je viens d'expliquer pourquoi je ne suis pas sorti(e).
8. Si, ils viennent de téléphoner.

L. Rédaction: Qu'est-ce que vous avez fait le week-end dernier? *Answers will vary.*

Chapitre 8

A. Qu'est-ce qu'il y a dans la cuisine de Stéphane?
1, Il y a du pain.
2. Il y a de la soupe.
3. Il y a du poisson.
4. Il y a de la viande.
5. Il y a des légumes.
6. Il y a de la salade.
7. Il y a du fromage.
8. Il y a du vin.

B. Des catégories.
1. du poulet
2. du chèvre
3. de la viande
4. de la salade
5. du pain
6. de la truite

C. À la Soupière Gourmande. *Answers will vary.*

D. Un repas spécial.
du kir   du fromage

du pâté   du camembert
des crudités   de l'emmenthal
du poisson   du brie
de la truite   du chèvre
du saumon   des petits gâteaux
des légumes   des fruits
des haricots   de la glace aux
verts   framboises
des épinards   du vin blanc
des carottes   de l'eau minérale

E. Le pauvre serveur!
1. Vous avez de la salade verte?
Je regrette, nous n'avons plus de salade verte, mais nous avons de la salade de tomates.
2. Vous avez du saumon?
Je regrette, nous n'avons plus de saumon, mais nous avons de la truite.
3. Vous avez des petits pois?
Je regrette, nous n'avons plus de petits pois, mais nous avons des haricots verts.
4. Vous avez du jus de pomme?
Je regrette, nous n'avons plus de jus de pomme, mais nous avons de l'eau minérale.
5. Vous avez du chèvre?
Je regrette, nous n'avons plus de chèvre, mais nous avons du brie.
6. Vous avez de la tarte aux pommes?
Je regrette, nous n'avons plus de tarte aux pommes, mais nous avons des fruits.

F. Au salon de thé.
1. Ma belle-mère prend un capuccino.
2. Les enfants de ma belle-sœur prennent des bananas splits.
3. Marc et moi, nous prenons du café express et des croissants aux amandes.
4. Tu prends du thé au lait.
5. Mes nièces prennent du chocolat (chaud) et un pain au chocolat.
6. *Answers will vary.*

G. Apprendre pour comprendre.
1. en Belgique, comprend
2. au Canada, comprenez
3. en Espagne, apprennent (vont apprendre)
4. aux États-Unis, vont apprendre (apprennent)
5. au Japon, comprenons
6. en Chine, comprenez
7.–8. *Answers will vary.*

H. Quelle quantité?
1. un verre
2. un morceau
3. une tranche
4. une assiette
5. des

6. une bouteille
7. une tasse
8. la boîte
9. trop

I. La gastronomie et les saisons. *Answers will vary.*

J. Qu'en pensez-vous? *Answers will vary.*

K. C'est logique!
1. a faim
2. ai froid
3. ont soif
4. a peur
5. avoir chaud
6. a raison
7. a tort
8. avons sommeil

L. Quelques préférences. *Answers will vary.*
1. Non, je préfère ... / nous préférons ...
2. Non, je préfère ...
3. Non, il préfère ...
4. Non, ils préfèrent ...
5. Non, il préfère ...
6. Non, il préfère ...
7. Non, ils préfèrent ...
8. Non, je préfère ... / nous préférons ...
9. Non, nous préférons ...

M. Rédaction: Vos préférences. *Answers will vary.*

Chapitre 9

A. Où sommes-nous?
1. On est au bureau de tabac.
   On est au kiosque.
2. On est à la pharmacie.
3. On est dans une boutique.
   On est dans un grand magasin.
4. On est à l'épicerie.
   On est au supermarché.
5. On est à la boulangerie.
6. On est dans une boutique.
   On est dans un grand magasin.
7. On est au bureau de tabac.
8. On est au bureau de poste.
   On est au bureau de tabac.

B. Au marché aux puces.
1. vend
2. a vendu
3. rends
4. n'as pas perdu
5. vendons
6. répond

7. n'ai pas entendu
8. descendons, attendons

C. Qu'est-ce que vous faites en classe?
Answers will vary.

D. Les parties du corps.
1. la tête
2. les yeux / un œil
3. la bouche
4. les cheveux
5. les oreilles
6. le dos
7. la main / les mains
8. l'estomac
9. le genou
10. la jambe
11. le pied
12. le bras

E. Qu'est-ce qui se passe?
1. mal aux bras
2. qui coule
3. au dos, aux épaules, aux pieds
4. déprimée
5. déçus
6. heureuse
7. mal aux jambes
8. mal à l'estomac

F. De quoi a-t-on besoin? *Answers will vary for 1–5.*
1. De quoi a-t-on besoin si on a mal à la gorge?
2. De quoi a-t-on besoin si on a l'air fatigué?
3. De quoi a-t-on besoin si on a sommeil?
4. De quoi a-t-on besoin si on a froid?
5. De quoi a-t-on besoin si on a soif?

G. Chez le médecin.
1. Depuis combien de temps as-tu mal à la gorge?
   J'ai mal à la gorge depuis deux jours.
2. Depuis quand avez-vous mal à la tête?
   J'ai mal à la tête depuis ce matin.
3. Depuis quand as-tu mal au genou?
   J'ai mal au genou depuis février dernier.
4. Depuis quand avez-vous mal aux pieds?
   J'ai mal aux pieds depuis jeudi.
5. Depuis combien de temps as-tu mal aux yeux?
   J'ai mal aux yeux depuis deux mois.

H. Les petits magasins et les supermarchés.
1. Nous achetons aussi des livres à la librairie.
2. Ma mère achète aussi de la viande à la boucherie.

3. J'achète aussi de l'eau minérale à l'épicerie.
4. Mon père achète aussi du vin à l'épicerie.
5. Madame Richard achète aussi des épinards à l'épicerie (au marché).
6. Les fumeurs achètent aussi des cigarettes au bureau de tabac.
7. Vous achetez aussi des saucisses à la charcuterie.
8. Les Français achètent aussi des oranges à l'épicerie (au marché).
9. Ma famille achète aussi des haricots verts à l'épicerie (au marché).
10. Tu achètes aussi du poulet à la boucherie.

I. Qu'est-ce qu'on a acheté? *Answers will vary.*

J. Les soldes d'été.
1. Les polos verts coûtent aujourd'hui cent vingt-cinq francs.
2. Les vestes pour hommes coûtent aujourd'hui cinq cents francs.
3. Une robe en polyester coûte aujourd'hui deux cent vingt-cinq francs.
4. Un ensemble en coton coûte aujourd'hui mille sept cent cinquante francs.
5. Une ceinture vinyl coûte aujourd'hui soixante-quinze francs.

K. À l'agence immobilière.
2. un million de francs
3. quatre cent dix mille francs
4. cinq cent vingt-cinq mille francs

Questions:

1. près de l'avenue Eiffel (#3)
2. le propriété dans le village historique (#2)
3. deux appartements
4. *Answers will vary.*

L. En cas d'urgence.
1. zéro quatre / quarante-deux / vingt-six / zéro quatre / quatre-vingt-un
2. à la Place Jeanne Arc
3. zéro quatre / quarante-deux / cinquante-neuf / quatre-vingt-quinze / quatre-vingt-quinze
4. à la pharmacie, avenue du Jas de Bouffan
5. zéro quatre / quarante-deux / vingt-sept / soixante et onze / onze ou zéro quatre / quarante-deux / vingt et un / soixante et un / soixante et un ou zéro quatre / quarante-deux / vingt-six / vingt-neuf / trente

6. zéro quatre / quarante-deux / soixante-cinq / zéro deux / treize (service météorologique)
7. aux pédiatres ou au chirurgien-dentiste de 9 à 12 heures
8. téléphonez aux informations catholiques aixoises.
9. *Answers will vary.*

M. Rédaction: La vie 24 heures sur 24.
Answers will vary.

Chapitre 10

A. En ville, en voiture.
a
a
b
a
b

B. Ça veut dire la même chose.
1. c
2. d
3. b (ou g)
4. e
5. a
6. g (ou b)
7. f

C. Propositions et excuses.
1. veux, peux
2. voulez, pouvons
3. veulent, veux, peux
4. veulent, peuvent
5. voulons, pouvons
6. pouvons

D. Une éducation globale.
1. Ou, je la connais.
   Non, je ne la connais pas.
2. Oui, je le connais.
   Non, je ne le connais pas.
3. Oui, elle le connaît.
   Non, elle ne le connaît pas.
4. Oui, ils le connaissent.
   Non, ils ne le connaissent pas.
5. Oui, ils le connaissent.
   Non, ils ne le connaissent pas.
6. Oui, nous le connaissons.
   Non, nous ne le connaissons pas.
7. Oui, on le connaît.
   Non, on ne le connaît pas.

E. Pour mieux vous connaître.
1. Je les fais le soir.
   Je les fais l'après-midi.
2. Oui, je l'écoute quand je travaille.

Non, je ne l'écoute pas quand je
travaille.
3. Oui, je la regarde quelquefois le soir.
Non, je ne la regarde pas / jamais le soir.
4. Je le lis le matin / le soir / souvent /
quelquefois / toujours / tous les jours ...
Je ne le lis pas / jamais.
5. Je le prends au Resto U.
Je le prends au café.
Je ne le prends pas / jamais.
6. Oui, je les connais.
Non, je ne les connais pas.
7. Oui, je les connais (bien).
Non, je ne les connais pas bien.
8. Oui, je la connais.
Non, je ne la connais pas.
9. Oui, je le consulte quand je vais à la
bibliothèque.
Non, je ne le consulte pas quand je vais
à la bibliothèque.
10. Oui, je le prends pour aller au campus.
Non, je ne le prends pas pour aller au
campus.

F. Des excuses, des excuses. *Endings of
answers will vary.*
1. Il ne veut pas les étudier parce qu'il
préfère (écouter des disques).
2. Il ne veut pas la faire maintenant parce
qu'il préfère (regarder la télé).
3. Ils ne veulent pas le faire parce qu'ils
préfèrent (sortir avec leurs amis).
4. Il ne veut pas l'attendre parce qu'il
préfère (partir tout de suite).
5. Ils ne veulent pas les finir parce qu'ils
préfèrent (jouer au tennis).
6. Vous ne voulez pas la voir parce que
vous préférez (rester à la maison).
7. Tu ne veux pas le prendre parce que tu
préfères (prendre un avion).
8. Elle ne veut pas la porter parce qu'elle
préfère (porter un jean).
9. Ils ne veulent pas le passer aujourd'hui
parce qu'ils préfèrent (passer un examen
demain).

G. À l'auto-école avec papa.
Regarde dans le rétroviseur!
Partons!
Sois prudente!
Conduisons lentement!
Tourne à droite!
Continue tout droit jusqu'au feu!
Prends la première rue à gauche!
Fais attention aux autres voitures!
Arrêtons la voiture ici!

H. Une nouvelle voiture.
1. Ne faites pas de bruit!
2. Ne chantez pas dans la voiture!

3. Soyez patients avec tonton!
4. Ne mangez pas dans la voiture!
5. Ne buvez pas non plus!
6. Dormez un peu!
7. Gardez la voiture très propre!
8. (Mireille), ne te lève pas!
9. (Nicolas), sois sage!

I. Au bureau de renseignements. *Answers
will vary.*

J. Des conseils. *Beginnings of answers will
vary.*
1. (Il est important que) nous préparions un
grand repas français.
2. (Je préfère que) nous jouions au foot
tous les mois.
3. (Je voudrais que) nous apprenions à
danser le rock.
4. (Il vaut mieux que) nous organisions une
soirée dansante.
5. (Il faut que) nous vendions des tee-shirts
avec des logos en français.
6. (Il est essentiel que) nous allions à New
York pour voir *Les Misérables*.

K. Les bons et les mauvais conseils.
1. Vas-y! N'y va pas!
2. Fais-le! Ne le fais pas!
3. Ne les mange pas! Mange-les!
4. Ne l'achète pas! Achète-le!
5. Ne les fume pas! Fume-les!
6. Envoie-la! Ne l'envoie pas!

L. Le Tour de France 96.
1. Jan Ullrich, un Allemand, est deuxième.
2. Richard Virenque, un Français, est
troisième.
3. Peter Luttenberger, un Autrichien, est
cinquième.
4. Fernando Escartin, un Espagnol, est
huitième.
5. Abraham Olano, un Espagnol, est
neuvième.
6. Miguel Indurain, un Espagnol, est
onzième.
7. Patrick Jonker, un Australien, est
douzième.
8. Udo Bolts, un Allemand, est
quatorzième.
9. Viacheslav Ekimov, un Russe, est vingt
et unième.
10. Massimo Podenzana, un Italien, est
soixante et unième.

M. Comment conduisent-ils?
1. Il conduit follement (comme un fou).
2. Ils conduisent lentement.
3. Nous conduisons attentivement.
4. Ils conduisent vite.

5. Je conduis nerveusement.
6. Elle conduit calmement.
7. *Answers will vary.*

N. Rédaction: En voiture. *Answers will vary.*

Chapitre 11

A. Le faire-part de mariage.
1. f
2. e
3. b
4. g
5. c
6. a
7. d

B. Souvenir d'un mariage.
1. était, allait
2. écrivait, était
3. était, pleuvait
4. faisait
5. était
6. avaient
7. regardait, pensait
8. prenait, demandait
9. étions
10. était, voulait

C. Ah! c'était le bon vieux temps!
étais, avais
avions, s'appelait, appelais
habitiez
était, habitions
allais
avait
faisais
rentrais, travaillais
faisaient
écrivais
regardais
avait, discutait, lisait, écrivait, était

D. On dit ...
1. je ne suis que fiancé[e].
2. je ne loue qu'un appartement.
3. je ne suis qu'assistant.
4. ils n'ont voyagé qu'en Europe.
5. elle n'a gagné que 250 francs.
6. je n'ai visité que l'Angleterre.

E. Des tranches de vie.
1. Tu regardais les informations quand Sandrine a décidé de faire du yoga devant la télévision.
2. Jérôme regardait «Seinfeld» quand quelqu'un a sonné à la porte.
3. Mes trois camarades de chambre faisaient leurs devoirs quand Didier est venu me chercher.
4. Il pleuvait quand nous sommes sorti(e)s.
5. Il faisait très froid quand nous sommes arrivé(e)s en ville.
6. Je faisais du vélo quand j'ai rencontré Georges.
7. Est-ce que vous connaissiez déjà Georges quand vous êtes arrivé(e)(s) au campus?
8. Mon frère visitait Québec quand il a trouvé «la femme de sa vie».
9. Gaby, Jeanne et moi, nous voyagions en Europe quand nous avons appris la nouvelle.
10. Les étudiants ne pouvaient pas prononcer un mot de français quand ils ont commencé le cours.

F. Quelques étapes de la vie. *Answers will vary.*
1. J'ai appris à nager quand j'avais ...
2. Je suis sorti(e) avec une fille (un garçon) quand j'avais ...
3. J'ai eu mon permis de conduire quand j'avais ...
4. J'ai commencé à boire du café quand j'avais ...
5. J'ai travaillé sur un ordinateur quand j'avais ...
6. J'ai pris l'avion quand j'avais ...
7. J'ai travaillé pour gagner de l'argent quand j'avais ...
8. J'ai décidé d'étudier le français quand j'avais ...

G. Un jeu de mémoire. *Answers will vary.*

H. Complexe d'infériorité.
1. Marc est plus élégant que moi.
2. Je conduis moins bien que Véronique.
3. Thérèse est plus patiente que moi.
4. Je ne suis pas aussi aimable que Thierry.
5. Éric conduit plus prudemment que moi.
6. Christiane est plus sérieuse que moi.
7. Je travaille moins vite que Jean.
8. Je ne suis pas aussi intéressant que mes amis.

I. Qu'en pensez-vous ... ? *Answers may vary.*
1. Le Coca-Cola est bon, mais le Pepsi est meilleur.
2. Shaquille O'Neal joue bien au basket-ball, mais Michael Jordan joue mieux (au basket-ball).
3. Le fromage de France est bon, mais le fromage du Wisconsin est meilleur.
4. Steinbeck écrit bien, mais Hemingway écrit mieux.
5. Je cuisine bien, mais tu cuisines mieux.
6. Michael Jackson chante bien, mais Janet Jackson chante mieux.

7. Les Américains jouent bien au tennis, mais les Allemands jouent mieux (au tennis).
8. Les vins de Californie sont bons, mais les vins de France sont meilleurs.

J. Des comparaisons.

1. le meilleur	2. les meilleurs
bien	mieux
les meilleurs	bien
bien	bien
le mieux	le mieux
le meilleur	le meilleur
	bons

K. Le plus ...
1. New York est la plus belle ville des États-Unis.
2. La Statue de la Liberté est le monument le plus caractéristique de New York.
3. Le Concorde est l'avion le plus rapide.
4. Le Louvre est le musée le plus connu de Paris.
5. Le Golden Gate Bridge est le plus grand pont de San Francisco.
6. Le TGV est le train le plus rapide [du monde].
7. La Tour Eiffel est la plus haute tour parisienne.
8. La Tour de Sears est le plus célèbre bâtiment de Chicago.

L. Beaucoup de questions. *Answers will vary.*

M. Rédaction: Un week-end catastrophique. *Answers will vary.*

Chapitre 12

A. Au téléphone. *Answers will vary.*
1. Oui, Monsieur, nous sommes ouverts le mardi.
2. Oui, c'est pour combien de personnes?
3. Pouvez-vous épeler le nom, s'il vous plaît? / Comment?
4. Je regrette, Monsieur, mais le restaurant n'ouvre qu'à 6 heures.
5. C'est pour combien de personnes?
6. Très bien, Monsieur. C'est entendu. Une table pour quatre pour vingt et une heures mardi soir.
7. Au revoir, Monsieur. À mardi soir.

B. Au bureau de tourisme. *Answers will vary.*
—Savez-vous où sont les toilettes? / Où se trouvent les toilettes?

—Je voudrais savoir à quelle heure les banques ferment. / À quelle heure est-ce que les banques ferment?
—Le bureau de poste est-il ouvert à l'heure du déjeuner?
—Pouvez-vous recommander un bon restaurant?
—Est-ce que c'est loin?
—Où est-ce qu'on peut réserver une place de train?
—Est-ce qu'il y a une agence Hertz, près d'ici?
—Merci, vous êtes très aimable.

C. Un amour.
1. sais / connais
2. connais / sais
3. sais / savoir / sais
4. connaît / savoir / sait
5. savons
6. savoir / connais
7. sais
8. connais / sais
9. sais
10. connais / savent

D. Au bureau de renseignements. *Endings to answers will vary.*
1. Vous savez où sont les toilettes?
   Oui, les toilettes sont (dans le couloir) ...
2. Vous savez quand le train va partir?
   Oui, le train va partir à (11 h) ...
3. Vous savez combien coûte un billet pour Nice?
   Oui, un billet pour Nice coûte (250 F) ...
4. Vous savez où sont les taxis?
   Oui, les taxis sont à (l'aéroport) ...
5. Vous savez quel est le taux de change du dollar?
   Oui, le taux de change du dollar est (5 F) ...
6. Vous savez où on achète des cigarettes?
   On achète des cigarettes au bureau de tabac en face.
7. Vous savez quand il faut composter un billet?
   Oui, il faut composter un billet avant de monter dans le train.

E. À la conciergerie.
1. Avez-vous des chambres au rez-de-chaussée?
2. À quelle heure est-ce que le petit déjeuner est servi?
3. Où est-ce qu'on peut prendre le petit déjeuner?
4. Où se trouve le salon?
5. Vous êtes ouverts jusqu'à quelle heure? / Quand est-ce que vous fermez?

6. Est-ce qu'il y a une pharmacie près d'ici?
Est-ce qu'elle est ouverte?
7. Vendez-vous des cartes postales?
8. Vendez-vous des timbres?
9. Où est le bureau de poste le plus proche?
10. Pouvez-vous me dire où est ... (la pharmacie)?
11. Je vous remercie beaucoup. Au revoir, Mademoiselle / Madame.

F. Des comparaisons.
1. Moi, je choisis souvent les hôtels à une étoile.
2. Moi, je choisis de prendre mon petit déjeuner au café.
3. Karine et Gisèle obéissent toujours à leurs professeurs.
4. Maintenant, les étudiants finissent les cours au mois de juin.
5. Moi, je n'ai pas du tout maigri.
6. Les Clavel, ils font du jogging trois fois par semaine et sont tout à fait le contraire. (*Answers may vary.*)

G. Tout le monde et toutes les choses.
1. toute
2. Tous
3. Toutes
4. tous
5. tous
6. tous
7. tous
8. tous

H. Au guichet de la gare. *Answers will vary.*

I. Quelles vacances!
1. travaillerons
2. prendra
3. prépareront
4. monteront
5. écriras
6. conduiront
7. lira
8. suivra
9. s'arrêtera
10. nous coucherons

J. Le premier jour en vacances.
1. ira
2. viendront
prendrons
3. feront
4. pourra
5. aura
dormira
6. mangerons
7. aurons
serons

8. sera

K. L'été prochain. *Answers will vary.*

L. Qu'est-ce qu'on fera? *Answers will vary.*

M. Rédaction:
1. **Réservation de chambre par lettre.** *Answers will vary.*
2. **Réservation par téléphone d'une table (au restaurant).** *Answers will vary.*

Chapitre 13

A. Qu'est-ce qu'on dit?
1. a
2. c
3. b
4. b
5. a
6. b

B. Les bonnes manières.
1. met
2. mettez
3. mettons
4. mettent
5. met
6. mets
7. met
8. mets

C. La table française et la table américaine.
Answers will vary.

D. À vous. *Answers will vary.*

E. Quand est-ce qu'on ... ?
1. Elle se lève à 7 h 30 (sept heures et demie).
2. Vous vous levez à quelle heure? / À quelle heure vous levez-vous?
3. Je me brosse les dents à 8 h (huit heures).
4. Ma camarade de chambre (Elle) s'habille à 8 h (huit heures).
5. Aline et Sophie (Elles) se brossent les cheveux en classe.
6. Moi, je me souviens d'elles.
7. Nous nous promenons plus souvent que vous.
8. Monsieur Barthes (Il) se promène dans le parc tous les soirs.
9. Mes voisins (Ils) s'appellent Christophe et Daniel.
10. Ils se couchent généralement à 11 h (onze heures).

F. Une journée dans la vie de Véronique.
1. Elle se réveille.
2. Elle se douche. (Elle se lave.)
3. Elle se brosse les dents.
4. Elle se promène (avec son chien).
5. Elle s'amuse.
6. Elle se couche. / Elle s'endort.

G. Quelles sont vos habitudes? *Answers will vary.*

H. Des antagonistes.
1. Habille-toi!
   Ne t'habille pas!
2. Fais-la!
   Ne la fais pas!
3. Dépêche-toi!
   Ne te dépêche pas!
4. Mettons-nous à table.
   Ne nous mettons pas à table.
5. Prenons des céréales.
   Ne prenons pas de céréales.
6. Mets ton imperméable!
   Ne mets pas ton imperméable!

I. Les sœurs aînées.
1. —Vous vous êtes lavé(e)s ce matin?
   —Évidemment, nous nous sommes lavé(e)s ce matin.
2. —Isabelle, tu t'es mise à table?
   —Bien sûr, je me suis mise à table.
3. —Yves, tu t'es brossé les dents?
   —Oui, je me suis brossé les dents.
4. —Sylvie, tu as pris le petit déjeuner?
   —Non, je n'ai pas pris le petit déjeuner.
5. —Vous deux, vous ne vous êtes pas dépêché(e)s?
   —Si, nous nous sommes dépêché(e)s.

J. La volonté.
1. réussisse
2. parte
3. fassions
4. vienne
5. aille
6. soit
7. jouions
8. écoutent
9. téléphoniez

K. On veut faire autre chose.
1. Mais Yves et Lionel souhaitent que nous jouions au tennis avec eux.
2. Mais ton petit frère veut que tu lises un livre avec lui.
3. Mais votre mère demande que vous fassiez les courses avant de rentrer.
4. Mais ses parents ont besoin qu'elle conduise sa tante à la gare.

5. Mais son père exige qu'elle écrive une lettre à sa grand-mère.
6. Mais je préfère que nous sortions à 8 h.
7. Mais je souhaite qu'il mette sa ceinture dans ma voiture.
8. Mais le professeur préfère qu'ils n'utilisent pas le dictionnaire.

L. L'avis d'un médecin.
1. exige
   preniez
   buviez
   veniez
2. veux / voudrais
   prennes
   ne fasses plus
3. est urgent
   vienne
4. préfère
   ayez
   soyez
   vous reposiez
5. fassiez
   vouliez
   mangiez
6. exige
   ne touchiez pas
   souhaite
   preniez
   mangiez
   fassiez

M. Rédaction: Samira vous interroge.
Answers will vary.

Chapitre 14

A. Un petit feuilleton.
1. s'aiment
2. s'embrassent
3. une bague
4. se marient
5. se disputent / ne s'entendent pas
6. divorcent

B. Antonymes.
1. s'entendre
2. se rencontrer
3. divorcés
4. C'est ennuyeux!
5. divorcer
6. joyeux / heureux, joyeuse / heureuse

C. «Nos chers enfants».
1. Dis
2. a dit
3. a dit
4. dit
5. dira
6. ai dit / disent

D. À vous. *Answers will vary.*

E. Qu'est-ce qu'on leur donne?
1. On lui donne un pourboire.
2. On leur donne des examens.
3. On lui donne une bague de fiançailles.
4. On leur donne les devoirs.

5. On lui donne la voiture.
6. On lui donne le permis de conduire.
7. On lui donne une pièce de dix francs.
8. On lui donne des fleurs.

F. Une amie sensationnelle.

la	lui
lui	leur
me	leur
lui	leur
lui	leur
me	les
me	t'

G. Dis-moi, qu'est-ce que je fais maintenant?
1. dis-lui la vérité.
2. ne lui explique pas la situation.
3. racontez-leur tout.
4. ne faites pas tout ce qu'ils vous disent.
5. rendez-leur visite.
6. téléphonez-lui.
7. ne lui donne pas de bague de fiançailles ce week-end.
8. dis-lui qu'il faut attendre jusqu'à Noël.

H. Des obligations.
1. D'accord, nous allons leur téléphoner.
2. D'accord, je vais lui écrire.
3. D'accord, je vais leur parler de mon université.
4. D'accord, je vais la prendre.
5. D'accord, je ne vais pas le faire en vitesse.
6. D'accord, je vais lui montrer les photos de mon voyage à Lille.
7. D'accord, nous n'allons pas la regarder.
8. D'accord, nous allons les écouter patiemment.

I. Vous croyez?
1. croire
2. crois
3. croit
4. crois
5. croient
6. crois
7. crois
8. croient
9. croyons

J. Quelle soirée!
1. Va voir «La Joconde» qui s'appelle aussi «Mona Lisa».
2. Voici l'étudiante de qui (dont) vous m'avez parlé.
3. Le manteau qui est sur le sofa est à toi?
4. *Le Monde* est le journal français que je préfère.
5. J'ai oublié le titre du livre que tu m'as conseillé de lire.

6. Marc t'a apporté le cadeau qui est sur la table.
7. Carthage est une ville dont il ne reste rien.
8. Les étudiants qui ont des difficultés à vivre sont pauvres.
9. Cet homme que tu vois là-bas semble perdu.
10. Je n'ai pas vu les amis qui sont venus te voir.

K. Les goûts et les couleurs. *Answers will vary.*

L. Des sentiments. *Beginnings of answers will vary.*
1. ... que nous parlions français entre nous.
2. ... que quelques étudiants veuillent toujours répondre en anglais.
3. ... que le professeur explique bien la leçon.
4. ... qu'on ait beaucoup de devoirs.
5. ... que nous ayons un examen vendredi après-midi.
6. ... que je puisse me reposer ce week-end.
7. ... que mes parents (ils) viennent me rendre visite.
8. ... que toi et moi, nous allions voir un film samedi soir.
9. ... que nous puissions passer du temps ensemble.
10. ... qu'il aille pleuvoir.

M. Des besoins. *Answers may vary.*
1. On en vend au bureau de tabac.
2. Vous pouvez en trouver un au restaurant du coin.
3. Il y en a vingt-cinq.
4. Oui, nous en servons tard le soir. / Non, nous n'en servons pas tard le soir.
5. Nous en avons deux.
6. Oui, nous en avons. / Non, nous n'en avons pas.
7. Ce magasin en vend.
8. Il y en a au kiosque, près de la gare.

N. Rédaction: Deuxième lettre à Samira. *Answers will vary.*

Chapitre 15

A. Sur la route.

1. e	5. b
2. f	6. a
3. g	7. c
4. d	

B. Un accident.
j'ai vu
a eu lieu

neigeait
étions
ne roulions pas
était
est venu
ne pouvait pas
a heurté
était
avons téléphoné
est arrivée
a donné
conduisait

C. Bien obligé!

1. Alors, vous devez faire du jogging.
2. Alors, elle doit faire des économies.
3. Alors, il doit acheter une bague de fiançailles.
4. Alors, ils doivent finir de nettoyer l'appartement d'abord.
5. Alors, tu dois prendre de l'aspirine.
6. Alors, tu ne dois pas sortir ce soir.

D. À l'aide de votre camarade de chambre.
Answers will vary.

1. Si tu as la grippe, tu dois boire beaucoup d'eau.
2. Si tu es déprimé, tu dois voir un psychologue.
3. Si tu es nerveux, tu dois faire de la relaxation.
4. Si tu as mal aux dents, tu dois aller chez le dentiste.
5. Si tu es fatigué, tu dois te reposer.

E. Témoin d'un accident. *Answers will vary.*

Questions:

1. Qui / Qui est-ce qui roulait très vite?
2. Qu'est-ce qui traversait la rue?
3. Qui / Qui est-ce qui ne faisait pas attention?
4. Qu'est-ce qui était très glissante?
5. Qu'est-ce qu'un monsieur a dit?
6. Qu'est-ce qui a heurté votre voiture?
7. Qui est-ce que vous avez entendu?
8. Qu'avez-vous vu?
9. Qu'est-ce qu'elle vous a demandé?
10. Qu'est-ce qu'elle disait?

F. Le cambriolage.

1. —Est-ce que vous avez vu quelqu'un?
   —Oui, j'ai vu quelqu'un dans la rue.
2. —Est-ce que vous avez entendu quelque chose hier soir après 8 h?
   —Non, je n'ai rien entendu.
3. —Est-ce que vous êtes sorti(e) avec quelqu'un hier soir?
   —Oui, je suis sorti(e) avec une copine.
4. —Est-ce que vous avez bu beaucoup de vin hier soir?
   —Non, je n'ai bu qu'un peu de vin hier soir.
5. —Est-ce que vous avez pris des drogues cette semaine?
   —Non, je n'ai absolument pas pris de drogues (cette semaine).
6. —Est-ce que vous avez vu quelqu'un avec un blouson et un chapeau noir?
   —Non, je n'ai vu personne (avec un blouson et un chapeau noir).
7. —Est-ce que vous connaissez des personnes qui ne travaillent pas?
   —Oui, Jean-Pierre et Chantal ne travaillent pas.
8. —Est-ce que vous connaissez quelqu'un qui a à peu près trente ans et qui a une moustache?
   —Oui, le fils de la propriétaire a à peu près trente ans et a une moustache.
9. —Est-ce que vous détestez quelques voisins?
   —Non, pas moi, je ne déteste aucun voisin.
10. —Est-ce que vous avez peur de quelqu'un?
    —Non, je n'ai jamais peur de personne.

G. Un mystère.

1. Quelqu'un
2. rien
3. rien
4. quelqu'un
5. rien
6. personne
7. quelqu'un
8. Rien
9. personne
10. personne

H. La carte postale brouillée. *Answers may vary.*

1. Qu'est-ce que tu as visité hier?
2. Qu'est-ce qui est passionnant?
3. Chez qui es-tu depuis trois jours? / Chez qui est-ce que tu es depuis trois jours?
4. Qui est arrivé hier? / Qui est-ce qui est arrivé hier?
5. Que t'a-t-il dit? / Qu'est-ce qu'il t'a dit?
6. Avec qui es-tu sortie dîner? / Avec qui est-ce que tu es sortie dîner?
7. Qui vas-tu contacter? / Qui est-ce que tu vas contacter?
8. Que pourrons-nous faire quand tu seras de retour? / Qu'est-ce que nous pourrons faire quand tu seras de retour?

I. Au restaurant.

1. Nous voudrions une section non-fumeur.

2. Pourriez-vous me dire où se trouvent les toilettes?
3. Voudriez-vous nous recommander un plat?
4. Est-ce que vous pourriez nous expliquer ce que c'est que «le steak tartare»?
5. Je prendrais des profiteroles.
6. Nous désirerions avoir l'addition, s'il vous plaît.

J. Ce qu'on devrait faire pour recevoir une bonne note.
1. Les étudiants devraient toujours rendre leurs devoirs.
2. Marie ne devrait pas s'endormir.
3. Adihaha devrait prendre des notes.
4. Nathalie et Lucie devraient souvent faire les exercices oraux.
5. Jacob et Bill devraient répondre en français.
6. Nous devrions demander des explications.
7. Les étudiants devraient lire la leçon avant le cours.
8. Le professeur devrait être content quand les étudiants parlent français.

K. Si on gagne à la loterie.
1. Les Dubois organiseraient une grande fête de trois jours et partiraient en vacances en Corse.
2. Jean-Luc inviterait tous ses amis et voyagerait avec tout le groupe à Tahiti.
3. Mes parents achèteraient de nouveaux meubles et mettraient le reste de l'argent à la banque.
4. Ma meilleure amie, mon copain et moi, nous dînerions dans un des grands restaurants parisiens et nous ferions le tour du monde.
5. Les étudiants de la classe de français feraient un voyage en France, au Maroc et au Sénégal et ils y resteraient toute une année.
6. Ma cousine rendrait visite à toutes ses amies et ferait un voyage en Inde.
7. Mon oncle Joseph ne travaillerait plus et il se reposerait en Espagne.
8. Ma grand-mère distribuerait l'argent parmi ses petits-enfants.
9. Votre professeur irait à la Guadeloupe et écrirait un roman.
10. *Answers will vary.*

L. Rédaction: Le voyage de mes rêves.
Answers will vary.

LAB MANUAL ANSWER KEY

Chapitre préliminaire

Partie A:

Activité 1: Masculin ou féminin?

	Masculin	Féminin
1.		x
2.		x
3.	x	
4.	x	
5.	x	
6.		x
7.	x	
8.		x
9.	x	
10.		x

Activité 2: L'alphabet français. *Answers will vary.*

Partie B:

Activité 1: Ici on parle français

1. oui (Parisian)
2. oui (French Canadian)
3. non (Italian)
4. oui (Zairean)
5. non (Spanish)
6. oui (Southern French)
7. oui (Haitian)
8. non (Portuguese)

Activité 2: Le monde francophone

A. *Answers will vary.*

B.
1. Georgette—Montréal, Canada
2. Françoise—Dakar, Sénégal
3. Pierre—Casablanca, Maroc
4. Monsieur Patou—Fort-de-France, Martinique

Activité 3: Quel temps fait-il?

A.
1. Bruxelles
2. Genève
3. Montréal
4. Casablanca

B.
1. Il fait du vent.
2. Il fait froid.
3. Il neige.
4. Il fait chaud.

Activité 4: Deux plus deux

A.
1. 15
2. 12
3. 4
4. 29
5. 12
6. 19

B.
1. $6 + 15 = 21$
2. $26 - 14 = 12$
3. $4 + 4 = 8$
4. $13 + 16 = 29$
5. $12 - 10 = 2$
6. $30 - 11 = 19$

C. *Answers on tape.*

Chapitre 1

Partie A:

Activité 1: L'accent et le rythme.

	English	French
1.	equally	également
2.	Canadian	Canadien
3.	comparable	comparable
4.	administration	administration
5.	journalism	journalisme

Activité 2: Les consonnes finales.

	Ends with a vowel	Ends with a consonant
1.	x	
2.		x
3.		x
4.	x	
5.	x	
6.		x
7.		x
8.	x	
9.	x	
10.		x

Partie B:

Activité 1: Les salutations

A.
1. je ne sais pas
2. la première fois
3. pas la première fois
4. la première fois
5. je ne sais pas
6. pas la première fois

B.
1. pas à propos
2. à propos
3. pas à propos
4. à propos
5. à propos
6. à propos

Activité 2: Quelques descriptions

A.
1. f s
2. f p
3. m p
4. f s
5. m p
6. m s

B.
1. [a] m é r i c a i n
2. j a p o [n] a i s
3. [g] r a n d e
4. [l] a i d
5. f i [a] n c é e s
6. i t a l [i] e n n e s
7. c é l i b a t a i r e [s]
8. v i [e] i l l e

C. anglaise; feminine singular

Activité 3: Je peux vous aider?

A. and B.
Martine Cheynier: Excusez-moi
Pierre Bouveron: Madame
Martine Cheynier: Voilà / deux / assez
Pierre Bouveron: oui / donnez-moi / Comment vous appelez-vous?
Pierre Bouveron: Prénom
Pierre Bouveron: où habitez-vous?
Pierre Bouveron: canadienne
Pierre Bouveron: profession
Martine Cheynier: Certainement / suis

C. Cheynier
Martine
canadienne
mère de famille

Activité 4: Permettez-moi de me présenter

A. M. Martin: non

pharmacien

B. M. Legrand: professeur
suisse
Belgique
marié
oui

Activité 5: Quelle chambre? Quelle surprise!

A. and B.
Carron: 13
Charvier: 24
Delombre: (pas ici)
Dupont: 22
Duvalier: 14
Hamel: 34
Laval: (pas ici)
Martin: 23

C. *Answers will vary.*

Chapitre 2

Partie A:

Activité 1: Comment est-ce qu'on écrit... ?
1. prénom
2. adresse
3. âge
4. profession
5. nationalité

Activité 2: [e] ou [ɛ]?

	[e]	[ɛ]
1.	x	
2.	x	
3.		x
4.		x
5.		x
6.		x
7.		x
8.	x	
9.		x
10.	x	

Partie B:

Activité 1: Comment allez-vous?

A.
1. correct
2. incorrect
3. correct
4. correct

B. *Answers will vary.*

Activité 2: Vous trouvez?
1. a
2. b
3. b
4. b
5. a
6. b

Activité 3: Au Café de l'Esplanade

A. *Answers will vary.*

B., C., and D. Table #1: un café au lait
Table #2: trois pizzas, quatre cocas, quatre cocas light, un jus d'orange, un Perrier citron
Table #3: deux oranginas, un citron pressé

Activité 4: Les rendez-vous au Resto U
1. le basket-ball
2. pleurer
3. le vin rosé
4. l'anatomie
5. une orange

Chapitre 3

Partie A:

Activité 1: L'accent et le rythme.
1. Qui êtes-VOUS?
2. Nous nous appelons Jean et Marie DuBOIS.
3. Nous sommes maRIÉS.
4. Nous sommes canaDIENS.
5. Nous habitons à MontréAL.

Activité 2: [e], [ɛ] ou [ə]?

	[e]	[ɛ]	[ə]
1.	x		
2.		x	
3.			x
4.	x		
5.		x	
6.		x	
7.			x
8.		x	
9.	x		
10.	x		

Partie B:

Activité 1: Les deux familles de Lori Cooper

A. *Answers will vary.*

B. As / fam[i]lle
ai / familles
pare[n]ts / divor[c]és / père / bell[e]-mère / frères
frères
Paul / T[h]omas / beau-frère / Joh[n]
as / sœ[u]rs

C. un chien

Activité 2: Un faux numéro
1. 05-56-63-71-46
2. 05-56-73-41-66
3. 05-56-42-38-70

Activité 3: Parle-moi de ta maison
1. un appartement   À Aix
2. une maison   À Detroit
3. un garage   À Detroit
4. un chien   À Detroit
5. une voiture   À Detroit
6. un vélo   À Detroit
7. une moto   À Aix

Activité 4: Quel désordre!

A.
1. l'ordinateur
2. la radio
3. le livre

B. and C. un appartement—S, T, M-C
un chien—S, M-C
un lit—T
un ordinateur—T
une radio—S
un bureau—M-C
une calculatrice—M-C
une stéréo—S, T

Chapitre 4

Partie A:

Activité 1: [ɛ̃], [ã] et [ɔ̃].

	[ɛ̃],	[ã]	[ɔ̃].
1.	x		
2.		x	
3.	x		
4.		x	
5.			x
6.		x	
7.			x
8.	x		
9.		x	
10.	x		

Activité 2: Nasales ou non?

	Nasal	Pas nasal
1.		x
2.		x
3.		x
4.	x	
5.		x
6.	x	
7.		x
8.	x	
9.		x
10.	x	

Partie B:

Activité 1: Comment sont-ils?

1. paresseux
2. pas gentilles
3. travailleuse
4. sportifs

Activité 2: Madame Amour et vous

A. *Answers will vary.*

B. Identité 1: masculin
23 ans
grande
la cuisine japonaise, le golf
skier et patiner
travaille le soir, mais pas le week-end

Identité 2: féminin
19 ans
petite
le cinéma, aller au restaurant
divorcée, blonde
la télévision

Identité 3: masculin
âgé
un peu gros
jouer aux cartes
aller au restaurant
veuf, belge, 4 enfants

Identité 4: féminin
jeune
grande et mince
nager, les dîners intimes aux restaurants
élégants, les hommes généreux
faire la vaisselle
romantique: cherche son Roméo

C. *Answers will vary.*

D. *Answers will vary.*

Activité 3: Paulette cherche un travail

A. *Answers will vary.*

B. 1. oui
2. b
3. infirmière, journaliste, assistante sociale

Activité 4: Au marché aux puces

A. *Answers will vary.*

B. 1. des lunettes
2. une chemise
3. un pantalon
4. des chaussures
5. un chapeau
6. une cravate
7. une ceinture
8. des chaussettes

C. chemise grise, cravate bleue, ceinture violette, pantalon jaune, chapeau noir, lunettes roses, chaussettes rouges, des tennis vertes

Activité 5: Qu'est-ce qu'on fait?
1. F.
2. G.
3. E.
4. B.
5. C.

Chapitre 5
Partie A:

Liaisons
1. Vous avez faim, les enfants?
2. Est-elle arrivée en avance?
3. Ils ont rendez-vous à deux heures.
4. Je vais au cinéma avec mon ami Étienne.
5. En Amérique, la voiture est très importante.

Partie B:

Activité 1: Connaissez-vous la ville?
1. V
2. F
3. V
4. V
5. V
6. V

Activité 2: Es-tu libre vendredi après-midi?

A. *Answers will vary.*

B. jeudi matin: Philippe
jeudi après-midi: Claudine
Ils vont étudier jeudi soir chez Véronique.

Activité 3: Votre vol arrive

A. Londres
19 h 42
44
21 h 50
15 / 23 h 15

B. 1. F
2. F
3. V
4. F
5. F

Activité 4: On y va?
1. au cinéma
2. à la piscine
3. à la bibliothèque
4. dans un hôtel
5. à la gare

Activité 5: Fais ce que tu dois
1. dette
2. obligation
3. probabilité
4. probabilité
5. obligation
6. dette

Chapitre 6

Partie A:

[y] ou [u]?

A.

	[y]	[u]
1.		x
2.		x
3.	x	
4.		x
5.	x	
6.		x
7.	x	
8.	x	
9.		x
10.	x	

B. 1. Le toutou *[doggy]* est tout fou.
2. As-tu vu la voiture?
3. La Russe et la rousse discutent.
4. Le numéro est toujours occupé.
5. Vous avez voulu une jupe brune.

Partie B:

Activité 1: Un week-end actif

A. 1. pièce
2. 9 h 45 / une pièce
3. romans
4. 7 h 40
5. Catherine
6. a lu
7. le journal
8. Chantal
9. Caroline
10. Chantal

B. 1. V
2. V
3. V

Activité 2: Où est mon tuba?

A. tuba
snorkel

B. mon tuba
ton masque
jouer du tuba
Pourquoi pas?

C. *Answers will vary.*
(Philippe tells Marc he will play the tuba.)

Activité 3: Tu as vu Elvis?

A. une batterie

B. Évelyne

C. le rock

Activité 4: Un vieux champion

A. *Answers will vary.*
1. d'accord
2. d'accord
3. pas d'accord

B. *Answers will vary.*

C. 1. a
2. a
3. c
4. b

Chapitre 7

Partie A:

[ɔ] ou [o]?

A.

	[ɔ]	[o]
1.	x	
2.		x
3.		x
4.	x	
5.		x
6.	x	
7.		x
8.		x
9.	x	
10.	x	

B. *Answers on tape.*

Partie B:

Activité 1: Quel temps fait-il?

A. 1. oui
2. oui
3. non
4. oui
5. non

B. and C. Marseille 29 = quatre-vingt-quatre
degrés
Nantes 17 = soixante-deux degrés
Grenoble 10 = cinquante degrés
Paris 20 = soixante-huit degrés

**Activité 2: Le chemin de la suspicion.
Connaissez-vous la ville?**

Numéro Un
l'homme
l'université / la résidence universitaire
un café
jeudi
8 h 30
10 mars

Numéro Deux
un homme énorme aux cheveux roux
l'hôtel de la Place Fontaine
la route du Vin
vendredi
23 h 45
18 mars

Numéro Trois
une très grosse femme
le Bistro de la Gare
la Pâtisserie des Anges
lundi
13 h 20
21 mars

Activité 3: Connaissez-vous le monde?

A. *Answers may vary.*
un explorateur
un voyage
en Chine et en Afghanistan
le 26 mai jusqu'à la fin de juin
en avion

B. voyage
mai
en Afghanistan
sont restés
juin

Chapitre 8

Partie A:

Activité 1: [s] / [z] and [ʃ] / [ʒ].

	[s]	[z]	[ʃ]	[ʒ]
1.	x			
2.		x		
3.	x			
4.				x
5.	x	x		
6.		x		
7.		x		
8.	x			x
9.		x		
10.	x			

Activité 2: [g] or [ʒ]?

		[g]	[ʒ]
1.	voyager		x
2.	église	x	
3.	gymnase		x
4.	gentille		x
5.	guitare	x	
6.	grimper	x	
7.	partageons		x
8.	Sénégal	x	
9.	ménage		x
10.	gauche	x	

Partie B:

Activité 1: Quelle est la bonne réponse?
- 1. a
- 2. a
- 3. b
- 4. a
- 5. b
- 6. b

Activité 2: À la fortune du pot

Les hors-d'œuvre: des carottes, des concombres, des champignons
Le plat principal: un lapin, de la crème fraîche, de l'ail
Le dessert: du fromage, des fruits
Le vin: du champagne avec des amuse-gueules
du beaujolais avec des hors-d'œuvre
du bordeaux avec le plat principal et le dessert

Activité 3: Vous en voulez combien?
- 1. trop de croissants.
- 2. deux œufs.
- 3. d'une tranche de jambon.
- 4. une bouteille de vin.
- 5. une boîte de petits pois.

Chapitre 9

Partie A:

Le son [r]

Answers on tape.

Partie B:

Activité 1: Mais c'est trop cher!

A. and B.
lundi—la boulangerie, des croissants, 4 francs 10 la pièce
mardi—la pharmacie, des cachets, 28 francs 50 la boîte
mercredi—la boucherie, rôti de bœuf, 78 francs le kilo
jeudi—le tabac, des cigarettes, 20 francs 10 le paquet
vendredi—l'épicerie, des tomates, 15 francs le kilo

Activité 2: Chez le docteur
- 1. le SIDA
- 2. la varicelle
- 3. la pneumonie
- 4. un rhume
- 5. le cancer
- 6. mal à la gorge

Activité 3: La loterie anatomique

A. and B.

Activité 4: Dessinez une personne

Drawings will vary.

Chapitre 10

Partie A:

A. h muet et h aspiré

	h muet	h aspiré
1.		x
2.	x	
3.	x	
4.	x	
5.		x
6.	x	
7.		x
8.	x	
9.		x
10.	x	

B. *Answers on tape.*

Partie B:

Activité 1: Mais c'est vrai!

A. *Answers may vary.*
- 1. pas acceptable
- 2. acceptable
- 3. acceptable
- 4. pas acceptable
- 5. acceptable

B. *Answers may vary.*
1. pas acceptable
2. acceptable
3. acceptable
4. pas acceptable
5. acceptable

C. *Answers may vary.*
1. acceptable
2. pas acceptable
3. acceptable
4. pas acceptable
5. pas acceptable

D. *Answers may vary.*
1. pas acceptable
2. pas acceptable
3. acceptable
4. acceptable
5. pas acceptable

Activité 2: Mais c'est vrai! (suite)

Answers will vary.

Activité 3: Qu'est-ce qu'il a dit?

1. des lunettes de soleil
2. une tarte
3. un ordinateur
4. la bière

Activité 4: Qu'est-ce que vous suggérez?

A. and B. *Answers will vary.*

Chapitre 11

Partie A:

A. [i] and [j]

	[1]	[j]
1.	x	
2.		x
3.		x
4.	x	
5.		x
6.		x
7.		x
8.		x
9.	x	
10.	x	

B.
1. Sylvie   [i] [i]
2. pâtisserie   [i] [i]
3. il travaille   [i] [j]
4. un conseil   [j]
5. principal   [i]
6. gentil   [i]
7. gentille   [j]
8. une bouteille   [j]
9. mille   [i]
10. tranquille   [i]

Partie B:

Activité 1: Contes de notre enfance

les frères Grimm—les contes de fées
Ésope—les fables
La Fontaine—les fables
Perrault—les contes de fées

Activité 2: Il était une fois

A.
1. a
2. a
3. b
4. a

B.
1. 3b
2. 4a
3. 2b
4. 1a
5. 2a
6. 1b

Activité 3: Le Petit Chaperon Rouge

A.
1. c
2. b
3. Elle apportait un gâteau et un bouquet de fleurs à sa grand-mère.

B.
1. a
2. a
3. Le loup portait une chemise de nuit et un bonnet de nuit.

C.
1. faux
2. c
3. La grand-mère est sortie du ventre du loup.

D.
1. faux
2. a
3. Ils ont célébré leur victoire chez la grand-mère.

Activité 4: Grand-mère m'a toujours dit...

A.
1. c
2. a
3. d
4. b

B. *Answers will vary.*

Chapitre 12

Partie A:

[l] and [j]

A.

	[l]	[j]
1.	x	
2.		x
3.		x
4.	x	
5.	x	
6.		x
7.	x	
8.		x
9.	x	
10.		x

B. *Answers on tape.*

Partie B:

Activité 1: La fête de Pierre

A. *Answers will vary.*

B.

	T.E.	C.	C.M.
jour? R			
matin?	I		dimanche
après-midi?	E	samedi	
soir?	N	samedi	dimanche
prix?		150 F par personne	le brunch: 85 F par personne le dîner: 120 F par personne

C. *Answers may vary.*
1. Le Café Mambo
2. Parce qu'il a une salle libre et pas trop cher.

Activité 2: Le mariage

A. *Answers will vary.*

B.

	W.C.	P.d'A.	C.M.H.
prix?	$$$	$$	$
situé	dans le Centre	dans le Vieux Carré	dans le Vieux Carré
dans quelle rue?	Gravier	St. Anne	Chartres
près de la cathédrale?	à 1 km	oui	oui
au coin de quelle rue?	Magazine	Chartres	St. Philip
avantages?	une vue magnifique, objets d'art	piscine, garage, bon petit déj.	une terrasse, des chambres élégantes

C.
1. L'hôtel le plus cher est l'Hôtel Windsor Court.
2. L'hôtel le plus loin de la cathédrale est l'Hôtel Windsor Court.
3. Elle choisira l'Hôtel Place d'Armes.
4. *Answers will vary.*

Activité 3: Le voyage de leurs rêves

A. *Answers will vary.*

B.
1. Jean-Luc propose les îles grecques. Anne-Marie propose les châteaux de la Loire
2. le camping-car, le bateau

C. *Answers will vary.*

Chapitre 13

Partie A:

[ø] and [œ]

A.

	[ø]	[œ]
1.		x
2.		x
3.	x	
4.		x
5.	x	
6.	x	
7.		x
8.	x	
9.		x
10.	x	

B. *Answers on tape.*

Partie B:

Activité 1: Une semaine typique

A. *Answers will vary.*

B. *Answers will vary.*
se réveiller—5 h 45
se lever—assez tôt
se raser—vers 6 heures
se laver—vers 6 h 15
s'habiller—vers 6 h 30
se brosser les dents—vers 6 h 30
se brosser les cheveux—vers 6 h 30
petit déjeuner—à 6 h 50
se dépêcher de partir—vers 7 heures
se mettre en route—à 7 h 05

C. *Answers will vary.*

Activité 2: Le déménagement

A. 2 lits, une table et 6 chaises, un grand tapis, un sofa

B. une baignoire, 2 commodes, une cuisinière, un réfrigérateur, une stéréo, une télé, une chaise confortable, une table de nuit, 2 lampes.

C. 1. le lave-vaisselle: à côté de la porte dans la cuisine
2. le bureau: dans la grande chambre à coucher
3. l'ordinateur: sur le bureau dans la grande chambre
4. la radio: à côté de la cuisinière
5. la guitare: derrière la chaise dans la petite chambre
6. le fauteuil: près de la petite table dans la salle de séjour

Activité 3: Autour de la table

A. 1. a
2. d
3. f
4. b
5. e
6. c

B. 1. b
2. a
3. c
4. c
5. b
6. c
7. a

Activité 4: Une émission de «La cuisine pour tous»

A. 1. À mon avis, le jambon coûtera le plus cher.
2. and 3. *Answers will vary.*

B. *Poires au vin*
2 Mettez la casserole au feu et faites bouillir.
3 Pelez les poires et mettez-les dans le sirop.
4 Laissez cuire les poires à petit feu.
5 Laissez refroidir les poires.

Omelette au jambon
2 Mettez le beurre dans une poêle et faites-le chauffer.
3 Faites rissoler le jambon.
4 Battez les œufs. Salez et poivrez.
5 Versez les œufs dans la poêle.
6 Augmentez le feu et faites cuire les œufs.
7 Laissez prendre les œufs.
8 Pliez l'omelette.
9 Renversez l'omelette sur un plat et servez-la bien chaude.

Carottes à la crème
2 Coupez les carottes en rondelles ou en quartiers.
3 Faites cuire les carottes à l'eau salée.
4 Faites sauter les carottes au beurre.
5 Posez les carottes sur un plat.
6 Couvrez les carottes avec la sauce béchamel.

Chapitre 14

Partie A:

Tension

A.

	French	English
1.		x
2.	x	
3.	x	
4.		x
5.	x	
6.	x	
7.		x
8.	x	
9.		x
10.	x	

B. *Answers on tape.*

Partie B:

Activité 1: La radio libre vous écoute

Answers will vary.

Activité 2: Racontez-nous vos problèmes

A. 1. b
    2. a

B. 1. a
    2. c

C. 1. c
    2. b

D. 1. b
    2. a

Activité 3: C'est à vous maintenant!

1. and 2.   *Answers will vary.*

Activité 4: La récréation

A. 1. Le garçon dont le blue-jean est trop court.
    2. Le garçon qui est là-bas.
    3. Le garçon que les autres enfants détestent.

B. 1. √
    2. √
    3. √

Chapitre 15

Partie A:

La voyelle e

A. 1. Votre frère [R]est gentil.
    2. Nous prenons le bus mercredi.
    3. Ils arriveront dimanche
    4. Est-ce que tu me dis que tu veux me voir?
    5. Aline [n]est Marocaine?

B. 1. Qu'est-ce que votre mère [R]a dit?
    2. Vous venez de Compiègne?
    3. Le chauffeur de cette voiture ne regardait pas à droite.
    4. Regardes-tu la télé le mercredi et le vendredi?
    5. Dans quelle ville est-ce [s]que tu habites?

Partie B:

Activité 1: Si j'avais le choix.

Answers may vary.
    1. J'inventerais un nouveau dessert pour mon restaurant.
    2. Nous rapporterions des cailloux et de la poussière.
    3. Elle laisserait un mot pour le conducteur de l'autre voiture.

Activité 2: Mais c'était le comble!

Answers will vary.

A. (students' notes)

B. *Answers may vary.*
Il téléphone trop souvent à Diane à la maison et au bureau et il l'attend quand ils n'ont pas rendez-vous.

C. Diane a quitté son bureau pour aller au restaurant avec des amies.
Jean a acheté un 38-automatique pour protéger Diane.
Diane a changé les serrures parce qu'elle avait très peur de Jean.

D. 1. Diane était au lit ...
    2. Diane a demandé à Jean de ne plus téléphoner ...
    3. Il l'a appelée où elle travaille.
    4. Jean a dit qu'il l'aimait toujours.
    5. La mère de Jean pense que les possessions sont plus importantes ...
    6. Jean attendait Diane quand elle a fini sa classe.
    7. Diane a téléphoné à la police.

VIDEO WORKBOOK ANSWER KEY

MODULE I AU TENNIS

A. L'agenda de Jean-François.
1. Non, Jean-François joue au tennis à quatre heures. À deux heures, il va à la bibliothèque.
2. Oui. Il visite la Pyramide du Louvre à dix heures.
3. Non, Jean-François prend son petit déjeuner à neuf heures du matin.
4. À dix heures et quart, Jean-François est à la bibliothèque de la Sorbonne.
5. Jean-François rentre à la maison à trois heures et quart.
6. Non, Jean-François déjeune à midi et demi. Il dîne à sept heures et demie le soir.
7. Jean-François travaille au café à neuf heures du soir.
8. Non, Jean-François dîne seul.

C. C'est qui?
1. il / il / Il
2. On / Nous
3. Vous / nous
4. je / Je
5. Isabelle / Je

D. Qu'est-ce qui se passe?
1. d. (Jean-François)
2. c. (au tennis)
3. a. (Jean-François)
4. d. (la cousine de René)
5. a. (Je te présente Jean-François.)
6. c. (Formidable)

E. Où sont-ils? Que font-ils?
1. c. (à la place de la Concorde)
2. c. (au bois de Vincennes)
3. d. (cinq heures)
4. b. (Jean-François)
5. a. (René)
6. c. (canadien)
7. d. (Marie-Christine)
8. d. (la cousine de René)
9. a. (Nathalie)
10. a. (Il travaille à l'université)

G. Un centre sportif au Québec.
1. a. (au Canada), b. (à une heure de Montréal), c. (à une heure d'Ottawa), d. (au Québec)
2. a. (l'équitation), c. (le rafting), d. (le kayak)
3. a. (une présentation vidéo), b. (l'équipement), c. (les services d'un guide)
4. a. (oui)
5. a. (oui)
6. a. (oui)

H. Que voyez-vous?
l'équitation, le tennis, le golf, le ski alpin, le vélo, le kayak, le rugby, la pétanque, le jogging, le tennis de table, la voile, le football.

I. Les Français et les sports.
les rivières, le ski, le vélo, la mer, la pétanque, monter, les sports, l'air, descendre, un bon effort, la terre, la montagne, la forêt, une bonne fatigue

J. Un peu d'ordre.
les rivières (7), le ski (8), le vélo (9), la mer (6), la pétanque (10), monter (11), les sports (1), l'air (2), descendre (12), un bon effort (13), la terre (3), la montagne (4), la forêt (5), une bonne fatigue (14)

N. Au cinéma.
1. Jean-François est devant le cinéma.
2. Nathalie est en famille.
3. Jean-François aime les films d'aventure.
4. Il demande deux billets pour un mélodrame.
5. Il y a un problème parce que la salle est complète.

P. Soirées parisiennes.
1. Quand il est sans argent, Jean-François reste chez lui et regarde la télévision.
2. Quand il a de l'argent, il va au cinéma avec Claude.
3. Jean-François regarde la télévision, écoute la radio ou la stéréo quand il est malade.
4. Quand il va au café, Jean-François joue aux cartes, étudie, parle politique avec ses amis, ou encore il mange.
5. Il va au cinéma avec Claude.
6. Il aime les films de science-fiction et d'aventure.

MODULE II   LE COUP DE FIL

A. La rive gauche.
1. la Sorbonne.
2. librairies, d'étudiants.
3. petites mais très chics.
4. le Palais du Luxembourg.
5. sixième (cinquième, septième)
6. sud

C. Le plan.
1. Vous tournez à gauche sur le boulevard Saint-Germain et l'église Saint-Germain-des-Prés est à droite.
2. Prenez la rue de Rennes jusqu'à la rue de Vaugirard et tournez à droite, tournez à gauche dans la rue Bonaparte et l'église Saint-Sulpice est en face de vous.
3. Prenez la rue de Rennes et tournez à gauche sur le boulevard du Montparnasse, vous verrez la gare Montparnasse.
4. Tu sors de la bibliothèque dans la rue des Écoles, tu tournes à gauche sur le boulevard Saint-Michel, tu traverses le boulevard et tu tournes à gauche dans la rue de Vaugirard et après tu tournes à gauche dans la rue de Rennes.
5. Tu prends la rue Saint-Sulpice, puis tu tournes à droite sur le boulevard Saint-Germain, à gauche sur le boulevard Saint-Michel, et ensuite à droite dans la rue Saint-Séverin.

D. Que voyez-vous?
Monuments: églises, université
Autres choses: cafés, librairies, artistes, boutiques

E. Les yeux travaillent.
1. An address is written on the paper Jean-François is holding.
2. He is going to a friend's place.
3. He asks her how to get into the building.
4. He asks her to hurry up because he needs the phone.
5. He asks her how to use the phone.
6. He calls his friend.
7. He asks his friend how to get into the building.

F. Les mots-clés.
comment, porte d'entrée, allô, code, urgent, numéro.

G. Les mots du dialogue.
comment, code, urgent, porte d'entrée

H. Le sens du dialogue.
1. L'adresse de Marie-Christine est écrite sur le papier de Jean-François.
2. Il va chez Marie-Christine.
3. Il lui demande comment faire pour entrer dans l'immeuble.
4. Il lui dit qu'il a besoin de passer un coup de fil urgent.
5. Jean-François lui demande comment fonctionne le téléphone.
6. Jean-François téléphone à Marie-Christine.
7. Il demande à Marie-Christine le code de la porte d'entrée.

I. Les réponses.
1. Jean-François needs to know what the code is for the front door of Marie-Christine's apartment building. The woman tells him to call his friend on the phone and ask for the door code.
2. He needs a phone card in order to use this phone booth. He needs to buy a phone card to be able to use this phone booth.

J. Le chemin de Jean-François.
Jean-François part de la rue du Four, il prend la rue Bonaparte dans la direction de la place Saint-Sulpice. Il traverse la place Saint-Sulpice, prend la rue Saint-Sulpice et tourne à droite dans la rue de Tournon.

L. Le bon ordre.
raccrocher (6), décrocher (2), patienter (4), composer le numéro (5), entrer dans la cabine (1), enlever la carte (7), introduire la carte (3).

M. Comment téléphoner.
1. Pour téléphoner dans les nouvelles cabines téléphoniques, il faut une télécarte.
2. On peut acheter des télécartes dans toutes les agences de France Télécom.
3. Dans tous les bureaux de tabac, on peut acheter des télécartes.
4. Il faut introduire la télécarte.
5. On apprend le nombre d'unités qui restent.
6. Ensuite, il faut suivre les instructions affichées.
7. À la fin de la communication, il faut enlever la carte de l'appareil.
8. Il faut une télécarte pour entrer dans le nouveau monde des communications.

N. L'écran digital.

Introduisez votre carte: b. (Mettez votre télécarte dans la fente)

Patientez, SVP: a. (Ne faites rien)

Crédit: 19 unités, numérotez: d. (Votre carte est bonne, composez votre numéro)

Crédit épuisé, raccrochez SVP: d. (Votre carte est mauvaise, posez le téléphone)

Numéro appelé: 37522908: d. (vous avez appelé le numéro affiché)

Reprenez votre carte: d. (La communication est terminée; retirez votre carte)

O. Les instructions.

1. 43.26.32.68 est le numéro de la cabine.
2. Les pompiers répondent quand on compose le 18.
3. Il faut composer le 12 pour avoir les renseignements.
4. L'indicatif pour les États-Unis est le 1.
5. Pour avoir les renseignements aux États-Unis, il faut composer le 19 + 33 + 12 + 1.
6. Si l'appareil est en panne, il faut appeler le 13.

R. Plus d'unités.

1. Il veut téléphoner.
2. Il n'a plus d'unités sur sa carte.
3. S'il a une autre carte dans la poche, il peut l'introduire dans la fente.
4. Il peut aller acheter une autre carte s'il a de l'argent dans son portefeuille.
5. S'il n'a ni carte ni argent, il peut aller chez son amie à pied.

S. Comment on téléphone avec la télécarte.

1. Il y a soixante-six mille publiphones en France.
2. Quand on introduit la carte dans le publiphone, un lecteur transmet les données stockées dans la puce à l'URP.
3. La puce est placée au coin supérieur gauche de la carte.
4. Le réseau de microfilms contient le stock d'unités.
5. Dans le réseau de microfils, à chaque carrefour il y a un fusible.
6. Au fur et à mesure des communications, les fusibles grillent.

MODULE III   LE MÉTRO

A. Le métro en France.

1. Quatre autres villes françaises ont un métro: Bordeaux, Lille, Lyon et Marseille.

2. Le métro de Paris a quatre-vingt-treize ans en 1993. (Quatre-vingt-quatorze ans en 1994 ...)
3. Il y a deux métros qui sont plus longs que le métro de Paris: ce sont les métros de Londres et New York.
4. Il y a trois cent soixante-huit stations dans le métro parisien.
5. Les stations les plus fréquentées sont celles des grandes gares.
6. Il y a six milliards de voyageurs par an dans le métro de Paris.
7. Il y a quatre cent millions de voyageurs par an sur le RER.
8. Il n'y a qu'une seule classe dans le métro. Le RER a deux classes.

B. Comment y aller?

1. F
2. V
3. F
4. F
5. F

C. Qu'est-ce qu'il faut faire?

1. d. (Sèvres-Babylone)
2. a. (Porte de la Chapelle)
3. b. (la ligne douze)
4. c. (Madeleine)
5. b. (Opéra)
6. a. (Il suggère de prendre l'autobus)
7. d. (Où est l'arrêt?)
8. c. (Est-ce que je peux utiliser ma carte orange?)

D. Que voyez-vous?

Le transport en commun: le taxi, le bateau, le métro, la voiture, le camion, l'autobus, le funiculaire.

Le métro: le métro, la voiture, le camion, la mobylette, l'autobus, la bicyclette.

E. Les moyens de transport.

Le taxi a un chauffeur qui s'arrête où on veut.

L'autobus est toujours vert.

Le funiculaire est à Montmartre.

Le batobus porte le nom d'un chanteur et acteur français.

Le métro ferme à une heure du matin.

F. Le ticket.

1. Il y a dix tickets dans un carnet.
2. Un carnet coûte trente-quatre francs cinquante ou cinquante-deux francs selon la classe choisie.
3. Il faut un ticket pour prendre le métro.
4. Il faut deux tickets pour un trajet en autobus de cinq sections.

5. Il faut deux tickets pour aller à Montmartre et redescendre par le funiculaire.
6. Il faut trois tickets pour faire un trajet simple en autobus la nuit.

G. Les endroits.
1. Il va à l'aéroport.
2. Marie-Christine va au centre commercial.
3. Il va à la pharmacie.
4. Elle va à la piscine.
5. Nous allons au cinéma.
6. Tu vas à la boulangerie.

H. La Carte Orange.
1. L'autre partie est une carte nominative.
2. Le coupon orange est valable du premier au dernier jour du mois.
3. le métro, l'autobus, le funiculaire de Montmartre, le RER, Orlybus, les Noctambus.
4. Une carte orange pour les zones un et deux coûte cent quatre-vingt-dix francs en deuxième classe et deux cent quatre-vingt-cinq francs en première classe.
5. Une carte orange pour les zones un à huit coûte cinq cent trente-quatre francs en deuxième classe et neuf cent soixante-treize francs en première classe.
6. Les coupons mensuels sont mis en vente le 20 du mois pour le mois suivant.
7. Je voudrais un coupon de Carte Orange pour le mois d'avril pour les zones un à quatre, s'il vous plaît.
8. Première ou deuxième classe?

I. Qu'est-ce qui se passe?
1. Jean-François prend le métro.
2. Marie-Christine prend l'autobus.
3. Sa Carte Orange ne marche pas.
4. Marie-Christine demande à Jean-François s'il a mis son ticket de Carte Orange dans la petite machine.
5. Il a mis son ticket de Carte Orange dans la petite machine.

MODULE IV   LA BOULANGERIE

A. À la boulangerie.
petite pâtisserie en forme de quart de lune: 8 (le croissant)
aliment sucré cuit au four et souvent mangé en dessert: 10 (la pâtisserie)
aliment oval employé dans la pâtisserie: 7 (les œufs)
C'est lui qui fait le pain: 2 (le boulanger)
aliment fabriqué avec de la farine et cuit au four: 6 (le pain)
On y fabrique et vend le pain: 1 (la boulangerie)
On y cuit le pain: 3 (le four)
petit pain rond et plat, légèrement sucré, couvert de raisins secs: 9 (le pain aux raisins)
céréale utilisée dans la fabrication du pain: 4 (le blé)
poudre faite avec une céréale employée dans la fabrication du pain: 5 (la farine)

D. Écoutez bien!
1. Jean-François cherche une boulangerie.
2. Il a déjà cherché dans la rue des Abbesses.
3. Il demande à l'artiste où il y a une autre boulangerie.
4. L'artiste dessine le Sacré-Cœur.
5. Il est neuf heures moins le quart.
6. C'est mercredi.

E. Enfin une boulangerie ouverte!
suis allé(e), j'ai cherché, suis monté(e), n'ai pas trouvé, j'ai demandé, m'a indiqué, l'ai trouvée, suis retourné(e), m'a donné, suis descendu(e), suis tombé(e), suis entré(e), j'ai demandé.

F. Le pain.
(our) daily bread: 10 (le pain quotidien)
spice bread: 3 (le pain d'épices)
cake of soap: 11 (le pain de savon)
sandwich bread: 4 (le pain de mie)
toast: 12 (le pain grillé)
country-style bread: 5 (le pain de campagne)
roll: 8 (le petit pain)
consecrated bread: 1 (le pain bénit)
French toast: 9 (le pain perdu)
whole-grain bread: 2 (le pain complet)
black bread: 6 (le pain noir)
stale bread: 7 (le pain rassis)

G. Encore du pain.
to sell like hotcakes: 10 (se vendre comme des petits pains)
good-hearted: 3 (bon comme du bon pain)
to begin with the dessert: 5 (manger son pain blanc le premier)
as long as a month of Sundays: 7 (long comme un jour sans pain)
to have no stomach for it: 8 (ne pas manger de ce pain-là)
to have your work cut out for you: 1 (avoir du pain sur la planche)
to bump someone off: 9 (ôter le goût du pain à quelqu'un)
to buy for a mere song: 2 (acheter pour une bouchée de pain)

to earn one's living: 4 (gagner son pain)
to deprive someone of basic necessities: 6
(retirer le pain de la bouche à quelqu'un)

H. Seriez-vous un bon boulanger ou une bonne boulangère?
1. blé, farine
2. la farine
3. la farine, l'eau
4. pâte
5. pâte
6. four
7. pâte, pain
8. pain, boulangerie
9. pain, tartines, sandwichs, pain grillé

I. Est-ce vrai?
1. V
2. F
3. F
4. V
5. V
6. F
7. V
8. V
9. V
10. F

J. Avez-vous faim?

PRODUIT	PRIX	DESCRIPTION
croissant	3.40	
petit pain	1.80	
pain aux raisins	4.70	
pain au chocolat	4.70	
pain au lait	3.50	
chausson aux pommes	6.10	

K. L'alimentation des Français.
1. Les graisses et les viandes
2. Les Français ont sans arrêt diminué la consommation de pommes de terre.
3. Les Français ont récemment commencé à diminuer la consommation de sucre.
4. En 1970, la consommation de pain et de viande étaient presque égales.
5. *Answers will vary.*
6. *Answers will vary.*

L. Les mots employés.
1. absolument
2. tout à fait
3. les dernières
4. du beurre, de la farine, des œufs
5. une spécialité maison
6. je suis navré(e)

MODULE V AU CAFÉ

A. Quelques endroits francophones
1. Le Québec est le plus grand.
2. Le Maroc a la population la plus nombreuse.
3. On les appelle les Réunionnais, les Sénégalais, les Québécois, les Marocains.
4. Les habitants de la Réunion sont citoyens de la France.
5. Les habitants du Québec sont citoyens du Canada.
6. Le Sénégal a plus d'habitants que le Québec.
7. La pêche est une industrie importante au Québec.
8. Les fruits sont un produit important au Maroc.

B. Comprenez-vous?
1. Cette scène se passe au café.
2. Marie-Christine, Alissa et Bruno se connaissent déjà. Jean-François et Marie-Christine se connaissent aussi. Jean-François ne connaît pas Alissa et Bruno.
3. Marie-Christine, Alissa et Bruno s'embrassent, mais Alissa et Bruno serrent la main à Jean-François.
4. Le garçon de café demande ce qu'ils veulent boire.
5. La scène se passe dans l'après-midi.
6. Il fait chaud.

C. Qui le fait?
1. Jean-François
2. Bruno
3. Jean-François
4. Marie-Christine
5. Alissa
6. Bruno et Jean-François
7. Marie-Christine
8. Marie-Christine
9. Alissa
10. Bruno
11. Jean-François et Marie-Christine
12. Bruno et Alissa

F. Divertissements
1. *Answers will vary.*
2. *Answers will vary.*
3. Il faut aller à Strasbourg.
4. Il est possible de visiter un château à Annecy et à Chinon.
5. À Annecy, on peut faire de la voile sur un lac.

6. À Annecy, il y a un château et une cathédrale.
7. Si on aime la mer, on va à Trouville.
8. *Answers will vary.*

G. Que voyez-vous?

le château, le cinéma, les patins à roulettes, le concert, le parc d'attractions, la mer, le musée, l'opéra, le vélo, la cathédrale, le bateau

H. Mettez les mots dans l'ordre!

1. le bateau
2. le vélo
3. les patins à roulettes
4. le parc d'attractions
5. le cinéma
6. le musée
7. le concert
8. l'opéra
9. la mer
10. le château
11. la cathédrale

K. L'horaire des trains.

1. Ces trains partent de la gare Montparnasse.
2. Si on prend le train à Paris à sept heures le dimanche, on arrive à Nogent-le-Rotrou à huit heures quarante.
3. Si on prend le train le lundi à sept heures à Paris, le train ne s'arrête pas à Bretoncelles.
4. La durée du trajet de Paris au Mans en TGV est de cinquante-quatre minutes.
5. Le premier train pour aller au Mans est à huit heures trente-quatre.
6. Il faut prendre le train de neuf heures vingt-neuf à Paris, s'arrêter à Chartres, prendre le train de dix heures trente-trois à Chartres et on arrive à La Loupe à dix heures cinquante-neuf.
7. Il faut prendre le TGV de neuf heures cinquante qui arrive à dix heures quarante-quatre au Mans.

L. Que devinez-vous?

1. c. (devant une gare)
2. b. (acheter des billets)
3. d. (13717); (à deux heures et demie)
4. a. (Ce train ne circule que les dimanches et fêtes)

M. La fiche horaire

1. Le train ne circule que les dimanches et fêtes.
2. Ils peuvent prendre le train numéro vingt-six qui part de Paris à quinze heures zéro cinq.

3. Avec ce train, ils arrivent à Nogent-le-Rotrou à seize heures quarante-trois.
4. Vous devez prendre le train numéro vingt-six qui part de Paris à quinze heures zéro cinq.
5. Bonjour, Monsieur/Madame. Je voudrais deux billets aller-retour pour Nogent-le-Rotrou, s'il vous plaît.

MODULE VI   LE CHÂTEAU SAINT-JEAN

A. Formules de politesse.

1. Bonjour, Monsieur/Madame. (on lui serre la main)
2. Bonjour, Monsieur. (on lui serre la main)
3. Salut, Micheline, ça boume? (on lui fait la bise)
4. Salut, Georges, ça va? (on lui serre la main)
5. Bonjour, Odile, ça va? (on lui fait quatre bises)
6. Bonsoir, Monsieur. (on lui serre la main)
7. Salut, ça va?
8. Salut, ça boume?

B. Descriptions.

1. a. (la belle cheminée)
2. d. (le beau château)
3. e. (la construction solide)
4. c. (les beaux merles)
5. b. (la bonne chaleur)
6. f. (la vue spectaculaire)

D. Noms et adjectifs.

(1) les merles, (2) les soldats, (3) le chauffage, (4) le moyen âge, (5) la salle, (6) la cheminée (belle), (7) le bois, (8) les remparts, (9) la chaleur (bonne), (10) les tours, (11) la vallée, (12) l'Huisne.

F. Le château Saint-Jean

1. Le château Saint-Jean a été construit entre le onzième et le quinzième siècles.
2. L'hiver, le château est ouvert de dix heures à midi et de quatorze heures à dix-sept heures. En été, il est ouvert de dix heures à midi et de quatorze heures à dix-huit heures.
3. Non, le château Saint-Jean n'est pas fermé le dimanche; il est fermé le mardi.
4. Pour une famille de deux adultes et trois enfants, l'entrée au château coûte vingt-sept francs cinquante.

5. L'entrée coûte quarante-deux francs pour une classe de quinze enfants avec une institutrice et une accompagnatrice.
6. Pour aller à Nogent-le-Rotrou, il faut partir de la gare Montparnasse.
7. Le trajet dure une heure et demie en train. En voiture, il dure une heure quarante par la RN 23, ou une heure et demie par l'A11.
8. En quittant Nogent-le-Rotrou, il faut prendre la direction de Châteaudun pour voir les châteaux de la Loire.

G. Quelques renseignements.
1. Le donjon fait trente mètres de haut.
2. Il est de forme rectangulaire.
3. Rotrou I est le premier seigneur de Nogent.
4. Le donjon a été fortifié vers 1079.
5. Le donjon a brûlé au moment du siège de 1428.
6. La famille d'Armagnac a entrepris la restauration du château autour de 1500.

H. Un peu de recherche.

Bâtiment	Moyen Âge	Renais-sance	Clas-sique	Moder-ne
le château d'Amboise		x		
le château d'Angers	x			
le château de Carcassonne	x			
le château de Chambord		x		
le château de Chinon	x			
le château de Fontainebleau		x		
le Louvre			x	
le palais du Luxembourg			x	
le château de Versailles			x	

1: Le Louvre; 2: le palais du Luxembourg; 3: Fontainebleau; 4: Chambord; 5: Carcassonne; 6: Amboise; 7: Chinon; 8: Angers; 9: Versailles

I. L'époque des châteaux.

Nom de l'endroit	Époque des châteaux
En Alsace	Moyen Âge
Le long de la Seine	Moyen Âge
Dans le Midi	Moyen Âge
Dans la région de Bordeaux	dix-huitième siècle
Dans la vallée de la Loire	Renaissance
Près de Paris	dix-septième siècle
À Nogent-le-Rotrou	Moyen Âge

J. Châteaux de France
1. Ils sont tous en pierre.
2. Ce sont souvent des châteaux forts avec des remparts.

3. Ils sont richement décorés avec des jardins à la française.
4. C'est un vieux château fort en pierre avec quatre tours, des remparts et très peu de fenêtres.
5. C'est Sully qui a fait construire le petit pavillon contre les remparts du château Saint-Jean.
6. *Answers will vary.*

L. Quelques détails
1. c. (sur les remparts)
2. b. (familier)
3. d. (l'appareil-photo)
4. b. (dans son appareil-photo)
5. d. (Ce n'est pas utile)
6. a. (Elle n'est pas contente)

N. Les magasins.
une règle et un cahier: une papeterie
des oranges et des pommes: une épicerie
des cachets d'aspirine: une pharmacie
du pâté et des côtelettes de porc: une charcuterie
un camembert et un brie: une crémerie
le Guide Michelin de la Normandie: une librairie

MODULE VII   LA POSTE

C. Qu'entendez-vous?
1. Alissa: Elle ne sait pas où se trouve la poste.
2. Le jeune homme: Il lui dit d'aller jusqu'au feu et de tourner à droite.
3. Le groupe de femmes: Il faut descendre la rue piétonne. C'est juste en bas à gauche.
4. La poste se trouve là-bas, en descendant.

F. Les achats.
magasin d'électroménager: un bracelet
fleuriste: des cachets d'aspirine
pharmacie: un bouquet
bijouterie: un Monsieur Café

G. Les magasins.
1. À la confiance
2. L'Art de la table
3. Monoprix
4. Pharmacie
5. Pizzeria

H. Les vitrines.
des lunettes: Optique
du savon, du shampooing: Pharmacie, Monoprix
des bijoux: Bijouterie

un journal: Maison de la Presse
de la viande: Boucherie Moderne
des vêtements: Maxi Pulls
des articles pour tous les jours: Monoprix
de la porcelaine pour les jours de la fête:
 L'Art de la Table
de l'électroménager: Gitem/Philips

I. Les banques

1. Il y a environ 1.100 guichets automatiques de la BNP.
2. On peut retirer trois mille francs.
3. Il faut consulter le Minitel.
4. On vous rendra votre carte si vous présentez un papier d'identité.
5. Il faut téléphoner au 42.77.11.90 pour Paris et au 54.42.12.12 pour la province.
6. On peut trouver tous les détails concernant la procédure à suivre en cas de perte de carte.

L. À la poste

1. a. (deux cartes postales et un colis)
2. b. (au Sénégal)
3. a. (sept francs)
4. b. (neuf cents grammes)
5. d. (soixante-deux francs)
6. c. (Il n'a pas assez d'argent)

N. Trouvez-vous l'erreur?

La guichetière aurait dû faire payer trente-trois francs à Bruno. OU La guichetière aurait pu suggérer d'envoyer le paquet par bateau.

P. Au guichet automatique

1. Non, la banque est fermée le lundi.
2. On peut aller à Chartres.
3. Oui, on peut retirer de l'argent au guichet automatique.

MODULE VIII   EN PANNE

A. Un peu de géographie.

1. Le Perche se trouve à l'ouest de Paris.
2. Le Perche se trouve à environ cent cinquante kilomètres de Paris.
3. Le Perche se trouve à cheval sur la Basse-Normandie, les pays de la Loire, le Centre.
4. Nogent-le-Rotrou se trouve à mi-chemin entre le Mans et Chartres.
5. Chartres se trouve entre le Perche et Paris.
6. Le Havre et Rouen sont les plus grandes villes de la Haute-Normandie.

B. Comment conduire?

mettre la clé de contact, démarre, donne un coup de freins, allumer les phares, faire le plein, tomber en panne, crever, ouvrir le capot.

C. La pompe à essence.

1. Cette pompe distribue de l'essence sans plomb.
2. L'essence coûte cinq francs vingt-huit le litre.
3. Ça fait environ un dollar le litre.
4. Ça fait à peu près quatre dollars le gallon.
5. Trois litres ont été distribués.
6. Le prix à payer est de seize francs.

D. Que devinez-vous?

1. Il semble qu'Alissa et Bruno disent: «C'est beau!»
2. Il y a une panne d'essence. Alissa demande ce qui se passe. Bruno dit que la voiture est peut-être en panne d'essence. Noël répond qu'il faut pousser la voiture.
3. Ils vont mettre de l'essence. Noël dit bonjour. Et le garagiste lui demande combien il veut d'essence.
4. Il va payer.
5. La voiture ne démarre pas, et Noël se demande ce qui se passe.
6. Noël appelle le garagiste et lui dit que ça ne marche pas. Le garagiste va ouvrir le capot.
7. La voiture va marcher, le garagiste dit qu'il a trouvé le problème.

G. Une mauvaise influence.

1. Avant de passer son permis de conduire, Bernard était un enfant modèle qui aidait sa mère à la maison.
2. Il débarrassait la table, il faisait la vaisselle, il rangeait ses affaires, il faisait son lit.
3. Il a commencé à changer le jour où il a passé son permis de conduire.
4. Elle avait une deux-chevaux.
5. *Answers will vary.*
6. Le juge a suggéré de vendre la voiture.

H. Le long de la route.

1. Les panneaux sont bleus sur les autoroutes et blancs sur les autres routes.
2. Il met de l'essence dans sa voiture.
3. Elle est tombée en panne.
4. C'est une deux-chevaux.
5. À Nogent-le-Rotrou.
6. Les dernières scènes se passent à Paris.

I. Comparez!

1. La vitesse maximale est plus élevée sur l'autoroute que sur les routes nationales.
2. Le prix du super est plus cher que le prix de l'essence ordinaire.
3. Les personnes sont plus nombreuses devant le concessionnaire Peugeot que devant le musée Renault.
4. Le prix de la petite voiture rouge et noire est moins cher que le prix de la voiture de l'avenir.
5. La taille d'un autobus est plus grande que la taille d'une voiture.

J. L'accident.

phare, le capot, le pare-brise, la serrure, portière, serrures, pneus, le pare-chocs, le coffre

K. Pauvre Noël.

1. C'est Émile qui a découvert le problème de la voiture de Noël.
2. Tout le système électrique de la voiture est brûlé.
3. Il lui demande s'il peut réparer sa voiture.
4. Ce geste veut dire téléphoner.
5. Il lui propose de réparer sa voiture pour demain.
6. Alissa n'est pas contente parce qu'ils n'auront pas de voiture.

Q. Le sens des numéros.

98: vu, type de l'essence sans plomb
150: prononcé, prix du plein
2: prononcé, deux-chevaux
46: vu, distance jusqu'à Paris
130: prononcé, vitesse maximale sur l'autoroute
200: vu, distance pour les sorties d'autoroute
13: vu, numéro de l'autoroute
12: vu, numéro de l'autoroute
90: prononcé, vitesse maximale sur la route nationale
5,59: vu, prix de l'essence au litre
9292 ZT 77: vu, plaque d'immatriculation de la deux-chevaux
37.52.70.87: vu, numéro de téléphone de l'auto-école

MODULE IX   AU CENTRE POMPIDOU

A. Beaubourg.

1. V (Le Centre Pompidou a été construit dans un style ultramoderne)
2. F
3. F
4. V (Il y a une bibliothèque et un musée dans le centre Pompidou)

B. La BPI.

1. On consulte le catalogue sur des écrans disposés sur les trois niveaux.
2. Non, tout le monde peut suivre les instructions données dans les menus.
3. On peut consulter un répertoire imprimé.
4. La bibliothèque est la plus fréquentée entre quatorze heures et dix-huit heures trente.
5. Elle est la plus calme le matin et tard le soir.
6. La bibliothèque est particulièrement calme pendant l'été.
7. Il y a des bibliothèques municipales, des bibliothèques universitaires et des bibliothèques spécialisées.
8. Les bibliothèques municipales prêtent à domicile.

C. Que voyez-vous?

1. Yves et Moustafa se trouvent à Beaubourg.
2. Ils montent au deuxième étage par l'escalier roulant.
3. Ils vont à la bibliothèque.
4. Oui, ils se connaissent parce qu'ils se font un signe de tête.
5. Il est venu pour travailler.
6. Moustafa est allé regarder une vidéo pour son travail.

D. Qu'entendez-vous?

1. la musique
2. des problèmes
3. sur
4. travailler
5. chercher les livres
6. quoi
7. construction nouvelle
8. par regarder
9. une liste, à Paris
10. du Louvre
11. La pyramide
12. formidable, trouves

E. Comment trouver un livre?

1. Tous les livres sur l'art se trouvent au premier étage.
2. Toute la documentation générale se trouve au deuxième étage.
3. La cote des livres sur les relations internationales est: 32.7
4. On peut consulter le catalogue sur des écrans situés sur les trois niveaux de la bibliothèque.

5. Si on doit faire un rapport sur Napoléon Ier, on va au troisième étage.
6. Toute la littérature se trouve au premier étage.

F. Visitez Paris!
1. Notre-Dame est le monument qui a été commencé le premier.
2. Le Palais du Louvre. Sa construction a duré 670 ans.
3. Les quatre monuments les plus récents sont le Centre Pompidou, l'Institut du monde arabe, l'Opéra de la Bastille et la pyramide du Louvre.
4. La tour Eiffel a été construite pour le centenaire de la Révolution française.
5. L'Arc de Triomphe a été construit sous le règne de Napoléon I$^{er.}$
6. L'Opéra de Paris a été commencé sous le règne de Napoléon III.

G. Et quoi d'autre?
1. Le Centre Pompidou s'appelle aussi Beaubourg.
2. Quasimodo vivait dans Notre-Dame.
3. Le monument le plus haut est la tour Eiffel.
4. Le Sacré-Cœur se trouve à Montmartre.
5. Notre-Dame de Paris se trouve sur l'Île de la Cité.
6. L'Obélisque de la Concorde et l'Arche de la Défense se trouvent sur la même ligne droite que l'Arc de Triomphe et le Louvre.

H. Qu'est-ce qui se passe?
1. Les gens se promènent dans les rues autour du Centre Pompidou.
2. Il y a des artistes qui peignent et des gens qui font de la musique.
3. Les gens visitent le Musée national d'art moderne.
4. Les gens lisent, travaillent, regardent des vidéos à la BPI.

I. Les monuments de Paris.
1. la tour Saint-Jacques
2. la tour Montparnasse
3. l'Opéra
4. l'Opéra de la Bastille
5. le Louvre
6. la pyramide du Louvre
7. l'Arc de Triomphe
8. l'Arche de la Défense

J. Le Centre Pompidou.
1. Le Centre Pompidou a été mis en service en 1977.
2. Le Centre Pompidou se trouve dans la rue Beaubourg.
3. Tous ceux qui sont intéressés par le modernisme vont au Musée national d'art moderne.
4. Oui. C'est un des lieux les plus visités de Paris.
5. La tour Saint-Jacques est visible de l'escalator.
6. Le mélange de l'ancien et du moderne caractérise les monuments de Paris.

K. Le Louvre.
1. Il faut écrire au 34-36, quai du Louvre, 75058 Paris Cedex 01.
2. Il faut arriver à neuf heures.
3. Le lundi, le Louvre ferme à vingt et une heures quarante-cinq, le jeudi a dix-huit heures.
4. Non, les heures d'ouverture sont différentes pour le hall Napoléon.
5. Non, les caisses ferment à dix-sept heures quinze du jeudi au dimanche. Le lundi et le mercredi les caisses ferment à vingt et une heures quinze.
6. Il faut téléphoner au 40.20.51.51 ou au 40.20.53.17.
7. Les acoustiguides sont disponibles en six langues.
8. On peut écouter des conférences, des colloques, et des concerts, voir des films, manger, acheter des livres et reproductions d'art.

L. La déception de Moustafa.
1. Moustafa veut mettre une description de l'intérieur de la pyramide du Louvre dans son rapport.
2. Yves lui a donné l'idée.
3. L'entrée du musée se trouve juste derrière Yves et Moustafa.
4. Ils n'entrent pas au musée parce qu'il est fermé le mardi.

MODULE X   AU MARCHÉ, RUE MOUFFETARD

A. Faisons le marché!
1. Le beurre se trouve dans l'allée un.
2. Le café se trouve dans la même allée que le thé.
3. On trouve les saucisses au rayon charcuterie.
4. Pour acheter du poisson, il faut aller au rayon poissonnerie.
5. Le riz se trouve avec les purées et les pâtes, dans l'allée six.
6. Les gâteaux se trouvent dans l'allée trois ou quatre.

B. Que voyez-vous?
1. Yves fait ses courses dans le cinquième arrondissement.
2. Il pleut aujourd'hui.
3. Yves demande des conseils à la poissonnière.
4. Elle lui propose des truites, du thon, du saumon.
5. Yves achète du saumon.
6. Le saumon est à 99 F 95 le kilo.
7. La poissonnière donne le prix à Yves.

C. Écoutez!
1. Yves veut préparer un repas pour ses amis pour ses vingt et un ans.
2. Il cherche une recette facile.
3. des truites: la poissonnière lui propose de les faire à la poêle.
   des tranches de thon: elle lui propose de les faire au barbecue.
   des filets de saumon: elle lui propose de les faire au four.
4. Yves a acheté du saumon pour soixante-seize francs.

D. Faisons la cuisine!
Ingrédients: du vin, des filets, du sel, du poivre
Ustensiles: un plat en terre
Préparations à faire avant de mettre au four: salez, poivrez, mettez du vin blanc.
Température de cuisson: à four moyen
Temps de cuisson: dix minutes

G. Catégories.
Légumes: la carotte, la pomme de terre
Fruits: la tomate, la pomme, la banane, la fraise
Produits laitiers: le fromage, le beurre, la crème
Charcuterie et viande: le pâté, le poulet, le rosbif

H. À table!
1. Les couverts sont de chaque côté de l'assiette.
2. Les gens en France tiennent la fourchette dans la main gauche et le couteau dans la droite. Quand ils ont fini de couper leur viande, ils ne reposent pas le couteau, ils le gardent dans la main droite et mangent avec la fourchette dans la main gauche.
3. *Answers will vary.*

I. Avec les yeux ou avec les oreilles?
Aliments vus: des artichauts, des concombres, des tomates, du fromage, des pommes, des fraises, des bananes, des framboises, des radis, du pâté, des saucisses, un poulet rôti
Aliments entendus: des artichauts, des concombres, des tomates, des pommes de terre, du fromage, des fraises, des framboises, des radis, le pâté, des saucisses, un poulet rôti

J. D'un endroit à l'autre.
1. le restaurant
2. le marché
3. la boucherie
4. la charcuterie
5. la crémerie
6. la pâtisserie

L. Les achats.
1. Boucher (bouchère): Je regrette, mais nous n'avons pas de pêches. Il faut aller dans une épicerie.
2. Je regrette, mais nous n'avons pas de bifteck. Il faut aller dans une boucherie.
3. Je regrette, mais nous n'avons pas de gâteaux. Il faut aller dans une pâtisserie.
4. Je regrette, mais nous n'avons pas de riz. Il faut aller dans une épicerie.
5. Je regrette, mais nous n'avons pas de poisson. Il faut aller dans une poissonnerie.

M. Que voyez-vous?
1. Il pleut.
2. Yves est au marché.
3. Le vendeur vend des légumes.
4. Le vendeur a des artichauts dans la main.
5. Non, Yves ne trouve pas ce qu'il cherche.
6. Non, Yves n'achète rien.

N. Que disent-ils?
saumon, Bonjour monsieur, monsieur, vous vendez, nous, pas, ici, faisons, les, pas, riz, que, légumes, je vais

MODULE XI   LE PAPILLON

A. Connaissez-vous l'Europe?
1. l'Irlande
2. la Grande-Bretagne, une Anglaise, l'anglais
3. un Hollandais/une Hollandaise
4. le Danemark
5. un Allemand/une Allemande, l'allemand
6. un Français, le français
7. le Luxembourg, une Luxembourgeoise
8. la Belgique

9. un Grec, une Grecque, le grec
10. l'Italie, une Italienne, l'italien
11. un Espagnol
12. le Portugal, une Portugaise

Pays où on parle français: la France, le Luxembourg, la Belgique

B. Une machine intéressante.
1. Cette machine sert à savoir le temps qu'on peut rester sur une place de parking.
2. On trouve ce genre de machine sur un parking payant.
3. Il faut employer cette machine quand on veut garer sa voiture sur un parking payant.
4. Il faut mettre des pièces dans la machine.
5. 10F, 5F, 2F
6. Si on oublie de se servir de cette machine, on reçoit une contravention.
7. Ce ticket montre que le seize janvier, le stationnement était autorisé jusqu'à douze heures zéro sept à cette place de parking dans la ville de Paris et que la personne garée a payé 6F pour le parking.

C. Les yeux travaillent.
1. Cette femme travaille pour la police.
2. Elle met des amendes.
3. Il lui demande de ne pas lui mettre de contravention.
4. Les hommes jouent à la pétanque.
5. Le monsieur a trouvé une contravention sur son pare-brise.
6. C'est un parcmètre.
7. Le grand «P» représente le mot «parking».

D. Quelques mots importants.
1. C'est un petit morceau de papier que l'on trouve sur son pare-brise quand on dépasse le temps de stationnement autorisé dans un parking.
2. C'est la machine dans laquelle on met de l'argent pour être autorisé à se garer.
3. C'est le pays d'origine du monsieur en costume.
4. C'est un endroit où on peut acheter des cigarettes, des allumettes, des billets de loterie, des timbres fiscaux, des cartes de téléphone.
5. Ici, ce n'est pas un timbre postal, mais un timbre fiscal qui sert à payer une contravention.
6. C'est ce que le monsieur en costume a reçu pour être resté trop longtemps à cette place.

E. Le papillon.
1. Ce papillon a été posé le douze juin 1992 à quatorze heures dix.
2. Ce papillon a été posé pour stationnement non payé.
3. Ce papillon a été mis sur une Volkswagen.
4. Cette voiture est immatriculée en Allemagne.
5. Elle peut acheter un timbre-amende.

F. Partout en France.
1. Un monsieur.
2. Il veut établir une agence de l'administration dans chaque village, dans chaque quartier, dans chaque ville.
3. Pour que la vente de certains produits soit surveillée.
4. Un timbre fiscal sert à payer les contraventions. On colle aussi un timbre fiscal sur les passeports et les cartes d'identité.
5. L'agence suggérée doit vendre des timbres, des allumettes, des cigarettes, des timbres fiscaux, des vignettes pour les voitures, des billets de loterie.

I. On peut tout y trouver.
Articles mentionnés par le narrateur: des cigarettes, des allumettes, des briquets, des timbres-poste, des bonbons, des timbres fiscaux, des billets de loto et de loto sportif.
Articles visibles à l'image: des cigarettes, des allumettes, des briquets, des timbres-poste, des bonbons, des billets de loterie, des cartes de téléphone.

K. La poste, s'il vous plaît.
1. Je regrette Monsieur, mais la poste est fermée depuis un quart d'heure.
2. La poste est juste derrière le bâtiment qui est en face de vous.
3. La poste est dans cette rue mais elle va fermer dans quelques minutes.
4. Je suis désolé(e), Monsieur, mais je n'en ai aucune idée.

L. Pas de chance.
1. Moustafa se trouve sur un petit mur, près d'un pont.
2. Il dit à l'homme de traverser le pont, de prendre la première à droite et la poste est derrière le grand bâtiment.
3. Parce que la poste est fermée depuis un quart d'heure.
4. Il est cinq heures et quart.
5. Il est déçu et se demande où il pourra trouver des timbres.

Q. Les amendes.

1. L'amende s'élève à soixante-quinze francs.
2. Il faudra payer deux cent vingt francs.
3. Elle ne pourra pas être réduite parce que c'est une amende forfaitaire de la 1ère classe.
4. Le timbre-amende est ce qu'on colle pour payer l'amende, et on doit coller un timbre-poste pour envoyer la contravention au centre d'encaissement des amendes.
5. Carte-lettre veut dire qu'on n'a pas besoin de mettre la contravention dans une enveloppe, il faut simplement coller un timbre sur la carte-lettre et le mettre dans une boîte à lettres.

MODULE XII   LA FÊTE DE LA MUSIQUE

A. Toutes sortes de musique.

1. Il faut aller au Slow-club de Paris à vingt-deux heures.
2. Le concert le plus cher est le festival baroque de Versailles. C'est un opéra qui aura lieu au château de Versailles.
3. On peut écouter de la musique médiévale à la Sainte-Chapelle.
4. Les concerts de l'orchestre de chambre Jean-François Paillard, des trompettes de Versailles et de l'Ensemble Ars Antiqua de Paris ont lieu dans des églises.
5. Le festival baroque de Versailles ne se passe pas à Paris mais au château de Versailles.
6. On peut voir et entendre le concert de l'Orchestre National de France sans sortir de chez soi car il est télévisé.
7. On peut entendre Yves Duteil jeudi soir.
8. Les concerts d'Yves Duteil, de l'Orchestre National de France, du festival baroque de Versailles, et de l'ensemble Ars Antiqua de Paris offrent uniquement de la musique française.

B. De la musique partout!

1. Il y a du jazz au musée Picasso.
2. On peut entendre Joe Cocker à la République.
3. Il y a de la musique d'Amérique latine à l'Hôtel de Sully.
4. Il y a des groupes de rock partout.

C. Extra!

1. Super: Marie-Christine

sens: C'est l'abréviation de «supérieur» et ça veut dire «formidable, extraordinaire».
2. D'où tu sors?: Alissa
sens: «Ça fait longtemps qu'on ne t'a pas vu!»
3. Sympa: Alissa
sens: c'est l'abréviation de «sympathique», et c'est ce qu'on dit d'une personne qui est agréable.
4. Qu'est-ce que tu fous dans le coin?: Alissa
sens: «Qu'est-ce que tu fais ici?»
5. Ciao les mecs: Alissa
sens: «Salut les garçons!»
6. Bisous: Alissa
sens: «Je t'embrasse».

D. Les verbes.

1. Présent de l'indicatif: vas, fais, c'est
2. Subjonctif: aille, alliez
3. Passé composé: avez regardé, a aimé, a fait
4. Imparfait: avait

E. Les concerts.

1. Si je n'aimais pas la musique sacrée, il ne faudrait pas choisir le concert de Bach à l'église Saint-Louis des Invalides.
2. Si je suis à Montpellier le dix-huit juillet, je pourrai entendre les UB40 et The Pretenders.
3. Si je n'avais pas de voiture, il me serait possible d'aller à l'Opéra en prenant le RER.
4. Si j'aimais la musique espagnole, il faudrait que j'appelle le 46.06.63.66.
5. Si mon ami(e) n'était pas libre jusqu'à dix heures et demie du soir, il faudrait choisir le concert de Javon Jackson ou le Jazz Club.

F. Qu'est-ce qu'on va regarder?

1. Je regarderai *Le Point sur la Table* sur TF1.
2. *Answers will vary.*
3. Je regarderai le match de football Caen/Marseille à huit heures et demie sur Canal +.
4. Non, on ne peut pas se coucher tôt parce que l'émission intitulée *Prénom Marianne* commence à onze heures et demie du soir.
5. *Answers will vary.*

G. Les temps du verbe.

1. présent: jouer
phrase: Ils jouent vraiment très bien.

2. imparfait: si on allait
   phrase: Si on allait leur dire qu'on a aimé leur concert?
3. infinitif: dire
   phrase: Si on allait leur dire qu'on a aimé leur concert?
4. conditionnel: j'aimerais
   phrase: J'aimerais savoir si vous avez déjà fait des disques?
5. passé composé: on a aimé
   phrase: Si on allait leur dire qu'on a aimé leur concert?

H. Comprenez-vous?
1. Betty aime beaucoup sa musique.
2. Elle lui demande s'il a déjà fait un disque.
3. Il lui répond: «Non, pas encore, malheureusement.»
4. Elle ne sait pas où elle pourra entendre la musique du guitariste.
5. *Answers will vary.*

I. La francophonie.
1. Le Sénégal
2. le Québec
3. la Réunion
4. Haïti
5. Tahiti
6. le Maroc
7. la Belgique
8. la Martinique

J. Les capitales.
la Guyane Française: Cayenne
la Canada: Ottawa
la France: Paris
la Belgique: Bruxelles
l'Algérie: Alger
le Burkina-Faso: Ouagadougou
le Maroc: Rabat
la Nouvelle-Calédonie: Nouméa
la Suisse: Berne
la Tunisie: Tunis

L. Êtes-vous fort(e) en maths?

Classification	Pays	Pourcentages
2	l'Algérie	27,50
7	le Bénin	13,78
14	le Burkina-Faso	4,82
6	le Cameroun	13,90
8	la République Centrafricaine	11,07
3	la Côte d'Ivoire	23,66
16	l'Égypte	0,38
10	la Guinée	7,46
17	la Lybie	0,15
11	le Mali	7,01
4	le Maroc	16,52
13	la Mauritanie	5,14
15	le Niger	4,38
9	le Sénégal	10,86
12	le Tchad	6,46
5	le Togo	15,61
1	la Tunisie	29,49

M. L'Afrique francophone
1. L'Algérie et la Tunisie sont les pays les plus proches de la France.
2. L'Algérie, le Bénin, le Cameroun, la République Centrafricaine, la Côte d'Ivoire, le Maroc, le Sénégal, le Togo, la Tunisie sont les pays où plus de dix pour cent de la population parlent français.
3. En Algérie, en Côte d'Ivoire, et en Tunisie, plus de vingt pour cent de la population parlent français.
4. Les pays les plus francophones se trouvent au nord de l'Afrique.
5. La forte présence de la langue française en Afrique du Nord s'explique par le fait que la France avait colonisé les pays d'Afrique où on parle français aujourd'hui.